常青藤教子课

THE
IVY
LEAGUE

全方位塑造孩子的最优课程

张小雨 著

百花洲文艺出版社
BAIHUAZHOU LITERATURE AND ART PRESS

图书在版编目(CIP)数据

常青藤教子课 / 张小雨著. ——南昌：百花洲文艺出版社，2013.8

ISBN 978-7-5500-0727-7

Ⅰ.①常… Ⅱ.①张… Ⅲ.①家庭教育 Ⅳ.①G78

中国版本图书馆 CIP 数据核字(2013)第 219800 号

常青藤教子课

张小雨 著

出 版 人	姚雪雪
责任编辑	郑 骏
美术编辑	郑 健
制 作	武 杰
出版发行	百花洲文艺出版社
社 址	江西省南昌市红谷滩世贸路 898 号博能中心 9 楼
邮 编	330038
经 销	全国新华书店
印 刷	北京市凯鑫彩色印刷有限公司
开 本	787mm×1092mm 1/16 印张 14.25
版 次	2013 年 12 月第 1 版第 1 次印刷
字 数	300 千字
书 号	ISBN 978-7-5500-0727-7
定 价	24.50 元

赣版权登字 05-2013-282

邮购联系 0791-86895108

网 址 http://www.bhzwy.com

图书若有印装错误，影响阅读，可向承印厂联系调换。

序言

常青藤盟校的说法来源于上世纪的 50 年代。上述学校早在 19 世纪末期就有社会及运动方面的竞赛,盟校的构想酝酿于 1956 年,各校订立运动竞赛规则时进而订立了常青藤盟校的规章,选出盟校校长、体育主任和一些行政主管,定期聚会讨论各校间共同的有关入学、财务、援助及行政方面的问题。早期的常青藤学院只有哈佛、耶鲁、哥伦比亚和普林斯顿 4 所大学。4 的罗马数字为"IV",加上一个词尾 Y,就成了"IVY",英文的意思就是常青藤,所以又称为常青藤盟校,后来这 4 所大学的联合会又扩展到 8 所,成为如今享有盛誉的常青藤盟校。

这 8 所高校分别是:布朗大学、哥伦比亚大学、康奈尔大学、达特茅斯学院、哈佛大学、宾夕法尼亚大学、普林斯顿大学及耶鲁大学。

这 8 所大学都是美国首屈一指的大学,历史悠久,治学严谨,许多著名的科学家、政界要人、商贾巨子都毕业于此。在美国,常青藤学院被作为顶尖名校的代名词。

那么,究竟什么样的孩子能够受到常青藤学院的青睐呢?

总体来看,可以上这些学校的,都是学习好、独立精神强、有特长的学生。一般说来,申请美国常春藤大学的学生都有优异的 SAT 成绩。同时有许多获得了国家甚至国际级别的优秀学生奖,高中修课强度在学校是前几名者,并有各种专长和领袖才能。

不过,学习成绩并非这些学校录取学生的唯一因素。学生是否具有独立精神及能否适应学校紧张而有压力的一年级新生生活也是他们考量的重要因素。这一点,就要考量家长对孩子的教育了。

本书收集了 8 所常青藤高校的"训子箴言",详细地为您解释常青藤的"训子课程",帮您培养一个受常青藤高校欢迎的孩子。也许,下一个常青藤的录取名额就会是您的孩子。

目 录

第一章 仁慈不利于成长

第二章 无情未必不爱

第三章 磨炼从铸造人格开始

第四章 劳动可以奖赏

第五章 一美元的意义

第六章 跌倒了自己爬起来

第七章 看谁的碗里没有剩饭

第八章　呵护孩子的"第一次"

第九章　一个亲吻的温暖

第十章　心理健康指数

第一章　仁慈不利于成长

达特茅斯学院位于新罕布什尔州，是美国常青藤盟校之一，同时也是美国历史最为悠久的高校之一。

强尼是达特茅斯学院的一名教授，参与小组进行课题研究，他们研究的对象就是 12 周岁以下的孩子们以及他们的家长。强尼教授通过比较东方仁慈式家教与西方开放式家教发现，仁慈并不利于孩子的成长。

仁慈不利于独立人格的培养

强尼任职于达特茅斯学院，从事教育心理研究并带有课题小组，他们主要研究儿童独立人格的形成，包括形成时间、诱因以及阻因等等。而孩子没有独立的人格往往是由于父母的过分仁慈。

强尼比较中西方儿童独立人格形成过程中的差异，分别观察了中美两国的几组儿童，在观察、研究过程中发现了一些有趣的事例，以幼儿园入学面试为例：

在中国，幼儿园的入园面试更多的是面试家长，对于孩子本身，只问一些"今年几岁啊"、"有什么特长啊"之类的问题，如果孩子本身没有什么太大的问题，入园是没有问题的，根本不会在乎孩子是否有健全的人格。而幼儿园的教育，也更多的是"保姆式"教育，为孩子提供全方位的呵护，甚至比家长还要"呵护备至"。当然，会有一些另类的幼儿园，这些幼儿园标榜"高端教育"，开设一些奥数、钢琴之类的课程，美其名为全面发展。

而在美国，强尼有自身的体会。强尼陪自己的儿子小约翰去参加入园面试，老师根本没有过分地关注强尼的职业、收入等等无关问题，只是询问一些孩子性格、爱好等方面的事情，然后就让孩子单独进入一个面试房间，通常会有六七个孩子作为一组来参加面试。

面试老师让几个孩子合作抬动一张桌子，约翰与其他几个小朋友一起努力去抬桌子，其中有一个小男孩犹犹豫豫地站着不动，含着手指看着几个小伙伴抬桌子。虽然几个小家伙最终也没有抬动那张对他们来说有点"巨大"的桌子，但老师对他们的评价却不错，除了那个没有动的小男孩，小约翰他们几个全部被录取了。

在强尼看来，幼儿园的做法很"聪明"。如果一个孩子在家中被父母过分疼爱，对孩子的错误过分仁慈，包办一切，袒护一切，那么他很难形成独立的人格，离开父母他将无所作为或者无从下手，中国的幼龄儿童大多是这样子的。而一个没有独立人格的孩子是很难有所进步的，所以幼儿园选择拒绝并向孩子的家长说明原因，希望家长能帮助孩子建立独立的人格。

作为一个从事教育心理学 25 年的专家，来自达特茅斯学院的强尼发现以下几个方法确实对开启孩子的自我意识和主动精神意义非浅。事实上，孩子们并不需要我们越俎代庖，将他们从挫折和失意中拯救出来，或者为他们的受挫准备理由，更不能对孩子的错误过分仁慈，孩子们自己能解决属于他们的问题。我们要做的就是用下面五个方法去培养孩子的独立人格：

教会孩子灵机一动

在回家的路上，孩子委屈地向你诉说他被别的孩子欺负的经历。为了让他高兴起来，你允许他晚上多看一会儿电视，或是做了很多他喜欢的好吃的来"讨好"他，顺便帮他想对付那个"坏孩子"的方式。

不如换个方式来帮助孩子，不要让他习惯于你为他代劳。下次遇到麻烦，你应该问他："告诉我，怎么啦？"接下来，告诉他你相信他能度过难关，对他说："我知道你会没事的。"然后鼓励他开动脑筋想办法："想想看，上次隔壁的尤瑟尔遇到类似的问题，他是怎么做的？"

一旦他掌握了这个技巧，你还可以考考他，让他在规定的时间内给出答案。这个有趣的方法能调动起他的积极性，让他投入地去解决自己遇到的问题，而不是"坐以待毙"。

教孩子有事相互商量

孩子们又争吵起来。两人因为看电视看不到一块儿打了起来。像往常一样，他们希望你来协调纠纷。

一个好办法是：教孩子有事相互商量，这样他们能自己避免太过火爆的情况出现。你可以说："如果你不高兴，可以出去干点别的。大家都走开去，好好冷静冷静,这样就都能平静下来。"然后,你需要解释一下:"你们必须学会有事相互商量。如果你提议出去玩,他又愿意,那不是两个人都很高兴吗?"

接下来,教他们一些相互协商的方法,比如"石头、剪子、布",抛硬币,或者这样:"下次两人闹别扭,谁先走到一边去,谁就算胜了。"规定时限也是减少争吵的好办法。可以告诉孩子们:"我规定:你们要是吵架,最多只能吵5分钟。如果5分钟后还在吵,那你们都别看,轮到我看。"

不要帮他,让他学会自我管理

"妈妈,你怎么也得帮我找个理由呀!"女儿在恳求你:"我没时间写周记。但是,如果我不交一篇上去,老师就不允许我去参加夏令营活动。"

Kelly 是个 34 岁的母亲,女儿 8 岁。她告诉我,她常常掉进女儿给她设的陷阱,不得不替女儿打圆场。"现在,女儿已经习惯于出了事就等着我替她解围。"你是不是也和她一样,一而再再而三地"保释"孩子?如果是,试试下面我提供给 Kelly 的方法。

拒绝为孩子提出的无理要求写一个字,或者打一个电话:"我们得立个规矩——别再找理由。你必须对自己的行为负责。"正是因为孩子对自己的生活缺乏组织和管理,导致了这些问题,你不该再替他撑腰。因此,当他又犯了这个老毛病时,你可以反问他:"你想想该怎么办?"

随后,你可以教他设计自己的时间表。她会举着日历查看,并在相应的日子上标注何时该上交周记,或者可以用磁贴将一张便签条贴在冰箱的门上。他们甚至还能把自己的日程安排画成图像,以便记忆。

鼓励孩子自己拿主意

10 岁的孩子已经同意了晚上去陪一个朋友,但突然又接到当天晚上去参加一个同学的生日宴会邀请,而那个朋友却没有收到邀请。"妈妈,我该怎么办?"她想让你给她拿主意呢!

不要为她决定。相反,你应该引导她去思考她做出的每一个决定可能带来的后果,从而帮助她自己做出最好的选择。你可以通过问问题来引导她,比如:"如果你去参加珍尼的生日会,你觉得可能会发生什么呢?""你觉得,如果你告诉朋友你要去参加珍尼的生日会,又会发生什么呢?"对于一个大孩子,可以建议她:"列出每一个你作出的选择可能带来的好处和坏处。"孩子自己拿主意的次数越多,将来处理复杂情况的能力就越强。

让孩子学会承受来自同伴的压力

12岁的儿子对你说,他"不得不"买价格不菲的运动鞋,因为"所有男同学都穿这样的鞋子"。事实上,有时候来自同伴的压力可能是积极的。但是,我们担心的是孩子们是否受到同伴不良行为的误导。而如果他们学会了对事物进行客观的逻辑分析,那我们就不用担心他们会因为担心同伴排斥自己而趋炎附势,最终受到误导了。

你可以先拖延一段时间,一个月之后,你可以问他:"你要的和别人一样的那种昂贵的运动鞋值得买吗?如果不买会怎么样?"孩子或许仍然"嘴硬"地说必须要买,但他可能已经开始思考"值不值得"的问题了。可以为他设立"服装津贴"。这可以帮助他自己决定自己的资金安排,从而使他学会更实际地去安排自己的服装支出。

Tips:跟"插手"说拜拜

如果你想培养出一个独立性很强的孩子,你就需要为他提供独立做事的条件,改掉自己什么都插手的毛病。以下句子敬请对照检查,逐一"闭口":

保护:"如果你需要什么,就来找我,我在这儿等你。"

援助:"我会有办法的,宝贝。"

溺爱:"我会让那个小朋友的爸爸妈妈邀请你参加他的生日会的,放心吧。"

代劳:"你累了,宝贝,去睡会儿吧,我给你做。"

说出你必须杜绝这些行为的原因。清楚地告诉自己,这些行为将无法开发出孩子的独立品格。

要做到这些,首先家长得转变观念。

别人的孩子是优等生,自己的孩子却是差等生,跟别人谈论孩子时简直说不出口。别人的孩子是个钢琴冠军,自己的孩子却是小偷,经常偷钱去打游戏,混得像个二流子,自己一点办法没有。别人的孩子出人头地,自己的孩子却经常犯事,将来保准是个喜欢在号子里呆的家伙。别人的孩子与父母其乐融融,自己的孩子却像个仇人,与自己说不上三句话,冲突是父母与子女之间的主旋律。

是的,在教育孩子方面不如意的父母有很多,他们总是责怪这,责怪那,当然也有责怪自己,责怪自己文化程度低,没法教育好孩子。但是,责怪是没有用的,孩子的成长过程中,你没有像样的实用的方法来培养和沟通,等他到了18岁,性格成型,已经来不及了。

孩子的心智素质,其实大多是在家庭教育中完成的。学校里知识的培养、道德的教育,是一种粗放式的,那么多学生,老师并不能对症下药,一一对应。这就是为什么同一个学校的学生,有的能够成才,有的却成为社会上的多余人。把孩子的精神教育依靠学校是不行的,小孩子更多的是从父母身上得到精神的效仿。为什么说有其父必有其中,因为家庭中时时刻刻的潜移默化的教化远远比学校要深刻得多。所以说家庭培养是孩子成长的关键。

比如说有两个家庭,一个是很成功的富翁家庭,一个是清贫的知识分子家庭,但是富翁的孩子生活非常优越,但往往不务正业,因为他不能从富翁爸爸那里获得精神培养。但是知识分子家庭很重视小孩子的精神素质,经常有普世的价值引导,小孩子往往得以自立。这是我们能到看到的比较普遍的现象。中国俗话说,富不过三代。为什么呢,富人家庭往往是溺爱取代了精神的教育。

那么作为一个家长,你想对孩子进行比较正确的家庭教育,需要怎样的素质呢?是不是需要渊博的知识?那未必,许多农民并不懂得太多,而他的孩子却很懂事,自学成才,说明你的知识并不是必要条件。是不是需要文化程度高?那也未必,中国人的上代文化程度都不太高。是不是你需要特别的教育知识呢?这也未必,因为你去学多少知识,但是如果不能针对你自己孩子的情况,学多少也不能因材施教。

首先你自己需要的是有健康的价值观,然后你这个价值观与孩子共享,这就是潜移默化,这就是最好的教育。咱们中国人,传统的现代的价值观很多,有的希望孩子出人头地,有的希望孩子光宗耀祖,有的希望孩子圆自己未能圆的梦,有的希望孩子能赚很多钱不辜负自己的培养,有的放手一搏希望能成为超男超女,有的希望孩子能够继承自己的家业。说实在的,这些愿望都不算错,都属于望子成龙,但是都是有点强人所难,都是不太健康的价值观,一开始就不对。一开始不对了,如果孩子的发展方向与你的愿望方向相悖,以后就越来越不对,你对孩子的培养就成为与孩子的斗争,你半辈子都在都在斗争,小孩子半辈子也在斗争,成了冤家了。这个说明你自己的价值观不对,传统的很多价值观都不对,我们必须调整。很多家长为什么教育不好孩子,并非文化程度不够,知识不够,而是没有正确的价值教育观,对孩子的要求不是迁就就是"霸王硬上弓"。所以在日常言传身教中,让家长先有一个相对正确的、开放的价值观,然后与儿女共享,形成培养,形成教育,共建健全的人格。

孩子的观念培养最重要

小孩子两三岁，其实就可以进行精神方面的培养。说是培养，其实不要太刻意，就是在玩乐沟通中完成，而不是去灌输。

两三岁的孩子就有意识了。你给他东西吃，他高兴，你不给，他不高兴，就是他有意识了。也就是说，这时候，你可以跟他进行很原始的沟通。他想吃一个东西，你说，这东西很脏，不能吃。聪明的孩子能接受你的观念。他记住了，这个东西脏，不能吃，吃了对身体不好，能够很原始或者自发地开始理解。这就有意识，可以形成观念。在观念形成的阶段，就可以培养是非观。培养是非观念可能贯穿孩子的整个教育阶段，这个需要家长自己有很正确的是非观。

一个 20 岁孩子陈某，因为赌博，欠了人家一些钱，又怕人家到家里索债而被母亲骂，晚上就拿了一把斧头去一户人家偷钱，斧头是用来防身的。他潜入户主的儿子家，也是个十几岁的孩子。这个孩子被惊醒，翻了个身，陈某非常惊慌，以为被发现了，冲上去用斧头把孩子砍死，然后从抽屉里偷了一千块钱逃出来。只不过两三天就被逮捕归案。陈某的母亲痛哭流涕，说家里就这孩子最聪明，还等着他有出息，哪想到就犯了杀人盗窃罪了呢！后悔已经来不及了。

专家认为，这个案件虽然罪在孩子，但责任还是在家长，家长在孩子 18 岁之前没有给他培养正确的观念，导致他在关键时刻没有是非对错判断，棋错一着满盘皆输，整个人生都毁了。

观念的培养其实是贯穿生活中点点滴滴的，父母什么样的观念，孩子必然也是什么样的观念。父母不孝顺老人，将来孩子也未必孝顺你。那么观念的培养，应该如春雨润物细无声。比如说，你五六岁的孩子，跟你一起去海滩上玩。突然，他在海滩上捡了一个别人的玩具，他很喜欢，马上占为己有，自己玩了起来。这时候你怎么办？你必须要给他一个捡来的东西还给他人的观念，你要是纵容他捡来的东西据为己有，那么以后他就会发展为偷来的东西据为己有。总之，你必须给他一个普世的价值观，要不然养成贪小便宜的习惯，以后吃亏的还是他自己。你应该怎么做呢？你很严肃地对他说，这是那个小朋友的东西，我们应该归还别人。你把他抢过来，还给别人。这会有什么后果呢。小孩子还没有是非观，他因为喜欢这个玩具，所以他淡化物归原主的意识，他在喜欢的欲望驱使下，便很想变成是自己的。你在他爱不释手的情况下，抢了过来，虽然给他说明了正确的价值观，但是方法并不对头。他对你的做法是反感的,可能认为你侵犯了他的权利,他或许会哭起来,心里并不服气,也许心里会想,以后捡到东西,都不让爸爸妈妈知道了。这样不但没有灌输物归原主的价值观,而且与父母产生矛盾,没有起到教育的后果。也许你这时候应该换成一种商量式的做法,比如你可以跟他一起欣赏这个玩具,说真漂亮,不过哪个小朋友丢了心里一定很着急的,我们是不是还给他。假如我们东西丢了心里也一定很着急,希望别人也会还给我们的,等等,先需要在情理上把这一观念说清楚,让孩子自觉地接受这一观念。然后一起去还给他人,在还给他人的过程中体会到实施这一观念的快乐,甚至给小孩子一定嘉奖。我敢保证,如果能够做到这么完美,那么捡到东西要还给他人这一观念绝对彻底地灌输了进去。

实际上,许多家长在捡到东西时会顺手给了孩子,以为占了一便宜,或者根本没意识到这是对孩子灌输的一种错误的观念。因为对家长来说也许是一种很小的事情。但长此以往,小孩子的观念已经被你的粗枝大叶糟蹋得不成样子,以后这一观念你想改过来都来不及了。

生活中的观念很多,我们很难说清楚哪些必须培养。这需要家长们自觉意识,善意引导。很多观念是从认识人性开始,从人性开始引导孩子对生命、对他人的尊重珍惜,这就是很普世很正确的是非观。他形成一定的是非观之后,就会有意识地发展自己的是非观,你会发现你的孩子很“乖”,很聪明懂事,很有自己的看法。他有观念,他就有会有自己的意见,有自己的判断,甚至会纠正你大人的错误,你就会发觉别人夸你的孩子聪慧,而绝不止是小卖乖、小讨巧的那种小聪明。你就是觉得,你已经有成为社会人的雏形。比如,一只挣扎的小鸟落在地上,小孩子往往会去折磨它,这是小孩子好奇的天性导致。那么你告诉它,小鸟跟人一样,它受伤了,它孩子正在等它回家呢。可以跟孩子一起做救治的工作。如果救治有效,看到小鸟能飞起来,小孩子得到的快乐一定大过很多游戏。而他对生命的尊重珍惜的教育也是课本上根本学不到的,已经渗透到他的心灵了。这样教育的孩子,长大了会成为杀人犯吗?不可能的。他在道德感已经建立起很强的堡垒,不用担心,他永远在一个道德和法律的及格线以后活动,已经保证了不会堕落了。

对于多数独生子女家庭来说,培养孩子的独立人格实属不易。家长对孩子宠爱,纯属本能。仔细想想,我们替孩子包办一切的同时,实际上是错过了对孩子独立人格的培养。孩子其实没我们想象的那么脆弱。放手吧,让孩子自己解决自己的问题。

仁慈或成溺爱根源

父慈子孝、父慈母爱讲的是父母对孩子的仁慈、慈爱,但这种仁慈越来越没有底线了,正在成为溺爱的根源。

把孩子当做是"小太阳",一家人时刻关照他,陪伴他。过年过节,亲戚朋友来了往往嬉笑逗引没完,有时候大人坐一圈把他围在中心,一再欢迎孩子表演节目,掌声不断。这样的孩子自认为自己是中心,确实变成"小太阳"了。家里人都要围着他转,并且一天到晚不得安宁,注意力极其分散,"人来疯"也特别严重,甚至客人来了闹得没法谈话。

孩子的吃要操心,总担心孩子缺锌少钙;孩子的穿要操心,嘘寒问暖,从孩子房里的太空被、空调,到出门武装到牙齿的装备,无一不体现了家长细腻的爱心;孩子的行要操心,在学校附近春游,父母也要请假奉陪;孩子的交往要操心,本着近朱者赤近墨者黑的道理,孩子只容许与"优秀"者(大多以学习成绩为标准)交往;孩子的学更要操心,从胎教,到小时候的艺术素质的培养(比如学琴画画),到入学的学校选择、老师选择,无一不体现了家长的"智慧",直到孩子的毕业,专业的选择,工作的选择,伴侣的选择仍要操心,有道是"鞠躬尽瘁,死而后已"。

虽然全社会受教育的程度普遍提高了,经济条件的改善,孩子数目的减少,使家长更有能力精力来教育培养孩子。但绝大部分家长根本不懂家教,70%的家庭教育存在误区,随着计划生育政策的推行,一批批"小公主""小太阳""小皇帝"诞生了,大家庭的模式被三口之家替代,"六捧一""众星拱月"的模式已经形成。教育孩子的迷惘和盲从自然而生。由此可见,以科学的态度,正确的方法培养和教育子女确实是迫在眉睫的紧要课题。

而在大洋彼岸的美国,来自常青藤盟校之一的达特茅斯大学的强尼教授也在关注这个情况。虽然在美国,传统的家庭教育更多的是培养孩子独立、自信的习惯与精神,但近些年,强尼教授也越来越多地发现一些家长对孩子越来越"仁慈",越来越溺爱了。

翠西曾经是强尼的同事,也是达特茅斯学院的教师,可是几年前她已经辞职了,在家做"全职妈妈"。

翠西辞职完全是因为他的儿子艾隆,为了给儿子更好的照顾,翠西放弃了大学教授的职位,在家看护艾隆。

艾隆小时候就特别调皮,在强尼蒙的印象里艾隆不算个乖孩子,总喜欢哭闹,而且有点霸道。小学时艾隆因为把人打伤被学校勒令退学,翠西倒也没有责怪艾隆,反而安慰儿子,后来干脆辞了工作,自己在家教育孩子。一个如此"心慈手软"的母亲能教出什么样的孩子可想而知。

强尼最近见到艾隆时他正在商场里购物,此时他已经 18 岁了,其他同龄的孩子或上学或工作都有自己的方向,而艾隆,依然无所事事地呆在家中。付账时,他用的依然是母亲翠西的信用卡。

强尼常常为自己的同事感叹,同时也常常对身边的朋友们告诫,对孩子过于的仁慈就是溺爱了,这样会害了孩子。

那么,究竟父母的哪些行为属于过分的"仁慈"呢?

(一)高位"供奉"

孩子在家庭中的地位是最高的,号称"家中老一",家中大事往往孩子说了算。孩子习惯于高人一等,必然变得自私,没有同情心,不会关心家人,更不必说别人了。

(二)过分关注

一家人时刻关照他,陪伴他。亲戚朋友来了往往嘻笑逗引没完,这个称赞说"漂亮",那个称赞说"聪明"。孩子在大人的夸赞下唱歌跳舞、背诵古诗……掌声不断。家里人都把他当作开心果。孩子一天到晚不得安宁,注意力不得集中,这是往后学习生活的一个大障碍。

(三)轻易满足

孩子要什么就给什么。有的父母还给幼儿和小学生很多零花钱,这种孩子必然养成不珍惜物品、讲究物质享受、浪费金钱和不体贴他人的坏性格,并且毫无忍耐和吃苦精神。条件好的孩子难免在同学们面前炫耀,容易养成物质攀比的习惯。

(四)听之任之

没有作息时间限制,允许孩子睡懒觉,只吃零食不吃饭,白天游游荡荡,晚上看电视到深夜……这样的孩子长大后心中没有纪律概念,缺乏上进心,做人得过且过,做事懒懒散散,有始无终。

(五)包办代替

由于家长的溺爱,三四岁的孩子还要喂饭,还不会穿衣,五六岁的孩子还不做任何家务事。上学后家长不希望孩子在学校参加任何体力劳动。中小学生中那些常逃避做值日的孩子就是家长培养出来的。这样包办下去，必然养成懒惰、依赖、自私的习惯。

(六)过分爱护

为了绝对安全，父母不让孩子走出家门，也不许他和别的小朋友玩。上学以后，父母生怕孩子在外面受委屈。只要看到孩子不快乐的样子，就急忙问长问短：谁欺负你啦？告诉我，我揍他去！如果只是说说也就罢了，实际情况是，因为孩子之间的斗闹而引起邻里之间的口角甚至大打出手的情况时有发生。

(七)当面袒护

有时爸爸管孩子，妈妈护着："他还小呢！"有的父母教孩子，奶奶会站出来说话："你们不要急，他大了自然会好；你们小的时候，还没有他好呢！"老师教育孩子，妈妈会找到学校来求情，帮孩子找这样那样的借口。更有甚者，有的家长当着孩子的面和老师顶撞。在这样的环境下长大的孩子往往对长辈尤其是对老师很没有礼貌。

由于这种过于"仁慈"的"直升机型父母"在孩子们的生活上过度操心，在学习上过度干预，在人身安全等方面过度呵护，在孩子的错误上过于仁慈，杜绝了孩子与挫折和失败的接触，以至于在不知不觉中剥夺了孩子从错误中吸取经验教训的机会，导致孩子在经历挫折过程中反思、纠错、完善和提升的能力难以形成，对孩子的健康成长十分不利。

这种过于仁慈的溺爱是当今社会的普遍现象，很多父母觉得自己小时候过得太苦，现在生活好了，不能再让孩子受苦。正是怀着这种想法，父母们尽其所能地从各方面满足孩子的需求，包括一些不必要的甚至是无理的要求，代替孩子完成一些理应由他们自己完成的事，尽力把孩子的生活道路铺得平平顺顺的，似乎这样就能保证孩子幸福健康地成长。但是事实上，父母的这种教育观念会给孩子带来很大的危害。

一、影响孩子心理健康

天真单纯的孩子最需要父母的正确教育和引导，而这种教育和引导绝对不是溺爱。在溺爱中，孩子常常是在不知道错还是对的心理状态下做自己想做的一切。同时，溺爱又使大人们不能给予孩子适当的评价和指导，不能让孩子明白对与错、能做与不能做、好与坏的区别。

二、养成孩子不良性格

父母由于溺爱孩子，事事顺从孩子的要求，替他完成所有的事情，以至于孩子什么事情都不必亲自动手,这样就容易养成孩子任性、懒惰的性格。而且,会使孩子不自觉地养成以自我为中心、只为自己考虑的习惯,认为别人为他所做的一切都是应该的、理所当然的,使孩子渐渐成为一个自私、狭隘的人。

三、会使孩子缺乏自信

父母的过分仁慈、过分溺爱,会使孩子逐渐习惯于依赖父母,没有自己的主见,往往缺乏自信心,也缺乏独立面对和解决问题的能力,缺少对人、对事应有的责任心。

四、影响孩子人际交往

从小在父母家人的溺爱中成长的孩子,会有很强的优越感和骄傲心理,常常眼高手低,瞧不起别人,不善于与人相处,而当他们看到别人的进步时,又很容易产生怨恨与沮丧的情绪。

五、会让孩子变得无情

父母的过分仁慈,会让孩子认为这些都是自己理所当然承受的,导致他们不知道去关心别人,不会为他人着想,缺乏同情心和自控能力。

当然,在孩子小的时候,父母出于对孩子的关爱和照顾,帮助其安排和规划好生活、学习,这是无可厚非的,但是随着孩子年龄的增长,父母就不能再对孩子采取这种教育方式了,否则就会很容易地使孩子产生严重的依赖心理,影响孩子独立自主性的培养。

天下父母心,做父母的都希望给孩子最好的爱,但是这种爱绝不应该是溺爱,不应该是对孩子的过于仁慈与袒护。这是教育的一种失败,也是对孩子的一种毁灭。所以,作为明智的父母,可以爱孩子,但是不要对孩子太过仁慈。

一、学会拒绝

要想改掉溺爱孩子的坏习惯,第一步就是要学会对孩子说“不”。有些父母可能会觉得这样很难,有时候不忍心拒绝孩子的要求,但是为了孩子的未来,还是狠心一些吧,告诉孩子如果是不合理的要求,爸爸妈妈是不会答应的,哭闹也无济于事。

二、不搞特殊

孩子在家庭中也是普通的一员,并不需要特殊的照顾和待遇,如果父母处处以孩子为中心,有什么好东西都给孩子留着,这样会使孩子习惯于高高在上。所以,放弃掉这一方式吧,让孩子和所有家人都一样平等。

三、相信孩子

不要事事都去帮助孩子,要学会相信孩子,有些事情他们没有父母的帮助也一样能够做好。一些小事的成功就会让孩子有成就感和积极性，不要阻止和打击他们，就算没做好，孩子也能从中学到如何面对失败。

四、适当忽略

很多家庭都习惯以孩子为中心，家里的事务安排都围绕着孩子,这样对孩子过于注意，孩子更容易骄傲，觉得自己是家里的中心，而且人人都喜欢自己。学会适当地忽略孩子,让他们自己独处一会,不要在孩子刚出现问题时，就马上安慰或满足。

五、放开双手

孩子天生是什么勇敢的,往往是父母对孩子过分担忧而千叮咛万嘱咐,导致孩子越来越胆小，没有父母的陪伴就不让孩子走出家门和别的小朋友玩,孩子一脱离自己的视线就变得十分紧张。这样，被父母剥夺了独立性的孩子往往就会变得胆小无能,丧失信心。如果父母在确保孩子安全的情况下,少一点担忧,多一些鼓励,在摔跤后不大惊小怪,而是让孩子自己爬起来,孩子就不会变得懦弱胆怯。

六、不做袒护

很多时候,孩子在外面和别的小朋友有了争执,父母常会偏向、袒护自己的孩子,而不管孩子是否有错误;有的家庭里教育观念不一致,孩子受到惩罚时总有祖辈出来替孩子说好话,时间长了,孩子就会找到"保护伞"和"避难所",其后果是不仅孩子性格扭曲,是非观念混淆,甚至还可能影响家庭的和睦。

父母要明白一点,如果你们事事操心,孩子就会事事无心,做父母爱孩子是当然的,但这种爱要理性一些,不能过度,把握好分寸,孩子才能在父母正确的关爱下健康、顺利地成长起来。

仁慈纵容坏习惯

父母的仁慈对于孩子来说是把双刃剑,有时候可以营造温馨和谐的家庭环境,但有时候,却成为纵容孩子坏习惯的"凶手"。

强尼通过对自己的学生调查发现,许多成年之后的坏毛病之所以根深固蒂,很大程度上在于形成初期没有受到明确地、有效地制止。这些坏习惯可能"无关紧要",有的却会毁了孩子的一生。家长们千万要引起注意,不能过于仁慈。

孩子 3-6 岁,通常被人称为"潮湿的水泥"期,这是孩子性格形塑最重要的阶段,孩子 85%-90% 的性格、理想和生活方式都是在这段时间形成的。俗话说 3 岁看大,7 岁看老。人的很多性情在很小时候,就初见倪端了。年轻的父母希望自己的孩子成为一个快乐、自信、受欢迎的人。只不过这些特质不会只是因为父母的"希望",就会出现,更多情况下,是需要家长关注和进行培养的。

以下的几个信号是提醒父母们对孩子要进行帮助和干预了。

害羞!

很多害羞孩子的父母都有这样的经历,在家的时候,孩子声音洪亮、手舞足蹈、能唱能跳,可一旦来了生人,孩子就好像变了个人。最尴尬的情形莫过于,死活不肯跟长辈打招呼,或者如果好心的叔叔阿姨想逗一下,更是立即成为蜷缩的刺猬了。事实上,害羞的孩子并不是时时刻刻都害羞,他们的害羞大都只表现在陌生环境中或者陌生人面前。我们现在已经知道,无论什么气质的孩子都可以成材。害羞的孩子通常气质安静,并遵守规则。但不可否认的是,害羞的孩子对陌生环境和事物感到紧张和恐惧,他们的"安全区域"小,因此适应慢,花费时间长;由于缺乏公众表现的机会,因此较少得到学校和同伴的关注;由于不爱争取,常常会失去很多机会;更重要的是,在这个快速、激烈的竞争年代,害羞的孩子也可能产生自卑心理,从而对自我形象产生怀疑……这些都是父母需要关注的。

改进办法:害羞的孩子首先要知道自己并不是那么"与众不同",跟那些在公众面前表现活跃的同伴相比,他只是需要更多的时间进入状态,好像在搭积木时,他会比活跃的表哥搭得快。虽然他愿意到外面玩,却很不希望别人"注视"他,被放在"聚光灯"下的感觉,只能让他更不自在。他要知道在某些情况下,如何争取并把握住自己的权利;他还需要了解公众表现的具体方法和技巧,这些方法不能只是空空而谈,需要详细体会到能够指导他每一个尴尬的困境。

坏脾气!

一位妈妈这样描述她的烦恼:"我三岁多的孩子常常大发脾气。当他不愿意做某件事情时,他就会赖在地上,手舞足蹈。如此我很不愿意带他出去,因为他常常大发脾气。每次他发脾气,哄劝、呵斥、打骂、教训等各种各样的方法,我都尝试过,尽管当时花费力气和时间能把他'安抚'或者'镇压'下去,可是这种事情一次次发生,弄得我筋疲力尽。"

情商(EQ)在 80%的程度上决定了一个人的成功。而情商最重要的组成部分就是情绪管理能力。情绪控制是需要父母们花费很多心思教育的内容。对于那些性子本身就急躁的父母而言,教导孩子管理情绪无疑更加困难。通常的情况是,坏脾气孩子的父母一方很有可能就是坏脾气。警惕孩子知道如何激怒你。如果你是个急脾气的人,孩子就很容易从你那引发一场战争,两人相互大叫,没有赢家。如果你忽略他发脾气或者走开,其实很清楚地传递了这样的信息:发脾气是不可以接受的。这也是孩子学习规则重要的一部分。父母需要牢记的是:如果孩子有一次通过发脾气达到了不合理的目的,他就会再发脾气,一而再、再而三地使用这种手段。

改进办法:其实,人人都会生气、伤心、沮丧和失望。不同的是,情绪管理能力强的人,是会用健康地方式表达出情绪。尖叫、地上打滚、哭喊、摔东西、骂人、踢打都是坏情绪的表达方式,却不是健康的。

总的说来,你需要清晰地传达这样一个信息:生气可以,但是以消极、发脾气或者造成伤害的方式发泄怒气是不可以接受的。因此,孩子需要知道,如果不用地上打滚等发脾气的方式表达,还能怎样来表达自己内心的烦恼与压抑?在专门的儿童情商训练机构中,健康的情绪表达方法被大力倡导?"安全发泄岛"、"情绪垃圾箱"、"气球操"等被广泛使用。孩子知道,当自己特别生气的时候,可以被带到自己的房间,可以通过打枕头、把头埋在被子里进行发泄;还可以把不开心的事情画下来,扔到情绪垃圾箱;还可以做"呼吸气球操",以使自己平静下来,以更健康的方式表达自己的想法。

"我不行"!

这是爸爸妈妈听到孩子说得最揪心的话。退缩的孩子让人感觉沮丧。毕竟自信心是人最重要的特质。一个人如果没有自信,他就根本不会开始去做事,即使在别人的促使下开始了,一个小小的困难就能绊倒他,因为他从来没有相信过自己是可以的。从发展心理学的观点看,3-6 岁是保护儿童自信心的关键期,自信心在这段时间建立地怎么样,对小学甚至成年都有举足轻重的影响。苦恼的父母经常用尽各种表扬、鼓励的方式,孩子还是"挫折过敏","我不行"、"我不去"、"做不了"常常挂在嘴边。近来研究人员发现,挫折承受力弱,居然是家庭误用"赏识教育"的结果。很多父母(老人)为了鼓励孩子,动辄将

"真棒"、"最聪明"、"最厉害"挂在嘴边,一点点好的表现都夸赞不已。但是,孩子在外获得的信息与此反差极大。他很容易就发现,完全不是那么回事!自己不但不是最棒的,在某些方面,还差得很远。自信心从此一落千丈。经历教育往往比语言教育来得深刻。关注过多,也是造成挫折承受力弱的又一原因。备受关注的孩子通常敏感,怕出错,非常在意周围人对自己的看法,在没有十足把握的情况下,不敢轻易尝试。

改进方法:自信心是从经历中获得的。在力所能及的情况下,能让孩子自己的事情自己做。是家庭培养孩子自信心最简单和有效的方法。最重要的是,家长应多去表扬孩子的努力,而不是当下的某个结果。不要说:"你今天表现很好",而是说:"因为你今天努力控制住自己,上课不乱跑,所以我要表扬你。"清楚地让孩子知道,父母更重视自己努力的过程,能使他们有信心地面对困难。在情商训练营中,"失败的样子"、"给努力一个 A+"都能传递给孩子关于自信的重要观念和实用技巧。

不合群!

3-6 岁的孩子仍然以自我为中心。在人际交往上,他们还不理解友谊真正的含义。"好朋友"也仅是建立在玩具、零食等物件上的。但是,家长却仍然可以看到,有些孩子在一起玩得很融洽,似乎天生就是"社交高手"。在这些孩子身上,大都能发现这样的特质:愿意分享、有爱心、愿意帮助他人、遵守规则、主动。而另一些则是"另类人物"。有的孩子很容易与他人发生冲突;有的孩子不断地"故意""撩"别人,让同伴反感;还有的孩子游离在人群之外,很难参与游戏。这个阶段的孩子已经开始学习成为一个"社会人",如果他们在人际方面有困难,是一定需要大人帮助和支持的。通常孩子不合群有以下原因:最常见的是,这个孩子的行为常常触怒他人。跟大人一样,儿童也不喜欢霸道、自我中心或者破坏性的行为,他们不喜欢跟不遵守游戏规则的人玩。有注意力问题的孩子通常也会有人际交往的问题,因为他们理解游戏规则有困难,也容易在游戏中稍有不如意时发脾气。此外害羞的孩子也会存在不合群的问题,他们很容易被别人嘲笑。

强尼深信,父母务必认真对待小孩子的所作所为。父母的抚育和教育方式,以及社会环境的变化对一个人的性格都会产生一定的影响。这要看孩子在什么样的环境下成长以及在什么样的老师指导下学习和发展,若是父母、老师和社会的友人给予正确健全的身体力行的影响，其未来的发展走向就比较乐观，反之亦然。

残酷的仁慈

残酷即仁慈。或许许多国内的父母很难理解这句话，在常青藤盟校的一系列家教活动中，有位母亲，就和她的女儿就亲身体验了中外家教的不同，并感触颇多。

2001 年，我移居美国，在罗德岛州的一个森林小镇以个体行医为业。2007 年 10 月，在美国皇家音乐学院读研究生的女儿因准备毕业音乐会，搬过来与我一起住。

平日里，我家里时常有病人来要求治疗。时间一长，病人慢慢和我女儿认识了。治疗结束，大家坐在客厅里聊天，内容多以我女儿为主。美国人认为我女儿住在家里不妥，应该出去找份工作。我从没觉得女儿搬回家住有什么不妥，母亲的家，永远是孩子的港湾。可美国人不这么看。

来我这里看病的多数是些老太太。74 岁的伊妮是退休的小学教师，每次和我女儿见面总是问："你还没找到工作吗？""没有。"女儿回答。"别着急，我会为你留心的。"伊妮总会这样说。一天，伊妮向我们母女俩展示一个新皮包，那是她用为邻居打扫卫生挣的钱买的，一副欢天喜地的样子。我明白，伊妮这是在委婉地批评我女儿。70 岁的安是家庭妇女，家境优越，有一个漂亮的大花园。有一次，她对我我女儿说："你再找不到活干，就到我家帮我熨衣服吧。"我知道安想帮助女儿，不过安的肩周炎很快就治好了，熨衣服的活不需要找人帮忙了。

朱迪是一位退休的杂志编辑，60 多岁。她的先生比尔是一位研究美国奴隶史的教授。有时老两口一起来，朱迪治疗时，比尔就坐在客厅里和我女儿聊天。比尔总是慢慢悠悠地对我女儿讲述他们夫妇俩年轻时在英国、加拿大求学打工的故事：有时候朱迪打工，他读书；有时候他打工，朱迪读书。回忆起这些往事，老教授脸上现出孩子样的神情，异常生动。

我女儿在家住的那段日子里，所有我认识的人们，通过各种方式都在向我们母女俩传递同一信息：女儿不能老闲在家里。在种种有形无形的压力下，女儿决定试着找份小工。有家面包房招工人，女儿赶紧打电话过去，却被告知空缺已满。镇上有几家中餐馆,女儿挨家挨户地去打招呼。老板们声称自己有孩子,端盘子刷碗的活留给孩子。在美国,孩子在自家店里帮父母干活,父母要根据政府规定的价格按小时付工钱。这已形成惯例。孩子个个都有自己的存款。假期里,他们会用这些钱出国旅游,也有的存着钱,留着大学时支付生活费。

我和女儿都数着日子,盼望快快毕业。我感觉那段日子特别漫长,压力也越来越大。这种压力来自于这个社会的文化:在周围,没有人公开指责我们的做法不对;可是,我们的做法显然与这个社会整个人群的行为方式大相径庭。

学声乐的女儿性格外向,活泼好动,可那段时间她变得越来越不爱出门,整天待在屋子里。日子一天天过去了。一天,皮特打电话约我单独谈话,他特别提出不要我女儿在场。我去了,话题竟是关于我闲在家里的女儿。

皮特是布朗大学的一名教师,也是我在美国的好朋友。我不想重复那次谈话的全部内容,因为那不是一场令人愉快的谈话。总之在皮特眼里,我是一个没有脑子的、糊涂的母亲,而女儿是一个不自立的、好依赖的人。我没有和皮特争吵,但心里真的不舒服。

冷静下来后,我觉得皮特是对的。皮特认为,问题的焦点是:已经成年的女儿侵占了母亲的劳动所得,这个问题十分严重;母亲纵容了女儿不劳而获的行为,这个问题同样十分严重!在皮特看来,这不能容忍,甚至不能熟视无睹!

我如果还生活在中国,恐怕至今仍不会这么清醒地认识到这一点。

我不禁回想起女儿刚到美国那天的事。我和同事莫医生一起去华盛顿接她。刚见面,女儿就对我说:"妈妈,我要先买台笔记本电脑,再买部高像素的相机。"我和莫医生面面相觑。从小到大,女儿一向认为花妈妈的钱天经地义;我也不认为有什么不妥当,可那次,我感到有点不对劲。美国奉行公平原则,提倡个人独立,尤其是经济独立。即使是夫妻,经济也是各自独立的,共同生活中,夫妻会分担生活费用……我就这样联想许多,思考了许久,最终没像以往那样答应女儿的要求。尽管笔记本电脑对她的学习确实有用,可学校有公共电脑,虽然用起来不那么方便。

一年以后,女儿用打工挣的钱买回了这两样东西。至今,我仍记得当时她对我说的话:"用自己挣的钱买东西,感觉就是不一样。"

这一次,情况不一样。女儿需要时间准备她的功课——事关她的前途,这一段时间她需要母亲的支持，包括经济上的。我不能不管她，别说她是我女儿，即使是我外甥女或朋友的女儿，我也会这么做。

我试图跟皮特解释得清楚些，可我说服不了他。因为当年，他就是自己挣钱把自己培养成一名化学博士的。而今，他的儿子也是如此。同样，皮特也说服不了我。我和他的思维就像两个不同的频道，完全没有交叉点。我看得出，他有些生气。

"把她撵出去！"他似乎犹豫了一下，突然抛出这么一句。我像被电烙铁烫了一下。

"叫她出去租房子住，打工养活自己。"皮特终于说出了他的全部想法。我觉得皮特的想法太离谱。我叹了口气，不想与他再争论。

"你想不想知道美国父母教育孩子遵循的一句话？"皮特说。

"请讲吧。"

"残酷即仁慈。"扔下这句话，他扭头走了。

看得出，皮特对我很失望。我不是不明事理，我知道只是好朋友才把话说到这份上，尤其是美国人。

可是，我做错了什么？母亲的家就是孩子的家，难道不对吗？有哪一个中国母亲在这种境况下会把孩子从家里撵出去？绝对没有。

可是，美国母亲会这么做！

后来，从前女房东瓦莉亚身上，我才真正领略了美国母亲的残酷。

瓦莉亚是一所学院的职员，拥有一幢很大很漂亮的独立别墅，出租五间客房。我曾租住瓦莉亚的一间房一年多。入住一段时间后，瓦莉亚曾对我讲起她的一段经历。两年前她离婚时，17岁的小女儿离开了她，从此没再和她联系，瓦莉亚很伤心。我安慰她说，等过几年她懂事了一定会回来看妈妈。瓦莉亚点点头。后来，我搬到另一处公寓，隔一段时间仍会去她家聊聊天。

有一次，我告诉瓦莉亚，现在女儿读书的费用由我一个人负担，我觉得责任很重。瓦莉亚默默听着，未加任何评论。听完，她说："爱莉，你首先要照顾好你自己。"我知道这是瓦莉亚的由衷之言。

一天，瓦莉亚和一个瘦弱的年轻姑娘走进我的诊室。瓦莉亚有些激动，告诉我："这是我的小女儿，她回来看我了。"眼泪从瓦莉亚眼里涌出来。我赶紧上前拥抱瓦莉亚，安慰她说："这太好了，你应当高兴才对。"瓦莉亚擦擦脸上的泪水说："我非常高兴。知道吗。四年了，我没见到她。"那年，她的女儿已21岁。

我由衷地为她们母女重聚而高兴。打那以后，每次见到瓦莉亚，我都会打听她女儿的消息。可是，事情完全不是我想象的那样。我从瓦莉亚的嘴里得知：她的女儿现在住在离森林小镇最近的一座城市，与男友同居；可是，她男友游手好闲，还染上了吸毒的毛病。瓦莉亚担心女儿也会沾上毒品。

我记起来了，她的女儿很瘦，面色苍白，莫非已染上了毒品？"让她回家住吧。"我焦急地说。

"NO！"瓦莉亚摇摇头，语气十分坚定。我一下子愣了，不好再说什么。美国人不喜欢别人干预自己的私事，我十分清楚。

"她向我要求回来住，我不同意。"瓦莉亚补充说。

当时瓦莉亚的房间只租出去三间，还有两间空房。可是我不明白，为什么她不同意女儿回家住。女儿回家住，才有可能离开吸毒的男友。这对她女儿太重要了，我觉得瓦莉亚太不尽母亲的责任了。

"为什么？"我忍不住问了一句。"我有我的生活。"瓦莉亚回答很干脆。

不久，我又去她家。瓦莉亚告诉我说，女儿怀孕了，怀的就是那个吸毒男友的孩子。我说："你希望她要这个孩子吗？""我不希望她要这个孩子，可是她想要，那就随她好了。"她轻描淡写地说。

圣诞节再见到瓦莉亚时，她高兴地给我看一张照片。"你看，宝宝长得很漂亮，眼睛多大。"瓦莉亚喜滋滋地对我说。"祝贺你当姥姥了。你去看女儿了吗？"我问。"没有，我给她寄了一张支票，200英镑。"

从我们这里去她女儿居住的城市，只有40分钟车程。生孩子这么大的事，瓦莉亚竟然不去看女儿，我觉得太说不过去了。不过，她女儿似乎没有怪罪母亲，倒给母亲寄来孩子的照片，让她分享快乐。

前不久见到瓦莉亚时，我问起她的女儿。她说，女儿已经和她的男友分手了，现在自己带孩子。瓦莉亚22岁的女儿成了单亲妈妈，和幼小的孩子一起租住在政府的房子里，就在离母亲不远的一个城市里，而瓦莉亚有三间房空着。

这是发生在我身边的一个真实的故事，一个有血有肉的真实的美国母亲——一位朋友的故事。我想，任何一个中国母亲，亲眼目睹这件事都会感到震惊。在美国生活，文化上的差异常常令我猝不及防。如果不是亲历其境，我永远无法体会这种碰撞的力度到底有多大。

2008年5月，女儿毕业音乐会顺利举行。6月，我去华盛顿参加了她的毕业典礼。一周后，在我的一位病人帮助下，她得到一份全职工作。前不久，女儿收到了一所著名的国际声乐学院的录取通知，学校给她一份全额奖学金。

女儿感慨颇多，她说："幸亏我有个中国妈妈，要是换成美国妈妈，早把我从家里赶出去了。"现在女儿打工为自己挣生活费,尽管要端盘子、打扫卫生,甚至要干地里采摘的活,她也很开心。

女儿告诉我,等她挣了足够多的钱,要把我为她读研花的钱还给我。她还钱给我时,我会接受吗?

I don't know(我不知道).

残酷即仁慈。对孩子适量的"残酷"才是对他最大的仁慈。

严格要求才是真正的仁慈

杨凯(化名)是一个地道的中国人,大学时期留学美国,毕业后也娶妻生子,留在了美国。在一次回国探亲时,他讲述了他的邻居,哥伦比亚大学阿莱西欧博士的"训子良方"。

我们刚搬到纽约的时候,得知自己的邻居是哥伦比亚大学的阿莱西欧博士,喜不自禁。在国内一直听说美国的教育出类拔萃,有个博士做邻居,可以向她请教一些教育孩子的本领。

我们刚搬来时阿莱希欧博士一家他们才有第一个孩子,名字叫泽克。后来跟阿莱希欧博士一家熟了,我们都用阿莱希欧博士的昵称"海琳"称呼她。那天我们在学校的冰球馆看打冰球,正好同他们一家坐在一起。当时泽克才一岁多,金发碧眼,像个小金丝猴。冰球馆里的温度很低,一进到馆内,妻子就忙不迭地让我们的矿矿穿上早准备好的长袖外衣。儿子很不情愿,扭来扭去地反抗着。妻子连哄带压地硬是让矿矿穿上了外衣。

儿子指着海琳怀里抱着的泽克说:"看,他那么小,为什么他不用穿外衣。

泽克穿着件小短袖,衣服太短了,半个小白肚皮露在外面。泽克的小脸青青白白的,两条清鼻涕挂在鼻子下,眼睛红红的,似乎刚哭过。

妻子指了指泽克,对海琳说:"你不觉得他可能冷吗?"

中国人对旁人的孩子往往是关照有余的,并不大想到这关心是否适合,海琳扭头看了看儿子的脸,问道:"你穿吗?"

"NO!"泽克使劲摇摇头。

海琳对我们笑了一笑,算是回报妻子的关心。丈夫古瑞克解释道:"你们来之前海琳已经告诉过他让他穿上外衣,可是泽克耍脾气,无论如何都不穿,俩人冷战呢!"

一场球赛一个多小时，泽克就这么光着小肚皮挺过来。

妻子百思不得其解：美国人到底是怎么养孩子的？孩子这么小，父母应该表现的慈爱一点，怎么能够容忍孩子受冻呢！

后来，我们一家同海琳一家的交往越来越深，两家成了非常要好的朋友，经常在一起度周末。妻子对海琳夫妻管孩子的方法也就见怪不怪了。

泽克快3岁的时候，他有了一个妹妹杰西卡。杰西卡从小就喜欢小动物，看见猫啦狗啦什么的，就非要上去扯尾巴。扯耳朵，又搂又抱，不把那些小动物玩得嗷嗷叫决不放手。海琳怕小动物忍受不了会伤了杰西卡，就严禁杰西卡"招惹"小动物。杰西卡当然不肯，总是大哭。海琳表现的毫无"慈母"气质，每次都放任杰西卡大哭大闹，看得妻子心疼不已。久而久之，杰西卡知道母亲是不会放任她的，也就渐渐地不去"招惹"小动物了。

在杰西卡之后，海琳又有了一个男孩科迪和一个女孩爱瑞卡。对这两个小的，海琳更是"严厉得不像个母亲"。有一年的感恩节，我们一家，还有丽莎一家到海琳家聚餐。大大小小十多号人又吃又喝，很是热闹。不知是因为什么事，两岁的爱瑞卡大哭起来。她先是躺在客厅里的沙发上哭，接着连踢带蹬地从沙发滚到了地上，在地毯上打滚哭闹。

海琳看也不看爱瑞卡，只是很严肃的说："爱瑞克，你想要什么？"

海琳每问一句，爱瑞卡的哭声就升高一级。

古瑞克坐在地毯上，想把女儿抱起来，嘴里还不停地哄着她。爱瑞卡拼命扭动着身子，站了起来，接着又跺脚大哭。这回古瑞克无计可施了。在座的每个人几乎都试了一回，但谁也没有本事让爱瑞卡停下来。

海琳很生气地说："爱瑞卡就是这样的。她不高兴就是不高兴，谁的话也不听。有时哭到兴头上，她还会把自己的衣服一件一件扯下来，你们谁也不要安慰她，让她自己哭个够吧！"

话声刚落音，爱瑞卡就开始拼命地扯自己的衣服，然后光着小屁股又在地毯上滚起来。海琳不在意地对我们说："没关系，等她哭累了她就会停止的。"看着我们惊异的眼光，她又补充道："每次都是这样的，我不能对她太放纵，一味顺着她，但也不能打骂，只好这样让她自己冷静冷静。"

就这样，爱瑞卡整整哭了半个多小时，直到自己躺在地毯上睡着了。

任孩子大哭大闹，在客人面前尽情耍性子而不加制止，中国的家长绝难做到。如果是我们的儿女，我们一定耐心地问他想要什么，然后满足他的一切合理或者不合理的要求。

海琳和她先生心地非常善良，但脾气也很急。然而，他们对儿女们的严厉，特别是海琳，简直到了不可思议的地步。他们的解释很简单，孩子任性不能纵容，不舒服了、渴了、饿了、心情不好等都可能是哭闹的原因，哭闹也是孩子的权利。孩子哭够了，闹够了，到头来也会想一想自己该怎么办，通过哭闹是不能解决问题的。不要过多地干涉孩子，应给孩子留下自省的余地。

在他们家的厨房的墙上，挂着一个用木头做成的小屋子。旁边围挂着6只也是用木头做的可爱的小狗，每只小狗身上都写着名字：爸爸、妈妈、泽克、杰西卡、科迪、爱瑞卡。海琳告诉我，谁犯了错误，谁的小狗就会住进小狗房受惩罚。不论是爸爸，还是妈妈，谁也没有例外。如果自己觉得自己认识到错误了，可以把代表自己的那只小狗从小房子中挪出来。

后来我们搬家了。离纽约市有一个小时的车程，各忙各的，见面的机会少了。但每次见面，我们都发现泽克和杰西卡变了不少，变得越来越懂事了。

有一次正好碰上泽克的10岁生日，我们去参加他的生日晚会。

吃完生日蛋糕后，孩子们玩他们的、"疯"他们的去了。

我们4个大人在聊天。突然楼上传来我儿子矿矿一会儿干嚎，一会儿痛哭的声音。我和妻子连忙跑过去看看发生了什么。科迪说："矿矿玩电子游戏机，玩不过电脑，输了，就发脾气，哭。"

我安慰着矿矿，许诺带他去公园玩，给他买玩具等等，可他还是哭。

"叔叔，不要管他那么多！泽克小时候玩电子游戏机，玩不过，不也是大哭大闹吗？长大就好了……"

泽克在我儿子身边做了个鬼脸。

我突然"悟"到什么似的，赶快下楼与阿莱希欧博士夫妇交流教养孩子之道。

海琳微笑着对我和妻子说："其实也没有你们想象的那么高深，只是我始终坚信对孩子过于仁慈、过于宠爱都只会让他们失去锻炼自己的机会。我在哥伦比亚大学教书也有几年了，那里的学生不管性格、成绩怎样，但都有一个共同点，那就是独立。我也知道你们中国人讲究'父慈子孝'、'尊老爱幼'，但有时候仁慈未必有利于孩子，严格要求才是真正的仁慈。"

看到这个例子我们对中外家庭教育的差异感到诧异，我们目前的家教可能存在某种误区，现在的家长或许认为对孩子要宽容、仁慈，要用爱来感化他，严格的要求会让孩子产生叛逆，其实不然。我们面对的现状根本不是这样的：

管教困难

孩子是很聪明的，明白父母不忍心看着自己哭闹，看准父母这个弱点，每次就用这个方式来争取想要的东西，这令孩子误以为可以用这种手段来达到目的。每次哭闹成功，就更加强他们这个错误的观念。那么，每当父母要自己做一些不喜欢的事情，便会哭哭闹闹，父母又会因为不忍心看到孩子哭闹而姑息纵容，造成恶性循环，管教自然困难。

孩子无所适从

在管教方面父母或者祖父母有一方主张严厉，而另一方又异常宽松，对孩子来说是两种十分不同的价值观，遇到问题时，孩子根本不知应服从爸爸抑或妈妈那套，在无所适从下，唯有跟从对自己有利的那一套方式，最终害了的都是孩子。

孩子容易发脾气

被纵容惯的孩子特别容易发怒，因为在家中，孩子对着慈爱的父母，只要要少许手段，想要的东西就到手，令他们视人家的依从和迁就是理所当然，一旦在外面遇到别人不愿意依从自己的意思，被宠爱惯的孩子会觉得那是"不应分"、"不应该"的，因此便加强哭闹的程度来令他人"服软"。孩子被纵容惯，脾气也坏，最终当然会影响他人对孩子的印象，坏脾气对他们的交朋结友当然没有好处。

那么我们究竟应该怎么办？

或许我们应该向严厉的美国妈妈学习。我们对孩子的仁慈可能成为他软弱、依赖性的根源，看似呵护备至，让他安全健康的成长，却也只是培养出了温室的花朵。只有从小对孩子严格要求，才能让孩子成为经得起风雨的栋梁。

我们先要教导孩子分辨什么是正确，也要跟孩子讲清楚为什么有些事情不能做，然后跟孩子订立规矩，要求孩子遵守诺言。譬如一些事情不能做的，即使父母那一方容许亦不可以违反，教导孩子学会说"不"，学会对抗纵容与诱惑等等。

严格要求你的孩子吧，只有严格的要求才是对孩子真正的仁慈。

从过分仁慈到学会说"不"

来自耶鲁大学的西蒙教授是儿童教育方面的专家,尤为擅长儿童心理。每个学期,西蒙教授都要求学生去调查自己社区内家庭的儿童教育情况,并将之转化为具体的数据提交。西蒙每年都会花很多时间来分析这些数据,他发现,一些儿童之所以在幼时甚至成人之后难以成功,其根本原因就是父母的"仁慈"。

父母的仁慈往往在于袒护孩子,袒护孩子是指孩子爸爸妈妈或者是爷爷奶奶面对孩子的错误行为或思想,没有理由的支持和保护。很多时候,父母明明知道孩子有错,可还是会在家人或外人批评教育孩子的时候,当着孩子的面袒护他而不是去制止他的错误思想言行,其实,这些父母往往是出于自私和狭隘的偏见心理。这对教育孩子来说,是个致命的错误。

这样的现象很常见:有时爸爸管孩子,妈妈护着:"不要太严了,他还是个孩子呢!"有的父母教孩子,爷爷奶奶可能会站出来说话:"你们不能要求太急,他大了自然会好;你们小的时候,还不如他好呢!"

出现这样的情况,对于孩子的教育来说,难度非常大。在这种环境下成长的孩子,因为时时有"保护伞"和"避难所",所以,大都不会形成是非观念,其后果只能是造成孩子性格扭曲,让孩子错上加错,在迷途上越走越远。

不要袒护孩子的错误

西蒙教授在课堂上讲起了他以前的邻居,一个认为她们的孩子是天下最完美的孩子的妈妈和奶奶.这个孩子叫做杰西,确实是个乖巧、懂事的孩子。

有一天,西蒙因为身体不舒服没有去学校,而在家中休息。他发现了这个"乖巧"的杰西的"秘密":西蒙站在窗子前看到杰西正在用针管往邻居家的邮筒里灌水。这真是个令人恼怒的恶作剧。西蒙以前也发现自己的报纸经常湿淋淋的,但却从来没有想到是杰西的"杰作"。西蒙觉得有必要跟杰西的妈妈说一下了。

于是西蒙去找杰西的妈妈说,以后好好管一下孩子,这样不好。可意想不到的事情发生了,孩子的妈妈坚持自己的孩子是乖巧懂事的,并认为西蒙是在欺骗自己,是在欺负邻居,杰西的奶奶也从屋子里跑了出来,手里拿着棒球棒。

西蒙哭笑不得,只得离开。

而这件事情的始作俑者,杰西却始终没出来。已经是七岁的孩子了,应该懂事了,最起码出来给人家道个歉,可有奶奶和妈妈的祖护,杰西此后又做了类似的事情好几次,往别人家的邮筒里注水,最后还是被人家警告才罢手。

孩子犯错并不可怕,可怕的是家长不及时正确引导。当孩子犯错误的时候,家长应该及时制止孩子的行为。告诉孩子他的行为是不正确的,没有人会喜欢做坏事的孩子,做坏事的孩子是不受欢迎的,叔叔阿姨还有小朋友都喜欢懂事的孩子。在孩子有进步的时候一定要及时表扬,增进孩子做好事的自信心。家长要把对孩子的爱转换为实际行动,不做空谈家。每个孩子都是家长的心肝宝贝,家长很爱孩子但不溺爱。做到爱之有度,让孩子健康自信的成长。

不在孩子遇到挫折时祖护

另外,当孩子面对困难和挫折时,父母一定不要表现出怜悯与祖护。当孩子遭遇困难和挫折时,他的内心是脆弱的,对父母的态度会非常敏感,这时,如果表现出对孩子表现出怜悯,孩子就会认为自己更应该怜悯自己;如果为孩子感到难过,孩子就会更加难过,甚至他还会认为自己很不幸。如此一来,在挫折中的孩子不是想办法自己解脱,而是等待父母的祖护与帮助。在这样一个过程中,孩子就会丧失本来应有的战胜困难和挫折的勇气。

西蒙说:"我的女儿就经常向我求助,米雪儿遇到了不会拼写的单词,就迫不及待地问我。尽管我知道,但还是回绝了:'孩子,我也不清楚,你自己去查字典。'看着女儿拿出字典,查到那个单词,我欣慰地笑了。"

要知道,在表面上看,父母的对孩子的帮助看似让孩子暂时脱离了困境,但是,父母只能帮他一时,帮不了他一世。所以,轻易对孩子的帮助就等于把孩子推入了另外一个困境、一个更危险的境地。所以,父母要早日放手,让孩子学会自己解决问题。

不要一切围绕孩子

不可否认,今天的独生子女备受社会、学校和家庭的关注与呵护,是在一种物质生活极其丰富的环境中成长的。孩子在家里就是一个"小太阳",大部分孩子都是唯我独尊,任性、娇嫩,吃不得一点点苦头,也受不了半点的委屈。

经常听说有的孩子威胁父母,以拒绝完成学习任务,而且还以各种美丽的谎言敷衍教师,这些孩子面对心急如焚的父母和老师却若无其事……这已经成为今天教育的一大难题。为此，作为孩子的第一任老师和终身老师的父母更应履行教育孩子的神圣职责，引导孩子积极体验人生的酸甜苦辣，同时加强对孩子进行"笑对失败"的教育。

每一位父母都应该明白，孩子一旦离开父母，他仍旧能够在未来不确定的生活中经得起生活的考验，锻炼出一颗独立自主的心，这才是父母教育孩子的目标所在。父母要让孩子懂得"不历经风雨，就不能见彩虹"的道理，同时，父母自身更应该在实际教育孩子的过程中，真正地践行这句话。

如果父母懂得深化孩子对各种环境的感受以及情感的感知，孩子在今后面对激烈竞争的社会就能够品尝得了痛苦，承受得住伤心，也能够把各种压力转化为巨大的动力，更能以积极健康的心态迎接各种挑战。

所以，在教育孩子时，父母应该实事求是，讲求方法，一方面要多给予孩子爱心与宽容，另一方面还需对孩子严格教育。父母应该让孩子在生活实践中感受成功和挫折，体验喜悦和失落，这样才能让他茁壮地成长。

西蒙分析说，作为家长，如果想要表现的"仁爱有度"，第一步就要给孩子定出一个界限，让孩子能够接受你说"不"的时候。比如孩子已经有了二十辆玩具小汽车，当他缠着你再买一辆；或者临睡前已经讲完了第三个故事，孩子还要您再讲的时候，就一定不要再对孩子让步。

有时候做父母的会觉得很难拒绝孩子的某些要求，比如在超市里，孩子吵着闹着一定要买糖果，你马上就会觉得其他顾客的眼睛都看着你。这时，你一定要将政策贯彻到底，告诉孩子如果他要这么闹下去的话，下次就不带他一起出来买东西，如果孩子继续闹下去，你下次就一定不要再带孩子一起去买东西。只有这样，孩子才会知道你所讲的话都是当真的。

不要怕如果你对孩子说了"不"字，孩子会不喜欢你。任何人都不会因为你对自己亲爱的孩子说了一次"不"，而觉得你是坏妈妈或坏爸爸。

孩子要什么就给什么。有的父母还给幼儿和小学生很多零花钱，孩子的满足就更轻易了。这种孩子必然养成不珍惜物品、讲究物质享受、浪费金钱和不体贴他人的坏性格，并且毫无忍耐和吃苦精神。

一旦说不，就要坚持下去拒绝之后不能出尔反尔，即便发现有不妥，可以以后弥补，但不要当场反悔，特别不要因孩子撒娇哭泣就改变决定，否则他们就会"学会"用撒娇哭泣来获取他们想要的。

作为家长，要理解拒绝的重要性。适当拒绝孩子，只要注意方法技巧，大有稗益。拒绝孩子后,不但不会伤害他们的自尊心,使他们产生怨恨,反而能够树立父母的威信,也使他们懂得生活和做人的道理。

在拒绝孩子之后要简单解释,这会让孩子感觉到尊重,这样的拒绝不但很容易接受,也使孩子学会了理解和支持父母。在向孩子解释时要注意三点:通俗易懂、简单明了、就事论事。

对父母来说,对孩子说"不"是必需的,只有这样,孩子以后才会对她自己说"不"。对于所有的孩子,以及某一些成年人来说,要延缓自己得到满足的欲望是很难做到的。"我现在就要"是一种冲动性的渴望,对初学走路的孩子来说尤其如此。学会接受别人说"不",其实是对己说"不"的前奏。真正会给孩子带来麻烦的是他们对自己的要求作出不假思索的、冲动的回应——立即加以接受——没有花时间用他们的大脑来想一下,没有仔细地考虑是否有必要对自己说"不"。

对孩子说"不"要营造一种平衡。对孩子说太多的"不"和太多的"是"都会有损于孩子的自律能力。在孩子的环境中实现"是"和"不"的正确调和是非常重要的。如果你很少对孩子说"不",那么一旦你对他说"不"的时候,孩子会感到崩溃,因为他不习惯于受到挫折。如果他整天都被"不"所淹没,那么孩子就会觉得这是一个消极的世界,他长大后就会成为一个消极的人。这个世界实际上总是充满着"是"和"不"。在许多家庭当中,孩子很快就会发现父母中谁是说"是"的好好先生,谁常常会说"不"。即使是《圣经》的"摩西十诫"中也有"允许"和"不允许"。随着孩子逐渐地学会生活的这个道理,他就会渐渐地养成一种健康的、折衷的个性。

"不"也要随着孩子的成长而变化。你对孩子说"不"的技巧随着孩子的成长也逐渐成熟起来,在幼儿时期,孩子的需要和要求没有什么变化,因此作为父母,你大体上总是对他说"是"。而在3岁以后,孩子的要求就不一定总是谨慎、健康的,因此你会成为有时对他说"是"、有时对他说"不"的家长。

第二章　无情未必不爱

康奈尔大学建于 1865 年,是由艾兹拉·康乃尔创建的。在所有"常春藤盟校"中,康奈尔是历史最短的一个,而同时它又是最大的一个。它拥有本科生 13000 多人,遥遥领先于其它"常春藤盟校",让人想起"百川归海,有容乃大"的古话。

康奈尔大学的尤瑟教授是儿童心理研究的专家,他提倡"狮子理论",即父母对孩子"无情"一点,从而培养孩子的能力,就像小狮子一样,终究要自己学会捕猎。

"无情"背后是大爱

尤瑟教授从事儿童心理研究,后来供职于常青藤盟校之一的康奈尔大学。尤瑟教授主张家长们在教育孩子的时候,应当向狮子学习,向一些动物学习。这些动物家长们早早地就教会自己的孩子独立,迫使它们自己学会生存的本领。虽然过程中孩子会因父母的"无情"受到伤害,但这"无情"背后却是沉甸甸的大爱。

尤瑟教授讲述了这样一件事情,是关于一个母亲和她的孩子的:

孩子叫卡尔,刚刚七岁,他天生聪明,就是有些淘气过度。

有一次,卡尔和小区里的小伙伴玩捉迷藏,一下撞倒了小区门口的一个水果摊。立刻,水果滚了一地,还摔坏了许多。小贩当然不乐意,于是找到卡尔的妈妈索菲,让她包赔损失。索菲十分干脆,让小贩算好多少钱,然后做出了让所有人瞠目结舌的举动。她说,事情是卡尔引起的,所以责任得让卡尔自己来承担,让他每天放学后去给小贩帮忙,直到赚够赔偿的钱为止。

结果,卡尔整整用了一个星期的时间在小区门口帮助小贩卖水果,才赔上了小贩的损失。而在这一星期里,好多小伙伴走过小区门口时,都暗暗笑话卡尔是"超级小水果贩";许多大人也对卡尔指指戳戳地议论,纷纷谴责这位"不近情理"的母亲。是呀,不就是几十元钱嘛,值得让孩子如此辛苦还丢人现眼吗? 许多人议论纷纷,甚至有人私下打听:卡尔的母亲是不是后妈?

这位母亲的行为貌似很不靠谱,很无情,但细细思忖,却不得不佩服这位母亲。她在教育孩子明白一个道理:自己做的事情,要自己负责。在让孩子明白这些道理的同时,其实也让孩子体验了一下生活,让他明白做小生意的不容易。这就是这位母亲教育孩子的高明之处。看似残酷、不近情理,其实是一个做母亲的一番良苦用心。

现在的许多孩子,大多生活在富足而温暖的家庭,家长给予他们所能给的一切,看似很幸福、很温暖、很富足,但其实,他们是最苍白的一代。他们缺乏锻炼,缺乏磨砺,更缺乏爱心。许多家长,都一厢情愿地想把孩子培养成为一个优秀的人,但许多家长只是片面地把优秀理解成为只要学习好,就能搞定一切。因此,为了这个目标,他们给孩子请家教,送孩子进补习班,甚至有些孩子在一个暑假里,竟然进了四五个补习班。这些孩子像走马灯一样去接受各种知识的教育,却从没有哪一个学习班是针对孩子的健康成长,来进行一次"做人"的教育。

看似是关爱孩子的一生,但却把孩子拴在一条永远也跑不到头的学习战车上,而忽略了其他方面的教育,把孩子从人生起步开始就搞得疲惫不堪,难道这是爱? 索菲看似无情的举动,却是饱含对儿子的爱。

像卡尔的母亲,在教育上应该算是一位智者,至少,她让孩子从小就明白什么是责任。这样的孩子,责任心会陪伴着他走过一生。而孩子从小没有被太多的宠爱包围,他就更容易看到别人的存在,不会那么自高自大地以自我为中心。

那些生长在山上的小树,或者野外的丛林,它们没有被人为地专门培育,经常遭受风吹雨打,但它们的生命力却十分顽强,即使把根扎在没有土壤、没有水分的岩石缝中,也能顽强地生存下来。

这些树木,生命力顽强的原因,就是因为没有人照顾它们,没有人去关爱它们,一切都得靠自己。所以,它们在艰苦的自然环境中,反倒磨炼出了超出园林中其他同类的生存能力。而大自然给予它们的风吹雨打、雪打霜侵,其实是一种最厚重的爱。正是这种看似残酷的爱,才让它们的生命力格外顽强,才使它们得到更多的锻炼。

谁不希望自己的孩子能有这样的生命力? 谁不希望自己的孩子坚强得能

抗得住各种打击和折磨？但只给孩子温暖和富足,不让他们体验困难,感受残酷,那他们就永远像园林中的树木和花草。孩子就如一棵柔嫩的小苗,需要温暖的阳光、细柔的轻风,同样,他们也需要磨炼他们意志的困境和磨难。

看一个孩子优秀与否,分数不是唯一的标准。报纸上经常有这样的报道:许多离家求学的大学生,在假期回到家里,带给父母的不是久别的思念,也不是用自己的零花钱给父母买一些父母喜欢吃的食品或者小礼物,他们带回来的是大包小包待洗的衣服。看到自己辛苦养育了那么多年的孩子这样对待自己,相信哪个父母的心里也不会有幸福、甜蜜的感觉,但这是谁的错？作为父母,是不是该好好地反思一下呢？

一个孩子若没有优秀的素质,说重了其实就是一个不健康的、存在着某些缺陷的"病态人"。而造成孩子们病态的原因之一,正是家长们在孩子的教育上疏忽了"挫折"教育。只有太过急功近利的教育方式,而忽视了更重要的生存之本的东西,结果就本末倒置了。

后来,卡尔和她的妈妈索菲一起,被邀请到电视台做一期儿童节目。参加这期节目的孩子很多,只有卡尔脱颖而出,各方面的才能都远远超出了其他小朋友。

主持人问索菲是如何教育出这么一位优秀的儿子,索菲的母亲语出惊人:"在情感上,他是我最亲近的人,但在教育上,我从来没有把他当成一个孩子来对待！"

此语一出,全场哗然。索菲接着说:"现在的孩子,可以说是缺'爱'的孩子,父母给予得太多了,当爱成了泛滥时,其实是一种严重的欠缺。因为,父母不知道孩子们真正需要什么,只是一味地给予。可当被给予得太多的时候,孩子就只变成由别人摆布的木偶。我的孩子,在他没有能力挣钱养家的时候,我提供给他住、吃、穿。但是,他力所能及的事情,必须得他自己来做。"

虽然人们对卡尔母亲的教育观点持有不同意见,但却不得不承认,这是一位有着大智慧的母亲,因为在她看似残酷无情的教育后面,是一位母亲最深厚的温情和爱。

无情未必无爱,有时候对待孩子无情一点,让孩子多接受一点风雨,去面对一些残酷与挫折,帮助孩子成长与进步,未尝不是一种大爱。

做一头"无情的母狮"

康奈尔大学的尤瑟教授在谈及家庭教育的时候做过这样一个比喻：教育孩子就像是喂养一头小狮子，父母所能给予的永远无法满足它，而父母真正应该做的却是对它"残酷"，培养它自己猎食的本领。

在这方面，美国的家庭教育是出众的。他们会平等地看待自己的孩子，要求孩子通过自己的劳动来换取父母的付出，他们更喜欢"无情"地把孩子赶出屋檐经受风雨而好过他们在温暖的被窝里慢慢"腐烂"。

对孩子"无情"，对孩子"残酷"，这个道理似乎简单易懂，但在中国，却很少有家长能够做到。

如今的社会，竞争之激烈，让家长们从孩子没出生就开始怕。等孩子出生，就开始从早教到幼儿园，生怕孩子输在起跑线上。小学之后，普通的兴趣班已经发展到考级和获奖为目的，早已失去兴趣本身的魅力。然后，升学，找工作……如果孩子弱了，早就被那些"强者"吃掉！怎么办？

要是孩子多，吃掉几个倒也无妨。在这个每家只有一个孩子的社会现实中，这一个，对一个家庭来说，就是全部。所以，谁家都输不起，谁家都不想输。都想把孩子培养成赢家——培养成动物界的狮子，最好还能当上狮子王。

如果一头狮子从小丰衣足食，那么他可能永远学不会捕食的本领，为什么呢？因为他不需要发展捕食的能力就可以获得丰富的食物。如果这头狮子的母亲从狮子小时候一直到大都供给他足够的食物，那么这头狮子就基本上废了——他永远学不会捕食的本领，因为他觉得没有必要。同时他也不需要感谢他的狮子妈妈，因为他不知道捕食的辛苦和艰险，所以他不知道为什么要感谢。反而，当他的狮子妈妈老了不能供给他食物的时候，他可能因为没有办法在外面捕食而把自己的妈妈吃掉。

上面的故事当然不是事实。因为狮子妈妈不会这样养育小狮子。不过大多数人就是这样养育自己的孩子的。如今的啃老族，不正是真实的写照吗？

如果你希望孩子丰衣足食，就不要提供丰富的食物给他而是"饿他冻他"，逼他发展"捕食"的本领，否则你就是在削弱甚至剥夺他让自己丰衣足食的能力；如果你希望孩子拥有独立自主的意识，就不要处处告诉他应该如何，而是让他在困惑中思考，去发展他独立思考的能力，否则你就是在培养孩子成为别人意识的附庸，人云亦云；如果你希望孩子拥有良好的人际关系，就不要事事帮他处理，而是让他在需要别人帮助的时候，主动与人打交道，获得自己想要的目标，否则你就是培养孩子只与你一个人交往的能力。

如果希望孩子勇敢自信，就要让他在困难的环境中独自面对，通过自己的努力而突破困境。如果你在他困难的时候担心他受苦，把你"正面的爱和帮助"给他，那么，你帮他解决了一时的问题，却剥夺了他去发展可以让自己一世受用的能力——面对困难的勇气和相信自己能解决问题的能力。

而更多的父母依然陷在"只要孩子高兴就好"的谬论里。父母们有一句话常常挂在嘴边：只要孩子高兴就行。这句话言外之意，就是只要孩子高兴，我怎么着都行。把这句话泛化一下，就是"只要他高兴就行"。想想在什么情况下，我们会对什么人有这样的想法呢？说这句话的时候心态又是什么？

奴才（仆人）对主人会有这种想法，当奴才说只要他高兴就行了，因为奴才目光短浅，无法对主人的行为负责任，而主人掌握着奴才的生杀大权，所以奴才会不顾一切地让主人高兴。什么是不顾一切呢？那就是只要保全自己眼下的身家性命，尊严、责任和荣誉都可以不顾。父母在面对孩子的时候以"只要你高兴就行"为目的，其实骨子里就是这种奴才思想在作怪。

只要孩子高兴就好，可能会牺牲父母自己的高兴。关键是，父母的妥协并没有成就孩子内心真正的强大，而是喂养了孩子的小我，使孩子变得更加自以为是，飞扬跋扈——这样去让孩子高兴，等于是父母放弃对自己的尊重，如果父母不尊重自己，怎么会赢得孩子的尊重呢？所以，这样的孩子，往往会对自己的父母比较嫌弃和反感，在行为语言上拒绝或排斥自己的父母。反之，那些能够尊重自己的内心，不顾孩子一时的不高兴，而把真正符合孩子灵魂成长的需要给予孩子的父母，更能赢得孩子的尊重和亲近。

只要孩子高兴就好，而永远让孩子处在"顺境"之中，是鼠目寸光的父母所为。眼前的高兴，将使孩子永远失去在逆境中成长的信心和能力。一旦面临逆境，自杀或杀人的孩子都是在逆境中找不到真正的出路才会出此下策。逆境出人才，严师出高徒。不忍心让孩子受苦，担心孩子吃亏，那么，将来孩子一定受苦一定吃亏。如果想让孩子真正具有创造顺境的本领，父母就要让孩子在逆境中学习走出逆境的本领。这才是符合孩子灵魂成长的要求，也是顺应孩子成长的"道"。

如果只要孩子高兴就好，可能孩子一辈子只吃一种食物；可能孩子一辈子只会做一件事……因为一旦接触自己不熟悉的东西，就会有不适应或不舒服的感觉——孩子就不高兴了。这严重破坏孩子的成长规律，更是对孩子不负责任的表现。中国古语：三岁看大，七岁看老。三岁时所形成的行为模式反映出对他今后待人处事的方式，但是在7岁之前还有机会调整。而7岁时所表现出来的行为和思维模式，将影响人的一生。对孩子负责任，就要在他小的时候，及时纠偏，以免养成习惯，耽误一生。但是这个纠偏的行为，可能是严厉的，可能是残酷的，孩子当时必定会不高兴，如果父母不了解孩子心灵成长的需要，被假象迷惑，被那些不懂真教育的人不负责任的评价所迷惑（他们可能会说你对孩子太狠了，你太残酷了等等），那真正的爱将无法进入孩子的心灵，这对孩子来说是不负责任的。

例如：当孩子出现逃避困难和责任的行为时，家长不能因为怕"孩子不高兴"而不去要求他。恰恰相反，家长要在这个时候对孩子提出要求，甚至动用惩罚的手段让孩子去对自己的行为负责任。关键是，家长在这么做的时候，不是为了达到自己的目的而是要发展孩子的正面能量。这很微妙，但是孩子却知道得很清楚。当父母的动机是为了满足自己的欲望时，孩子虽然做了他的心却会和你越来越远；当父母的动机是为了发展孩子的正面能量，孩子虽然当时不舒服，但之后却会和你越来越近。这是灵魂的选择，也是灵魂的欲望：认识并体验到自己有多好，并且经验到这种越来越好的无上光荣。

当孩子表现出正面能量时，家长就要去肯定他，让孩子经验到属于自己的荣誉。这有助于让孩子觉察自己的行为，将正面能量巩固到生命中。家长的这种肯定可能是一个眼神，一个动作，也可能是一句话或是一个奖励。现任美国总统奥巴马告诉过许多人，即使物质奖励也不要太多，以免孩子把关注点从自己内在的喜悦转移到外在的物质上。

狮子的养成，是由于狮子的爸爸妈妈适时"残酷"的对待它的孩子，让狮子的本性得以发展。家长要想让孩子成为不被别人吃掉的狮子，就要觉察自己行为的后果，让孩子承担属于自己的责任，哪怕这个责任会让孩子难受，哪怕这个责任看起来有点残酷。

"无情"养出"小狮子"

康奈尔大学的尤瑟教授在孩子教育方面有一则"狮子理论"，是说教育孩子就像母狮喂养小狮子，一味的爱护与满足只会让小狮子失去生存的能力，而无情地抛开不管，让小狮子自己学会捕食与狩猎，反而能使小狮子真正的强壮。

很多为人父母者，对子女过分爱护和关心。现在的很多学生，从小到大，除了会读书以外一无所能，既没有独立思考的能力也没有独立行动的能力，一旦被放到陌生的环境中就完全不知所措，变得茫然而无助。究其原因，多是因为从小被溺爱所致。很多父母完全不明白对于孩子一生的成功和幸福，到底什么是最重要的。他们为孩子把一切都准备好：做饭、洗衣、打扫房间、接送上学，甚至帮着孩子把铅笔都削好了，就是忘了最重要的东西：如何把孩子培养成一个拥有独立思考和独立行动能力的人，把孩子锻炼成一个今后在社会上能够勇敢地打拼并取得成功的人。

尤瑟教授认为，现在许多父母患上了"关怀强迫症"。所谓"关怀强迫症"，即一个人特别需要别人依赖自己，总是强行向别人提供他并不需要的关怀，从而使他不能独立，并使双方都进入特别痛苦的生活状态中。"关怀强迫症"是一种不健康的、对人际关系产生破坏作用的心理和行为，患上该症的家长必须及时加以矫正，否则会让孩子在精神上承受另类"棍棒"。

这种"关怀强迫症"的父母在国内比比皆是：

案例一：反感父母溺爱，初中生决意18岁后离家独立生活

北京协和医科大学最近对独生子女的心理状况进行调查，发现了这样一个家庭教育失败的典型案例：一个13岁的小男孩从小就被父母过度溺爱，但他实在受不了父母把他当"宝贝"的做法，对这种溺爱非常反感，后来发展到蛮横地拒绝父母的一切关爱。但父母并没有考虑儿子的真实想法，而是一如既往地提供他并不需要的关怀和帮助。为摆脱父母的溺爱，小男孩从上小学起就开始瞒着父母积攒零花钱，并决意在18岁后离家独立生活。

专家分析：有一种爱叫做放手

平时家长对孩子关怀备至，甚至总是提供孩子并不需要的关怀和帮助，使孩子反倒心生怨气甚至人格扭曲，让孩子成为和自己处处作对的"冤家"。这其中有孩子不懂事、不理解父母的原因，更多的是因为家长忘记了孩子成长与发展的需要。

作为家长，不仅要关心孩子的生活和学习，更要关心孩子的发展需要，要懂得尊重孩子的合理意愿与要求。家长应该认识到，有一种爱叫做放手，要经

常鼓励孩子独立与勇敢。

案例二：父母包办一切，孩子长成"30岁儿童"

今年情人节，在某婚姻登记处有这样一个场景：站在新婚登记队伍中的不是准新娘和准新郎，而是准新郎的母亲。这位母亲来这里排队是为了让孩子多睡一会儿，直到快排到时再打电话让孩子们过来。

类似的现象在我们今天的现实生活中并不少见，比如儿女结婚、装修房子等都由父母代为操办，就连新房的床头灯都得父母选定；儿女有了孩子后，当奶奶或外婆的从喂养到教育完全说了算……父母从小替孩子包办一切，使社会上出现了一种怪人，人们称之为"30岁儿童"，指的就是人都长到30岁了还像个小孩子一样，凡事不能独立自主。

专家分析：被喂饱的熊是死熊

很多为人父母者出于对子女的过分爱护和关心，也正在把孩子当作喂饱的熊对待。现代心理、教育、社会科学的研究表明：家长的"过度保护"恰恰忽视了孩子健康人格的教育和培养，也扼杀了孩子创造的灵性和自主发展的精神，由此培养出来的孩子依附性强，没有解决问题和迎接挑战的能力，在成年后甚至满了30岁后仍出现一些儿童时期才有的毛病，比如：娇生惯养、倔强、任性；缺乏独立生活能力，依赖性强，出现心理倒退现象；适应新环境能力差，等等。

有个中国人在加拿大山区驾车旅游，经常看到路边竖着一块牌子，上面写着"A fed bear is a dead bear"，意思是"被喂饱的熊是死熊"。他不太明白到底是什么意思，伙伴告诉他：过去很多人在路边看到熊，都十分好奇，从车里扔食品给熊吃。熊尝到了甜头后，就老站在路边等人施舍食品，慢慢地失去了自己觅食的本领。到冬天没有人去喂它们食品时，有的熊就会被饿死。所以加拿大政府在路边竖了很多提醒人们的牌子，告诉大家把熊喂饱了，实际上是把熊喂死了。

为人父母者，请不要把你们的孩子养成被喂得饱饱的熊或白鼠，这样做只会把他们送上人生失败的道路。让我们保留一点动物的本能，对孩子稍微"无情"一点，只有给他们更多的机会自理，才能有日后他们更坚强的自立；而作为被"哺育"者，更是要主动地不眷恋"暖巢"，主动地成长。说到底，强壮的体魄、健全的人格、不断提高的生存能力，才是立足社会不可或缺的基本素质，而这些是"喂"不出来，也不能被给予的。

一千只绵羊,也不是一只狮子的对手。当然,你不一定要你的孩子去当狮子,一定要去做"强者";因为绵羊和狮子并无高下之分,他们都是生态系统的一部分。狮子吃羊,你的羊孩子,也可以去欺负草——吃草。相对于草,绵羊就是"强者"了。

生孩子,养孩子,关照孩子,是母鸡也会做的事情;爱孩子,绵羊妈妈也具有一样的本能。但是如何把孩子培养成狮子,就只有狮子爸妈才会做了。

当然,最后如何选择,由您来决定。孩子的命运和前途,是家长赋予的!孩子将来是狮子还是绵羊,是家长选择的!

有一个老板很为自己的儿子教育操心,他儿子的毕业申请被尤瑟拒绝后,这位老板专门找尤瑟探讨如何教育的问题,希望让尤瑟提些改进的意见,以便自己的儿子能够顺利毕业。

这个老板有四个孩子,前面的三个都是女孩,这第四个是"盼望了很久后"生了一个男孩,自然看作是"宝",特别这男孩又很聪明,自然就更讨大人的欢心了,从心底深处,家长把这男孩看作是"未来的家业继承人"。

不过,尤瑟却发现,这个家长在学堂读书的女儿,要比备受期待的男孩成器懂事得多。这个儿子显然很享受在家里的"重要感",内心拒绝成长;女儿正好相反,想要快速成长;因为女儿感受到自己相对被家长"忽略"和不受重视,反而更珍惜父母的爱,学习更用功和努力,也更懂事。与父亲说话的时候,他能够看到她的快乐,也看到她很在意父母的感受,并希望努力付出,以"讨父母的欢心"。

尤瑟对这位老板说:你显然对这个儿子抱最大的期望,但是将来他让你失望的可能性很大,反而你心中相对比较"忽略"的女儿,可能会最成器。

如果家长过于无知,过于放任,就会成为一个纨绔子弟,成为现在很多人看到的,飞扬跋扈骨子里却很无能,只会拿父母的钱财来装点自己门面的"富二代"。

老板很关心:怎样才能避免这种局面呢?尤瑟的答案很简单:如果你认为这孩子是你的敌人,想要害死他,不流血地杀死他,希望他这辈子一事无成,窝囊无用,就现在好好地照顾他,关心他,呵护他,用假装的"爱心"施舍,来剥夺他的成长机会和各种能力,把他像是小宠物一样养大,将来就必定是废物。别人还拿你没办法说,这叫做"合法暗算"。

如果你真的对他有爱,有期望,希望他成才,成器,就只能选择各种机会,对他无情一点、残酷一些,设法狠心地折磨他,让他提升自己,突破自己。而不必在意别人想装好人来对你的批评。因为这是你的孩子,只有你才愿意为他负责。

教孩子,其实也并不需要什么特别的教育技术,只需要"心"到位就行了。孩子小的时候,最关键的就是把"爱心"藏起来,只让孩子看见"狠心"和"无情",至少也是"冷静理智之心"。让他发现只有靠自己才能成长。

中国的家长,似乎实际行为都与这个标准相反:小的时候,家长明明该严格教育,偏偏却在哪里扮演"爱心无限,慈父慈母"的角色,孩子"集万千宠爱在一身",养成一大堆的毛病。大了一点,特别是上中学以后,出现各种学习和行为问题,家长们开始着急,瞎忙一通,给孩子造成心理障碍。成年以后,面对孩子行为有种种的不满,天天抱怨,甚至指责和谩骂。这样的家长,不是疯子吗?一辈子都在做南辕北辙的颠倒事情。

当然,尤瑟也指出了任何事情都是有限度的,对孩子"无情"是为了让孩子成长,但孩子毕竟还小,家长应当"量力而为"。像日本和韩国的家长教育孩子的方式时候,在大冬天让孩子赤着上身去冰雪地里面训练,却是不值当所有家长去模仿的。

真爱孩子,就对他"无情"一点

最近尤瑟的小女儿就被他"无情收拾"了。这孩子在大家的眼里,是很乖巧,很懂事,聪明可爱的。可是她回家过中期假的时候,十天时间却天天被尤瑟"军训",还被尤瑟用树枝打屁股,被罚饿饭,一次还饿了一整天(因为她"选"了饿一天)……妈妈看不过去,很生气,强烈抗议尤瑟的"法西斯行为",说孩子太可怜了,要把孩子"送给警察局",让警察来警告尤瑟。如果孩子没有吃饭,妈妈也不吃,以此表示抗议等等。

尤瑟做这些事情,并非孩子有很严重的问题,仅仅是因为孩子出现了"逃避行为",她开始用"消极反应"来获得认同。如果被纵容的话,将来的问题就大了,她会不快乐,会难以进步,会难以承担责任。因此,尤瑟认为必须培养她面对困难和克服困难的勇气。

人一生中要面对很多自己必须克服的困难,而别人无法帮忙。她现在想要逃避的一些小困难,家长当然举手之劳就能够解决;但是一旦养成了依赖的习惯，就注定了她一生的平庸和无能。三岁看大，就是看到这些影响会"变大"，变成将来的行为惯性。

因此，尤瑟很关注她出现的"逃避行为"，尽管她装出最可怜的样子，用很好的理由来逃避，尤瑟也绝对不批准。他的原则是：你可以做得不够好，但是必须努力去尝试一切，而不允许逃避。一旦她坚持逃避，语言命令得不到执行，就只好实施"强制性措施"了——打屁股。必须让她体会到选择"逃避痛苦"，比去面对困难，更难以接受和更痛苦，她才会面对障碍，这是基本的人性原则。

这种严格教育的效果是很明显的，尤瑟的女儿假后回学校，个性和行为出现了很大的转变：更快乐，更自信，更积极地参与学习和活动了，而且上课的时候，她学习的能力似乎突然提高了一截。一个长句子，在其他孩子都还没有学会的时候，她就举手表示已经学会了（原来就算会，也不愿意举手），而且的确能够完整地说出来。老师们以为尤瑟是不是补了什么课，其实整个假期尤瑟都在让她在体能上"挑战极限"，搞各种运动，在折腾她，根本就没有学习什么文化课程，因为尤瑟认为文化课程根本不重要。用运动来训练她的心理和个性品质更重要。这些过关了，学习会自动的上去，都不需要太操心。这些问题不过关，就算学习上去了，也是暂时的，假的。

更特别的是：尤瑟对她很严厉，也不在乎女儿是否会"亲热友好"，但结果是女儿更亲近尤瑟了。在学堂里通过努力，"挣"到了好吃的东西，她说要留给爸爸。妈妈就很不理解：明明尤瑟对他最严厉，甚至很苛刻：打她屁股的时候都一定要打疼才行。但是为什么孩子还最喜欢尤瑟呢？家里最宠孩子的人，为什么常常得不到孩子的尊重？

这里面的道理就很深了。首先是孩子的灵魂（心灵深处）是渴望成长的，如果宠爱孩子的家长，用剥夺孩子成长机会来"付出爱心"，宠爱孩子，孩子的身体会很依赖和需要家长，但是心灵却会很反感和敌意。因此，宠爱孩子的人，基本上得不到什么好的回报的。这已经是多少代人一直观察到的因果事实了。

相反，严格要求孩子的人，虽然孩子的身体表现是"感觉不好"，但是心灵的表现却相反，是"感觉很好"。他在心灵深处，或者说是灵魂深处感觉到你是真正的爱，因此他反而内心深处更感激，更喜欢你，你们的关系会更友好亲切。

当然,这样做的前提,是你真心在教育孩子,帮助她提升;而不是乱打孩子,为了出气而发泄到孩子身上。

因此,尤瑟给家长的建议是:孩子小的时候(12岁以前),对待孩子要尽可能严格,甚至可以苛刻一些,无情一些。如果处理一件事有两种方法,就一定选择较严厉的一种,宁严勿宽!

不过,当孩子长大以后,态度就相反——宁宽勿严!其实,家长真正管教孩子的时间很有限,只有12岁之前很短的时间。12岁以后,进入青春期,就不能太严格了,容易造成逆反心理。小时候怎么打都没事,这个时候,碰一指头都可能出大事。因此父母必须要"宽容和理解",温和地对待她。特别是孩子18岁以后,家长还要再退一步,学会"装聋做哑"。面对孩子做的行为,你觉得再离谱,再无法认同,都不要去干预孩子的自由选择。不要去要求他服从你的意志,更不要去"教训他"。18岁以后,你已经没有任何资格来对孩子指手画脚了,除非他要求你帮助。

如果孩子18岁以后有诸多的问题,源于家长12岁以前的教养不当;想管孩子,为什么不在12岁以前好好管呢?12岁以前管好了,18岁以后,乃至一生,都不需要家长太操心了,他会健康地成长。

有些家长会存有疑问,如果要求太严格,会不会让孩子变得没主意?太"绵羊"了一点?

尤瑟解释道,现在的孩子大多数都比较聪明,点子多,想法多。而且孩子们基本上都有"领导力":没看现在的三岁大孩子,都基本上把家里的家长们,老人们"管理"得服服帖帖的吗?他们天生会用各种方法来控制大人以及其他孩子。

但是,如果家长过早丧失了权威,孩子们就无法成长了。孩子们必须通过服从权威来学会拥有和正确运用权威,战士必须通过服从将军,从而才有机会成为将军。现在除非你把他管成小绵羊,将来长大后才有可能成为狮子,一只外貌很温和,内在很有力量的狮子。

相反,如果你现在就让他"当上了狮子",将来长大后,最好的状态,只是一只外面披了狮子皮,骨子里面是个绵羊的内心脆弱的家伙,所谓的色厉内荏之徒。最惨的就是:内外都是小绵羊,无能平庸的富二代。

因此,家长在幼儿阶段,最需要做的事情,就是"无情地教育孩子";这是对孩子最大的尊重,尊重孩子心灵的成长需要。

为避免某些父母滥用"无情",给孩子造成心理伤害,尤瑟特别强调:"无情"是对孩子的身体而言的。对于孩子的心灵来说,必须是能够感受到爱和支持的,而且是强大和温暖的。

细节注意:

第一、对待孩子态度坚决,执行到位,切忌婆婆妈妈。孩子对一个柔弱多情的"领导者"是很不屑的。孩子永远崇拜强者,而不是多情者。要让孩子强,家长自己得强。不是身体的强,而是意志的强大。

第二、所有"无情"严格的训练和对待,目的是促使孩子更自信,更有勇气。而不是相反!反对家长为了表演自己的强大身份而去压抑孩子的心理。

第三、这种训练,是让孩子身体经受他认为"残酷无情"的磨练后,获得心灵更大的"成就感"。因为他挑战了自己,克服了自己。

中国家长在教育孩子上最严重的失误,就是在身体上"无微不至",在心灵上冷漠自私,缺乏关爱。甚至以"爱"和"为了你好"的名义,严重践踏孩子的心灵和尊严;不懂得"关心",一味的"关身"。剥夺孩子心灵的快乐和追求,放纵孩子身体和欲望的满足,两极偏向完全违背基本的教育原则,导致教育的恶果(到处是弑父,杀母,灭亲,自杀,自伤,堕落,无能等等现象)。

真爱孩子,就对他"无情"一点吧!

无情有度

康奈尔大学的尤瑟教授一方面鼓励家长对孩子"无情",来磨炼孩子的身心,从而锻炼孩子的能力,但尤瑟教授也指出,作为家长,应该"无情"有度,切莫让"无情"变为"残忍"。

一段4岁"裸跑弟"的视频被放到网上,迅速引来了网民关注:视频里,美国纽约-13℃的暴雪中,一名来自南京的4岁幼童,在"鹰爸"的要求下裸跑。"裸跑弟"一边跑,一边带着哭腔说"不想再跑了"。教师出身的"鹰爸"表示,孩子早产,曾被判可能痴呆,但经过自己三年的极限训练,孩子智商潜力已高达218。有医生指出,极端训练方法对智力发展没有作用。

尤瑟教授指出,家长对孩子的"无情",其实是为了培养孩子独立解决问题的能力,所有的教育都要建立在两个前提之下,一是不能伤害孩子的健康,而是不能伤害孩子的心灵。所谓的虎妈狼爸式教育委实是"无情"的过头了。

有一位父亲,他的口号是"三天一顿打,孩子进北大",只要孩子的日常品行、学习成绩不符合他的要求,就会遭到严厉的体罚。他的四个孩子中的三个被北京大学录取,他叫萧百佑,被称为"中国狼爸"。

但是,"狼爸"萧百佑在做客某教育电视台时,受到了现场众多专家、学者的尖锐质疑,不过"狼爸"毫不示弱,坚称自己是"全天下最好的父亲"。

"狼爸"的育儿经:"打"是家庭教育中最精彩的部分

在"狼爸"萧百佑眼中,"打孩子"不仅是家庭教育中不可缺少的环节,而且是"最精彩的一个部分"。在节目录制现场,萧百佑还带来了一个特殊的道具鸡毛掸,这是他管教孩子的重要工具。

据萧百佑介绍,每当孩子日常生活中的品行、学习成绩不符合他的要求,就必须要接受鸡毛掸子的"惩罚"。萧百佑当年参加高考,获得了广东省第八名的成绩,被暨南大学录取。他认为,自己学生阶段的成功主要受益于母亲"动辄就打"的教育方法,所以在教育自己的孩子时,他选择了延续家族传统。

萧百佑表示,他并非是公众眼中的"野蛮父亲",用暴力强迫孩子服从自己的意志。打孩子不是像说得那么简单。根据他的经验,要打得科学,打出艺术并不容易。那什么是科学地打呢?他认为,是明家规、定尺度的家法。孩子们知道怎么做是对的,怎么做是错的,错的是新错还是重犯。错了打哪里,打多少下,打的时候不能有不良的反应。打完之后要孩子表述受罚后的决心。萧百佑认为,孩子身上有三个特性:动物性、人性、社会性。在12周岁之前,孩子身上动物性的特征表现得比较强烈,必须用"打"的方式才能让孩子懂得是非道理。"所以在孩子12岁之前,我都是以打为主,"萧百佑说,"但孩子到了12岁,为人品行已经基本成型。此后,我就不会对孩子动手,而是完全依靠说教。"

专家质疑1:是否在倡导"奴性教育"?

萧百佑用"打"的体罚方式,让孩子懂得服从。本质上是用暴力强迫孩子服从自己的意志。用这样的方式培养的孩子,只会成为唯唯诺诺,没有独立思想的人。"狼爸"培养出来的很可能是"羊子"、"羊女",本质是一种"奴性教育",孩子的性格会受到扭曲。萧百佑打孩子与孩子考上北大,这两者之间并非存在必然联系,所以不值得提倡推广。

"狼爸"回应:孩子在年幼时,不需要独立的思考,只要学会服从家长就能成长。"在我看来,在0至12岁孩子的性格中,动物性占主要成分,很多行为都是无意识下进行的，所以要用鸡毛掸子给他立规矩。"根据萧百佑的家教"理论"，12岁至18岁，孩子的"人性"才渐渐开始占主导地位，懂得是非曲直。18岁之后，孩子才有社会性的表现，才有社交需求。所以，在萧百佑定的家规中，子女在上大学前，不能与其他孩子交朋友，生活中只能有"亲人"、"同学"两个概念。

"我的三个孩子都考上了北大，事实证明，我的家教方式培养的并非没有独立思想的孩子。我只不过在孩子年幼时，帮助他们认识这个世界。"萧百佑说。

专家质疑2：如此家教，孩子怎能快乐？

"狼爸"萧百佑定下了"严苛"的家规：不允许看电视，除了新闻；不许随便喝可乐；不允许随便打开冰箱门；甚至不能开空调等。孩子们只要触犯任何一条，就要接受鸡毛掸子的惩罚。儿子萧尧也曾说过："记忆里，只有一次，毫无顾忌地玩，让我感觉到童年的无忧无虑。真希望这样的生活能在童年里多出现几次。爸爸无疑是成功的，但我们也失去了童年时该有的快乐。"在"狼爸"萧百佑的管理下，孩子不可能有一个快乐的童年。

"狼爸"回应：萧百佑认为孩子对于快乐或痛苦，并没有本质上的认识。萧百佑透露，他知道三女儿萧箫曾经在日记中写过"我没有快乐童年"，但他并没有理会女儿的想法。他认为，孩子对快乐或痛苦的认识是建立在与其他孩子对比的基础上：别人不能玩，自己能玩，就快乐；反之，则痛苦。所以，孩子并不真正理解什么是快乐。今后对童年的认识也是建立在回忆上的。"现在，他们考上了北京大学，在学生阶段取得了成功。所以，我相信以后他们在回忆童年时，肯定认为是快乐的。"

专家质疑3：不要在意光鲜的表面，而要关注孩子内心

"狼爸"的三个孩子考上北大，但他们的内心世界并不一定如外表那么光鲜靓丽，他们心里也许比较压抑、痛苦。无论怎么"打"，都会给孩子心理上造成伤害；一个成年人打一个孩子，在我看来，就是以强凌弱的表现。我希望"狼爸"萧百佑能与孩子多沟通，了解孩子的感情，避免悲剧重演。

"狼爸"回应：萧百佑表示他并非像外界所描述的那么"冷血"，他之所以动手打孩子，完全是出于对子女的爱。萧百佑告诉记者，上世纪九十年代，他为了教育年幼的孩子，几乎放弃了工作，始终没能提拔。"一个副科长，我就干了十年，"萧百佑说，"我敢说，自己是全天下最好的、最负责任的父亲。"萧百

佑还告诉记者，"三天一顿打，孩子进北大"并非他的原话。据介绍，到现在，全国各地已有 30 多个孩子被父母送到萧百佑家中，利用寒暑假，接受"狼爸式"教育。萧百佑还希望在退休后，建一所私塾，为社会提供服务。

其实虎妈狼爸教育的成功仅仅是个例，难以复制，也不值得提倡。

一方面，在应试机制下，且不说清华北大的成材率有多少，是否每个学生都能成才，这种只看考进名牌大学的教育观本身就是狭隘的。另一方面，即使这是一种"成功"，"狼爸"家三个孩子进北大也是不可复制的极端个案。很多家长只看到了棍棒藤条，没有看到"狼爸"有四个孩子，兄弟姐妹之间形成的学习氛围和互相支持的心理环境，是目前大多数中国独生子女家庭所不具备的。如果缺乏良好心理素质和良好的家庭支持，一些孩子在父母的棍棒下很可能出现自卑、愤怒、焦虑、抑郁，甚至做出自残自伤自杀的行为。

因此，父母在选择用什么方法来培养孩子之前，需要想一想，将来希望孩子成为一个什么样的人。是让孩子首先成为一个快乐的人，其次再考虑成功与否，还是就想把孩子塑造成获取功名利禄的工具。这个出发点将直接影响到父母对孩子的培养和教养方式。

无论如何培养孩子，家长都应该多从孩子的角度考虑问题，多问问他的想法，尊重他的意愿。否则，只会在孩子的心灵上留下阴影。

无情有度，一旦超过这个"度"，那么即使让孩子学会了生存的本领，但你终将失去一个完整、健康的孩子。

第三章 磨炼从铸造人格开始

哥伦比亚大学（Columbia University），全称纽约市哥伦比亚大学
(Columbia University in the City of New York),简称哥大,是一所
位于美国纽约市的私立研究型大学,常春藤盟校之一。它坐落于曼哈顿的晨
边高地,濒临哈德逊河,在中央公园北面。

哥伦比亚大学成立了一个研究小组,研究孩子健全的人格是如何形成的。
他们提出,健全的人格应当包括正确的自我意识、独立与自尊、乐观向上以及
善于调控情绪等几个方面。

正确的自我认识

哥伦比亚的研究者在做动物实验时曾遇到这样一件有趣的事情：他们给
小猴子一些木块,让它用木块换糖吃,换到后来,木块用完了,它就用自己的
尾巴来换糖,这一举动使研究者捧腹大笑。为什么看起来挺聪明的小猴子会
做出如此可笑的动作,而再笨的孩子也不会用自己的手或脚去换糖吃呢？原
因在于,猴子不能把自己同周围的事物区别开来。而人则不同,人能够认识自
己以及自己同周围世界的关系，人有自我意识。有无自我意识是动物和人在
心理上的分界线。

自我意识是人对自己身心状态及对自己同客观世界的关系的意识。自我
意识的发展离不开环境，特别是人际环境的制约和影响，所以自我意识也反
映人与周围现实之间的关系,主要包括三种心理成分：

1.自我认识。自我认识在自我意识系统中具有基础地位,自我评价是自
我认识中的核心成份,是在认识自己行为的基础上通过社会比较而实现的。
它直接制约着自我体验和自我调控,自我认识训练的核心是提高自我评价
能力。

2.自我体验。自我体验是个体在对自身的认识与评价基础上引发的内心

情感体验,往往和自己对社会规范、价值标准的认识有关。自我体验的训练,就是让人有自尊感、自信感和自豪感,不自卑,不自傲,不自满,懂得做错事感到内疚,做坏事感到羞耻。

3.自我监控。自我监控是个体对自身行为与思想言语的控制,以使行为符合群体规范与社会道德要求,提高活动效率。自我监控能力训练的重点是由外部控制向自我约束转变。

自我意识是人即主体对自我的意识,是意识的一个重要方面。在心理学上一般习惯于把意识的内部结构分为认识、情感、意志三个部分,所以也往往从这三个方面来分析自我意识,把自我意识分为对自我的意识,对自我的态度和对行为的调节三个部分,包括自我认识、自我评价、自我观念、自尊心、自卑感、自信心、自制力、独立性等。心理学指出,人并不是生来就有自我意识的,儿童的心理只有发展到一定的阶段才能形成自我意识。大约在1岁半至2岁时,儿童知道了自己的名字,并且能用名字和代词"我"称呼自己,这标志着儿童开始把自己从客体转变为主体来认识,逐渐形成了自我意识,而这时,也是孩子人格形成的开始。

自我意识对孩子人格形成的意义十分重大。儿童怎样认识自己,怎样安排和处理自己同周围世界以及同别人的关系,怎样评价自己的能力,具有什么样的自我价值观,树立什么样的自我形象,直接地影响儿童能否积极地适应社会、能否保持心理健康、能否在学习和生活中顺利前进和发展。自我意识在人的心理活动和行为中起着调节作用,是行为的强烈动机。一个具有良好自我意识的孩子,会在各方面表现出优秀的才能,经常取得成功。反之,如果孩子在自我意识的发展中出现了不良倾向,又没有及时调整,会使孩子的个性和行为发生偏异,以后矫正就困难了。所以家长应当注意培养孩子良好的自我意识。下面,介绍一些培养孩子自我意识的方法。

1.培养孩子的自我认识。

通常来讲,小学生要清楚准确地认识自我是比较困难的。尽管如此,也要逐渐引导孩子认识自己,因为童年时期的自我认识是成年后自我认识的雏形。家长引导孩子进行正确的自我认识,主要是要引导孩子解决两个矛盾:孩子自己心目中的"我"与实际的"我"的矛盾;自己心目中的"我"与他人心目中的"我"的矛盾。

引导孩子认识实际的"我",可以通过一些比较,使孩子逐渐对自己有准确的认识。家长可以让孩子同过去的"我"比较,用笔记、摄影、录音记下孩子的成长过程,过一段时间拿出来让孩子看看、听听,让孩子由此知道"我"的进步、退步或停滞。让孩子与同龄的孩子比较,认识自己的发展状况和能力水平,了解自己的长处和短处。让孩子与成人和优秀人物比较,认识自己的差距,提高孩子努力和进取的意识。让孩子同进行活动前后的"我"比较,给孩子布置一些孩子做起来吃力,但经过努力可以完成的任务,使孩子了解自己潜在的能力。

引导孩子认识他人心目中的"我",主要靠家长及时把听到、看到的别人对自己孩子的评价和印象,以适当的方式告诉孩子,让孩子知道他人对自己的看法。这些看法,孩子一般不易了解到,家长要做有心人,当好孩子的"耳目"。

2.培养孩子的自我评价能力。

实验研究表明:我国儿童形成自我评价能力的年龄为3至4岁之间。4岁的孩子开始有一定的自我评价能力,能够根据一定的行为规则来评价自己。5、6岁的儿童绝大多数已经能够进行自我评价。自我评价是自我意识的核心,它对于儿童道德品质的形成、道德行为的培养是极为重要的。家长应当为孩子创设自我评价的情境,促进孩子自我评价能力的发展。孩子的自我评价能力最初是根据成人对他的评价而形成的。

因此,家长对孩子的评价应当比孩子的实际情况略高一点,使孩子经过努力可以达到,这样有利于培养孩子的自尊心和自信心,使孩子能够用积极的、向上的要求来评价自己。另外,家长要努力安排一些孩子经过努力能够取得成功的活动。成功的次数越多,孩子对自己成功方面的评价越高;成功的范围越广,孩子对自己的全面评价也就越高。这样有利于培养孩子自信、自我接受、勤奋、乐观的个性,使自我意识中积极的成分占主导地位,从而促使孩子获得更多、更大的成功。

3.培养孩子的自我观念。

也就是要帮助孩子建立积极的自我形象。自我观念是孩子对自身能力和自我价值的认识和体验。具有积极的自我观念的孩子,自信心和独立性强,认为自己有能力办好各种事情,自己的行为对社会对个人都有价值,也容易受到家长和他人的欢迎和好评。孩子的自我观念,实际上反映了他对自己过去的总结和对将来的预见。

保持独立与自尊

哥伦比亚大学的研究者们认为，让孩子保持独立与自尊，是他们形成独立、健全人格的重要前提。一个永远依赖父母的孩子，是毫无人格可言的。

有些家长会问：养育孩子的目的是什么呢？

是将孩子培养成离开父母也能自食其力的人。

父母因为溺爱孩子，所以总是不自觉地就照顾过了头，什么事都不让孩子做，自己包办一切。但教育孩子的基本目的之一是培养孩子自理、自立的能力，孩子小时候不能做到自己的事情自己做，长大了也只会形成依赖惯性，很难成为一个独立的人。

早晨，在规定的时间内自己起床、洗脸、刷牙、吃早餐、上学，整理自己要带的东西（包括整理书桌和自己的房间），不丢三落四，穿着干净整洁，所有这些到孩子 10 岁左右都应该掌握。同时，做简单的饭菜、洗衣服、做扫除等生活技能也可以通过让孩子帮忙使孩子尽早掌握。遗憾的是，现实生活中有很多孩子升入高中，甚至进入大学后在生活上还是无法自理。

特别是男孩，有些家长认为没必要做家务，母亲会帮他处理所有的家务琐事。但是，这样孩子是无法真正自立的。孩子应该养成自己的事情自己做的好习惯。如果总是有人默默地替孩子打理所有事务，渐渐地，孩子会觉得这一切都理所应当，最终会变成一个不知感恩的人。如果自己的事情都是自己处理，当别人帮助自己的时候，就会懂得感激他人的真诚相助。

当孩子能做到生活自理以后，就要开始以精神和经济上的自立为目标培养孩子。在这个过程中父母应该认识到，孩子不需要别人的照顾可以独立生存的能力能够增强孩子的自信心，能够对给予帮助的人心生感激之情。自立并不是孤立。当有一天，孩子可以不需要别人的照顾独立生存，那么孩子也就具备了照顾别人的能力。否则永远不可能学会照顾别人。

据说在美国，孩子从小学开始就要自己打工挣零花钱。无论父母多么富有，为了能教给孩子劳动光荣和财富的意义，都要让孩子亲身体验通过劳动换取财富的经历。

在日本，有很多男性无论上大学还是找工作，都从来没离开过父母，也没有一个人生活的经历，最后再找到一个可以无微不至照顾自己的女性结婚，毫无自理能力地度过一生。但是在当今这个多元化的社会中，女性也开始自力更生，男性如果还想寻找一个像妈妈一样无微不至地照顾自己的女性的话，恐怕很难遇到合适的结婚对象。

不仅仅是男性，女性也一样，如果无法自食其力，光是依靠男性的话，只会成为别人的负担。

父母不可能永远照顾孩子的饮食起居。曾经用零食和玩具就能取悦的孩子随着年龄的增长，会要求更高级的东西。父母不可能永远满足孩子的欲望，不能代替孩子参加考试，不能代替孩子跟朋友约会。父母应该培养孩子具备自己应付考试的学习能力，培养孩子拥有能结识并吸引优秀伴侣的人格魅力。就像援助发展中国家一样，授人以鱼不如授人以渔。父母的职责不是给予孩子想要的东西，而是要告诉孩子想得到那个东西该怎么做，要培养孩子自己获取的能力。

我国教育家陈鹤琴先生说："凡是孩子自己能做的事，让他自己去做。"这不仅对培养孩子的独立性、自理能力很重要，同时也培养了孩子的责任感，使孩子能对自己的生活、行为负责。

现代的孩子劳动情况普遍较差，一方面因为他们自己缺乏主动劳动的精神，更主要的一方面是家长对孩子的教育上普遍存在着重智轻德的倾向。加之有些家长对孩子的溺爱，许多孩子自己应该和可以去做的事家长都包办代替了。这些都是不可取的，我们应该在生活细节中培养孩子独立、动手的能力。

一、教孩子学会自理

要求孩子自己负责收拾玩具与书包，放在固定的地方。孩子没有管理好自己的玩具，想玩某种玩具找不到时，家长不要轻易替他寻找，而要借此机会进行教育。家长可以问孩子："玩具玩完应该自己收的，想一想，你把这个玩具放在哪里了？"这样不仅可以让孩子意识到自己的事情自己做，还可以培养他们独立的自理能力。

二、承担简单的家务劳动

孩子虽小，也能够做一些力所能及的家务事。例如：可以在饭前摆放碗筷；擦桌椅；扫地；倒垃圾；洗自己的小件衣服。作为家长一定要坚持孩子自己去完成，切莫代劳。

三、自我服务劳动

自我服务劳动是孩子照料自己的生活、保持环境整洁卫生的劳动。作为学前班的孩子自我服务劳动的要求是：学会洗手、洗脸、刷牙、洗脚、剪指甲等；能初步搞好个人卫生；能穿脱衣服，系鞋带；学会削铅笔、包书皮；能对自己的学习用品进行分类整理和保管。

马克思曾精辟地指出："教育与生产劳动相结合是造就全面发展的人的唯一方法。"提倡儿童参加力所能及的劳动，其旨意不是在于为自己及他人乃至社会提供多少服务、创造多少价值，而是在于通过劳动培养全面发展的社会人。由于幼儿做事坚持性差，在培养"自己的事情自己做"方面需要老师和家长经常提醒，适时鼓励，增强幼儿学习做事的兴趣，使孩子初步养成做事有始有终、负责到底的良好习惯。

总之，教孩子学会自己的事情自己做，不仅能培养孩子的独立性，还能培养孩子爱劳动的品质。这对孩子的成长是具有积极意义的。

与培养孩子独立性相伴而来并同等重要的是保持孩子的自尊心。如果父母采取强硬和蛮横的手段，想方设法去查看孩子的日记、偷听孩子的电话等，无视孩子的感受，随意侵犯孩子的隐私，则会带来许多负面影响，甚至产生意想不到的后果。那么，侵犯孩子的隐私权，伤害孩子的自尊都有哪些危害呢？

伤害孩子的自尊心

孩子也是有自尊心的。同时，孩子到了一定年龄后会强烈感觉到自己的独立性，想拥有自己的隐私，也渴望被尊重。

在父母们看来，他们偷看孩子的日记、检查信件、追查电话、查阅短信、翻查书包等，这些都是小事。他们认为孩子毕竟还小，他们这样做是在关心孩子，一切都是为了孩子的成长，防止孩子走入歧途，以免孩子一步走错步步皆错。而孩子，虽然有的可能会了解父母的本意是出于对自己的爱护，但是，父母的这些行为，都是对子女的不信任、不尊重，伤害了子女的自尊心。

削弱亲子关系

大多数孩子的日记里，可能根本没有什么"不可告人"的秘密，他们写下的更多的只是自己的一些思考和心里话。如果父母侵犯了孩子的隐私，就会引发亲子间的矛盾，削弱孩子与父母的亲密关系。

打击孩子的自信心

孩子到了一定年龄阶段，都会有一种渴望独立的思想，在某一领域不受干预,即使做错了事,有的孩子也愿意偷偷地改正;学习落后了,也有想暗自追上去的自信心。因此,父母不应该侵犯孩子的隐私,使孩子的自信心受到挫败。

削弱孩子的自省力

对孩子来说,他们写日记可能也是一种自省方式,因此父母偷看甚至宣扬孩子的日记,这种做法是不可取的。同样,孩子向父母吐露的心事也不可随意宣扬。这方面隐私受到侵犯,孩子会大大削弱自省的欲望和能力,有碍其健康成长。

如果父母为了了解孩子而偷看孩子的隐私,往往会得不偿失。事实证明,这种做法会伤害孩子的自尊心,造成孩子沉重的精神压力,甚至使孩子产生敌意和反抗。孩子会因为自己的隐私受到侵犯而采取更极端的措施将其保护起来,把自己的心紧紧锁闭,导致父母与孩子关系的恶化。这样,父母想了解孩子就变得更加困难了。

理智的做法是尊重孩子的隐私权,给他们一个自由的空间,这样做并非放任自流,而是对孩子的隐私给予充分的关注和积极的引导。

首先,父母要尊重孩子。孩子是个人,不是物。他是人,他就有感情,就有他自己的行为方式,就有自己的独立人格,也有他的隐私权。为人父母者,如果你想把自己的孩子培养成为高素质的人,那么,你首先要做这样的人。要让孩子尊重你,你便应当先尊重孩子。

尊重孩子的隐私,在家庭教育中应当表现为更多的契约精神和民主、协商的方法和方式。比如,父母进入子女房间应该先敲门;移动或用孩子的东西应该得到他的允许;任何牵涉到子女的决定应该先和子女商谈;不要随意翻看子女的日记或隐私;应该尊重孩子的所有权利,把孩子当做成人一样尊重。

其次,父母要经常与孩子沟通,试着了解他们的想法,要相信孩子,理解孩子,宽容孩子在成长过程中的稚嫩想法和做法。要注意培养孩子独立的人格,培养孩子明辨是非的能力,尽量以平等的身份多与孩子交流,倾听和征求孩子的意见和建议。作为父母,如果真的想看孩子所写的东西以便更好地了解孩子,一定要争取使孩子信任自己,使孩子主动、自愿地披露心中的隐私。

最后,父母要培养孩子的自我教育能力。

父母不能苛求一个处在叛逆期、并不成熟的孩子站在自己的立场去考虑问题。父母获取有关孩子隐私的信息,即使有些越轨和不良因素,也不必大惊失色，甚至对孩子辱骂殴打，可以与孩子一起讨论理想、事业、道德、人生观、价值观等问题，可以通过讲故事、做游戏等途径对孩子加以引导，引导孩子自己悟出为人处世的真理，提高孩子按规范要求调整自己行为的能力。有了这种自我教育能力，一些隐私中的危险倾向，都有可能自我解决。

孩子终究是要长大的，孩子大了，内心里有不愿告诉别人的秘密也是自然的事情。尽管孩子的内心世界里的秘密不一定正确，但这些秘密毕竟是孩子成长的表现，也是孩子成长过程中的正常现象。所以，父母们对此应该给予充分的尊重。在生活中，父母要密切注意孩子在态度和行为上的细微变化。当孩子希望自己的房间没有人打扰时，父母就不要随便进入；当孩子希望拥有记录自己秘密的日记本时，父母就不要偷看，更不能采取打骂体罚的方式。

保护个人隐私是适应社会生活的一个方面，保护隐私就是保护自己。当孩子的隐私意识逐渐增强时，父母应当高兴才对。

天下父母们，当你用自己的语言和行为去赏识和尊重孩子，孩子也同样会尊重你，从而把你当成他的好朋友。当他们遇到什么事情或者心中有秘密的时候，才有可能主动向你谈起。请记住，你越尊重孩子的隐私，你与孩子的距离也就越近。

隐私，是每个人藏在心里，不愿意告诉他人的秘密。我们每个人都会有自己的隐私，孩子也不例外。随着孩子年龄的增长，他们的生活领域、知识、情感都逐渐丰富起来，自我意识、自尊意识也在不断增强，原先无所顾忌敞开的心扉也会随之渐渐关闭起来。但是，很多父母却没有意识到他们的孩子正在长大，忽略了孩子也会有自己的秘密，总认为自己是孩子的父母，可以无所顾忌地进入孩子的世界、随意闯入孩子的"隐私地带"，甚至粗暴干涉，私拆孩子的信件、监听电话、偷看日记等。

丽萨是纽约市某中学一名女生，她的妈妈是一个华人，丽萨有着明显的华裔特征。有一天，她正走在上学的路上，突然间，她想起了昨天晚上的作业忘记带了，于是急忙又掉头往家跑。当她掏出钥匙打开家门时，看到妈妈正从自己的房间里出来，脸上带着不自然的表情。丽丽走进自己房间去拿作业本，推开房门，她愣住了，她看到自己书桌的抽屉全部敞开着，自己的日记本、同学们送的生日礼物及贺卡等全都胡乱地堆在桌子上。

丽萨非常生气地质问妈妈："你为什么翻我的抽屉，随便动我的东西？"

没想到妈妈却比她还生气："怎么了？当妈妈的看看女儿的东西还有错吗？"

"可是你应该经过我的允许才能看啊！"丽萨很愤怒地回答妈妈。

"小孩子有什么允许不允许的,别忘了我是你妈妈,好了,快去上学吧！"妈妈毫不在乎地对丽萨说。

生活中,很多父母和孩子在"隐私"问题上可能也有过不少交锋。一封封"地址内详"的信件让父母们疑心不止;孩子在日记本中记下心中的真实想法,父母们也希望能够"拜读";而对打到家中的电话,父母们更要例行检查了……这些关心的行为都让孩子们感到不舒服。

那么,这些孩子为什么对父母偷看他们的日记、私拆他们的信件如此反感呢？又为什么总爱在家中自己使用的抽屉上锁上一把锁呢？

其实,孩子到了一定年龄后会强烈感觉到自己的独立性,想拥有自己的隐私,也渴望被尊重。这是孩子独立意识和自尊意识的一种体现。随着年龄的增长,孩子对父母的依赖减少,独立意识逐渐增强,成人化倾向明显,希望别人尊重他们的自主性、独立性;同时,随着生活领域的扩大,知识信息的增多,他们的内心变得敏感起来,感情变得细腻起来,会产生许多想法,原先敞开的心扉渐渐关闭,有了自己的隐私;而且,即使他们有不少话想说,但观点已经与父母有所不同了,于是他们与父母的心理沟通就会明显减少,转而把自己的"秘密"和内心的感受都倾诉在日记里。

铸造孩子健全的人格,从让孩子保持独立,维护孩子自尊开始吧！

乐观向上的态度

儿童时期是心理发展最为迅速的时期,也是人格形成的重要时期,对孩子一生的成长和发展至关重要。而乐观向上的生活态度,是一个人健全人格的重要表现,

乐观是一种性格倾向,使人能看到事情比较有利的一面,期待更有利的结果。也许有些孩子天生就比较乐观,有些孩子则相反。但来自哥伦比亚的学者们发现乐观思想是可以培养的,即使孩子天生不具备乐观品质,也可以通过后天的努力来实现。

家长应当重视孩子的乐观主义教育,使孩子得到健康、全面的发展。

那么如何才能使自己的孩子积极乐观呢？

1.营造一个乐观而温馨的家庭环境

乐观建立在一定的安全感之上。家庭的气氛,家庭成员之间的关系,在很大程度上会影响孩子性格的形成。研究表明,孩子在牙牙学语之前就能感觉到周围的情绪和氛围,尽管当时他还不能用语言来表达。可以想见,一个充满了敌意甚至暴力的家庭,绝对培养不出开朗乐观的孩子。而稳定的家庭、深厚的爱,会带给孩子强烈的安全感,让孩子拥有乐观的情绪。

2.让孩子感受到父母的爱

从小无感情体验和感情依恋的孩子长大后不会对他人施以爱和同情,他们将生长成冷漠无情的性格,很少体验快乐,难以与人相处,当然也就不会具有乐观精神。随时从父母那里得到坚定支持的孩子,会认为生活可以信赖,人生充满机会。即使生活中偶然出现艰难、失望的境遇,他们仍然能对生活保持积极的态度。孩子不小心打碎了杯子,父母不要对孩子说:"你真蠢,这点小事都做不好。"这会损害孩子对自身价值的承认以及对你的信任。你不妨换一种口气说:"没有关系,以后多注意点。"

3.对孩子说"你能做好"

乐观的孩子,总是觉得自己能够驾驭生活,能够克服学习中的困难,能够摆脱人生中的痛苦。作为父母,首先要帮助孩子树立切合实际的期望目标,并且清楚自己的孩子要怎样做才能达到那个目标,最后,对孩子迈向目标的每一个细微的进展,都给予鼓励和赞扬。

4.要学会欣赏孩子

现代心理学之父威廉?詹姆斯指出:"人最大的需要就是被了解与欣赏。"孩子也是如此。父母对孩子每时每刻的了解、欣赏、赞美、鼓励会增强孩子的自尊、自信。因此,在孩子有了哪怕是一丁点进步时,都要对孩子竖起大拇指:孩子,你真棒!这样孩子在体验到被父母鼓励的幸福感的同时,也产生了乐观向上的态度。

5.父母要保持乐观情绪

父母在教育孩子的过程中,自己首先要做乐观的人,每个家长在工作、生活中也会遇到各种困难,父母如何处理困境会直接影响孩子的做法。如果父母能以身作则,在面对困境、挫折时保持自信、乐观,奋发向上,孩子也会受父母的影响,在遇到困难时,乐观地去面对。平时,父母应该多向孩子灌输一些乐观主义的认识,让孩子明白,令人快乐的事情总是永久的、普遍的,一旦有不愉快的事情发生,那也只是暂时的,不具普遍性,只要乐观地对待,生活仍然是美好的。

如果父母整天抱怨,表现很悲观,孩子自然不会觉得快乐。在生活中,父母还要注意自己的言行,常说些积极乐观的话,比如孩子抱怨说:"我太笨了,连足球都踢不好。"这时父母最好说:"你刚刚练习,踢到这个程度已不错了,以后经过努力,你一定会成为足球健将的。"如果父母是一个乐观的人,孩子成为一个乐观主义者的机率就会相当大。

6.引导孩子摆脱困境

每个孩子都会碰到不称心的事情,即使天性乐观的孩子也是如此。当孩子遇到困境时,父母要多留心孩子的情绪变化,如果孩子闷闷不乐,父母无论自己多忙,也要挤出一点时间和孩子交谈,教育孩子学会忍耐和坚强面对,鼓励孩子凡事多往好的方面想,不要尽往消极的方面想。

父母一定要注意观察孩子的情绪,只要孩子愿意与父母沟通,父母就要引导孩子把心中的烦恼说出来,这样,烦恼很快就会消失,孩子也会恢复快乐。当然,父母也可以帮助孩子克服一些困难,教给孩子以正确的态度和措施来保持乐观的情绪,这些都是促使孩子摆脱消极情绪的好方法。

7.不要对孩子"抑制"过严。

许多孩子不快乐主要是因为他们没有自己的自由。父母由于对孩子太过溺爱,往往会抑制孩子们的一些行为和举动,甚至替孩子包办一些事情,这样,孩子就事事不用做,也无法在做事中得到乐趣。美国儿童教育专家认为,要培养孩子乐观开朗的性格,就不要对孩子"抑制"过严,而是要允许孩子在不同的年龄段拥有不同的选择权。

例如,对于两三岁的孩子,应该允许他自己选择早餐吃什么,什么时候喝牛奶,今天穿什么衣服;对于四五岁的孩子,应该允许他在家长许可的范围内挑选自己喜欢的玩具,选择周末去哪里玩;对于六七岁的孩子,应该允许他在一定的时间内选择自己喜欢看的电视节目,什么时候学习等;对于上小学的孩子,应该允许他结交朋友,带朋友来家玩等。一般来说,只有从小就享受到"民主"的孩子,才会感受到人生的快乐。因此,聪明的父母不妨做个"懒惰"的父母,让孩子自己去选择、处理自己的事情。

8.允许孩子自由地表现悲伤

孩子的个性各不相同,因而悲伤时表达情感的方式也不相同,父母应该允许孩子自由表现他的伤悲。孩子在哭泣时,父母千万不能要求孩子憋住,甚至可以不要去劝阻,因为一个人尽情哭过之后,感情可重新恢复平衡。当孩子痛打"娃娃"或砸玩具时,父母的任务不是去指责,而是设法通过言语或行动引起孩子的情感共鸣。孩子得到父母的暗示,自然会停止"暴力",如果孩子仍不愿与父母交谈,希望单独思考,那么父母也就不要在一旁唠唠叨叨。如果孩子在哭泣的时候,父母要求孩子停止哭泣,不能表现出软弱,孩子就会把心中的悲伤积聚起来,久而久之,反而造成孩子的消极心理。

对于孩子表现出的悲伤或软弱,父母不要呵斥,应该让孩子尽情地发泄心中的郁闷,只要孩子发泄够了,他自然会恢复心情的平衡。当然,如果孩子需要父母的帮助,父母应该及时安慰孩子,用相同的心理去感受孩子的情绪,努力引起孩子的情感共鸣,从而缓解孩子的不良情绪。

9.对孩子进行希望教育

乐观的孩子往往对未来充满了希望,悲观的孩子则往往觉得没有希望。因此,父母要对孩子进行希望教育。希望教育是一项细致的工程,需要父母及时地感受到孩子的沮丧和忧愁,帮助孩子驱散心中的阴影。平时,父母要多引导孩子看到自己的进步和成绩,鼓励孩子想像自己的美好未来,让孩子对自己的未来充满希望。只要孩子对未来充满了希望,孩子必定会以乐观的心态去面对生活中的事情。

10.丰富孩子的精神生活。

一方面,父母要鼓励孩子广泛地阅读,让孩子在阅读中增加知识,升华思想。可以选择阅读伟人的故事、童话、小说等文学作品。另一方面,父母要鼓励孩子多交朋友,为孩子创造与同龄人交往的机会,如带孩子到邻居家串门,邀请其他孩子到家里来玩,让孩子多到同学家去玩等。另外,父母可多搞一些活动,如带孩子外出游玩;也可让孩子做一些创造性的活动,如利用废物制作小作品,通过丰富孩子的精神生活,让孩子在各种活动中体会到生活的乐趣,增强对生活的信心,培养孩子乐观的性格。

让孩子积极参加各种活动。开始时,可以暗示孩子主动提问,主动要求、主动学习。紧接着,当孩子主动行动了,父母要用表扬、奖励等方法强化孩子的自主观念。孩子主动去做了,不一定成功。父母要激励孩子,告诉孩子:"人生不如意事十有八九"。失败了一次不要紧,失败是成功之母。让孩子接触各类事物,接触的事情多了,见多识广,心胸自然就开阔,悲观思想便不容易产生了。

11.鼓励孩子多交朋友

不善交际的孩子大多性格抑郁,因为时时可能遭受孤独的煎熬,享受不到友情的温暖。不妨鼓励孩子多交朋友,特别是同龄朋友。本身性格内向、抑郁的孩子更适宜多交一些开朗乐观的朋友。父母要为孩子创造与同龄人交往的机会,如带孩子去邻居家串门,邀请孩子的朋友来家里做客,让孩子在适当的时候去同学家、邻居家玩等。带领孩子参加一些其感兴趣的活动,让孩子在与同伴的游戏中获得乐趣,对转变孩子孤僻,培养活泼开朗的性格是大有好处的。

12.教会孩子与人融洽相处

和他人融洽相处者的内心世界较为光明美好。父母不妨带孩子接触不同年龄、性别、性格、职业和社会地位的人,让他们学会和不同类型的人融洽相处。当然,孩子首先得学会跟父母和兄弟姐妹融洽相处,跟亲戚朋友融洽相处。此外,家长自己应与他人相处融洽,做到热情真诚待人,不势利卑下,不在背后随意议论别人,给孩子树立一个好榜样。

13.不向孩子宣泄"垃圾情绪"

有的父母在外面受了"窝囊气",回来便对孩子发"无名火"。这种情况特别容易打击孩子。

有的父母在外面受了"窝囊气",回来便对孩子发"无名火"。这种情况特别容易打击孩子的自信和乐观,因为孩子会把父母的恼火归咎为自己的错误,但他又不知道自己错在哪儿,于是只好全盘否定自己。长久下去容易让孩子自责、退缩,并蔓延为隐约却牢固的消极心理氛围,淹没孩子乐观的笑容。因此,父母在遭遇困难时能否乐观面对,对培养孩子的乐观品质至关重要。

14.带孩子"走出去"

除先天性格因素外,开朗源自于广阔的见识与广泛的交流。有许多父母每到周末就把孩子关在屋里做作业,或者参加各种学习班,似乎是"为了孩子的长远考虑"。另外,许多父母也不鼓励孩子参加社会活动,甚至他对来到家里的孩子的小朋友冷淡、不欢迎,还有的父母为了孩子的"安全",不支持孩子参加体育活动或夏令营等活动。一个在自然和社会两方面都没有"走出去"、朋友很少的孩子,往往会自我封闭,养成孤独、脆弱、以自我为中心的性格。父母应当鼓励孩子多参加有益的文体活动,多亲近自然,多与小朋友甚至可靠的成年朋友交往。

专家研究发现,全身心投入到一项充满挑战的任务中,会给人带来很大的快乐。对孩子而言,培养他的兴趣爱好,例如集邮、绘画等,让他投入其中,会让他很快乐。但这里的投入并非指给孩子安排漫漫的绘画课程或者舞蹈练习等,那样只会让孩子失去兴趣。兴趣爱好也不一定是指某种技能,如集邮、拼图,同样可以开发孩子的智力,更能让孩子学会投入的快乐。

15.告诉孩子事物的另一面

美国前总统罗斯福家中被盗,被偷去了许多东西。罗斯福在给朋友的信中写道:"我现在很平安。感谢上帝:因为第一,贼偷去的是我的东西,而没有伤害我的生命;第二,贼只偷去我部分东西,而不是全部;第三最值得庆幸的是,做贼的是他,而不是我。"法国作家阿兰在论述把快乐的智慧用语和烦恼作斗争时说:"烦恼是我们患的一种精神上的近视症,应该向远处看并保持积极乐观的心态,这样我们的脚步就会更加坚定,内心也就更加泰然。"父母应当通过生活中的实例,引导孩子辩证地看待事物,看起来有害的事,从另一个角度看也是有益的。

16.帮助孩子面对缺陷与挫折

有一个国王想从两个儿子中选择一个做王位继承人,就给了他们每人一枚金币,让他们骑马到远处的小镇上,随便购买一件东西。而在这之前,国王命人偷偷地把他们的衣兜剪了一个洞。中午,兄弟俩回来了,大儿子闷闷不乐,小儿子却兴高采烈。国王先问大儿子发生了什么事,大儿子沮丧地说:"钱币丢了!"国王又问小儿子为什么兴高采烈,小儿子说他用钱币买了一笔无形的财富,足以让他受益一辈子,这个财富就是一个很好的教训:在把贵重的东西放进衣袋之前,要先检查一下衣兜有没有洞。

同样是丢失金币,悲观者用它换来了烦恼,乐观者却用它买来了教训。生活和学习中,总免不了有一些失败与挫折,作为家长,如果只是一味批评,让孩子陷入沮丧的泥淖里,久而久之,则会产生自卑、颓废甚至自暴自弃的心态。面对孩子的挫折和失败,应当帮助孩子分析原因,从中吸取教训,鼓励孩子不再犯同样的错误,让孩子逐渐明白"挫折也是一种财富",培养、坚强乐观的心态。

17.从学习和生活中寻找快乐

一个外国大提琴家童年时的某一天,他拖着比自己身体还高的大提琴,在走廊里迈着轻快的步伐,心情显然好极了。一位长者问道:"孩子,你这么高兴,是不是刚拉完大提琴?"他的步伐并没有停下,"不,我正要去拉。"这个七岁的孩子懂得许多大人不懂的道理：音乐是一种愉快的享受，而不是我们不得不做的、必须忍受的工作。家长要引导孩从技能的获得、知识的增长、友情的加深甚至四季的变幻中找寻快乐，发现生活中阳光的一面。

18.不要总拿孩子与其他优秀的孩子比较

许多家长很容易忽略这一点——拿别的优秀的孩子与自己的孩子比，说"你看人家隔壁的兵兵，现在已经记住500个单词了"、"你看人家×××每天晚上学习到几点钟"。殊不知经常对孩子说类似的话，不仅不会激发孩子的动力，反而会挫伤孩子的自尊心。

有一位中学生在屡屡被父母要求一同院的另一个孩子为榜样时，终于爆发了："妈妈，他再优秀，他不养你，我再失败，你老了我会养你！"就如同丈夫不愿意妻子和其他男人比较一样，做父母的也要知道每个孩子都是独特的，应该避免拿自己的孩子和别的孩子做比较。

19.客观评价自己的孩子

你是否因为您的孩子没有显示出超人的天赋而暗中失望？你是否因为你的孩子没有别的孩子漂亮而感到脸上无光？孩子对自己的评价很大程度上是建立在父母对他们的评价之上的。很多孩子知道自己的父母很爱他们，但是很少有孩子认为他们与父母是平等的。孩子相信父母可以为他献出生命，但同时也认为父母并不拿他们当回事儿。著名教育学家塞利格曼指出：父母批评孩子的方式正确与否，显著地影响着孩子日后性格是乐观还是悲观。父母对孩子的批评应该恰如其分，不应把几次错误夸大成永久性的过失，同时具体指出孩子的错误及犯错误的原因，使孩子明白自己所犯错误是可以改变的，并知道从何处着手改变。

华盛顿曾说过："一切的和谐与平衡，健康与健美，成功与幸福，都是由乐观与希望的向上心里产生与造成的。"让我们和孩子一起用乐观的态度去争取人生的幸福吧！

20.尽情宣泄情绪

研究发现，孩子只有在感觉非常安全并被人无条件接受的时候，才会更加快乐和自信。所以，当孩子想倾诉问题时，父母一定不要做出好坏的判断，只要让他感觉到你在倾听和重视就可以了。譬如，孩子从幼儿园一回到家，就向妈妈抱怨幼儿园有个总爱嘲笑他的女孩。如果妈妈回答："不要总是不停地抱怨，这样可不好。"孩子听后，或许会平静下来，但是副作用是不好的情绪被压抑在孩子的心里。如果妈妈换个说法："哦,看来她那样做确实让你感到不高兴了。"孩子听后会感到爸爸妈妈理解他,他也就更容易消除怨气,感到快乐。如果他为此还哭鼻子的话,妈妈最好不必说什么,而是把她搂在怀里。

21.允许孩子犯错

父母都希望孩子少受挫折,所以在生活中都会不自觉地帮他清除障碍,但是等到孩子长大后,碰到的问题越来越棘手,难道父母还有能力帮他解决吗?所以,对父母而言,更重要的是从小让孩子具备解决问题、面对挫折的能力。这种能力的养成,前提是要允许孩子犯错,让他明白错在哪里,并有改正错误的勇气和能力。然而,现实中的孩子抗挫能力普遍较弱,很难做到承认错误。事实上,只有在失败后学会及时调整前进方向,才能得到快乐生活的重要素质,而要做到这一点,唯一的方法就是不断实践。

22.减去额外压力

在如今这样紧张、快节奏的大环境里,父母都希望孩子也能高效率地度过每一天,譬如孩子上午 10 点学钢琴,下午 2 点练书法,4 点还得学英语……像这样的安排,孩子怎么会感觉快乐呢?其实,对孩子而言,童年的美好正是因为能够无拘无束、轻松自在地去做一些自己想做的事吗?无数心理学研究报告都表明,那些能在自己喜欢的事情上"浪费"时间,甚至达到忘我境界的成年人,就能过上更加平静和满足的生活。所以,父母还是把追在孩子屁股后的那个计时器扔掉!给孩子更多的快乐。

父母都希望孩子快乐,但是快乐毕竟不是一件可以轻松买来或是随意送出的礼物,而是需要时间来培养和树立的生活态度。

23.教孩子会说三句话

怎样让孩子更快乐、更善良、更热情?要教孩子会说三句话:第一句"太好了!";第二句"我能行!";第三句"你有困难吗?让我来帮你"。

"太好了"实际上是培养孩子带着微笑看世界的品质,让孩子拥有良好的心态对待生活、学习中的困难与挫折,避免焦躁、埋怨情绪产生,让孩子健康成长。而这种心态的培植并非单靠孩子说这句话就能行的,需要老师、家长潜移默化的熏陶。

"我能行!"旨在鼓励孩子的自信。自信同样不是一种轻易的表态,是发自内心的肯定的把握,它也是需要家长在让孩子不断取得成功的体验中逐步培植。

"你有困难吗?让我来帮你!"这是孩子长大后,为社会为人类作贡献的心理基础。同样,为了让孩子说这句话,必须从小在家里灌输助人为乐的思想;家长热心对待同事、朋友、邻居,为孩子放好样子,使孩子自然而然养成习惯。

调控自己的情绪

哥伦比亚大学的学者们发现易怒、暴躁的孩子往往成绩落后,不受他人喜欢,而且不善于思考。在与他人交往的过程中,控制自己的情绪,不被情绪所操控,是一项重要的能力,也是健全人格的表现。

情绪调控能力是情绪智力的重要品质之一,也是孩子健全人格的标志之一,这种能力能使孩子及时摆脱不良情绪,保持积极的心境。作为父母应该怎样教孩子学会情绪管理呢?

1.让孩子认同自己,有情绪空间

要让孩子喜欢自己,家庭要给孩子认同感。父母是孩子的模范,父母首先要学会管理自己的情绪,不让不良情绪带给家庭、带给孩子,要塑造出一种安全、温馨、平和的心理情境,用欣赏的眼光鼓励自己的孩子,让身处其中的孩子产生积极的自我认同,获得安全感,让其能自由、开放地感受和表达自己的情绪,使某些原本正常的情绪感受不因压抑而变质。

2.让孩子认识情绪,表达情绪

通过亲子之间的对话让孩子正确认识各种情绪,说出自己心里此时此刻真实的感受。只有知所想,才能知何解。平时,父母可以在自己或他人有情绪的时候,趁机引导孩子知道"妈妈好高兴哦""嗯,我很伤心"等让孩子知道原来人是有那么多情绪的,我们还可以通过句式"妈妈很生气,因为……""我感到有点难过,是因为……"来告诉孩子自己的情绪来源,同时你也可以问孩子,"你是什么感觉啊?""妈妈看见你很生气、难过,能告诉我发生了什么事吗?"等对话来引导孩子表达自己的情绪及发现自己情绪的原因,有利于提高孩子的情绪敏感度。

3.让孩子体验情绪,洞察他人情绪

游戏在幼儿的心理发展中起着重要作用,要让孩子在丰富多彩的游戏活动中体验自己的情绪,感受别人的情绪,知道自己和他人的需要。除了父母与孩子要交流自己的情绪感受外,我们可以透过说故事编故事、角色扮演和孩子讨论故事中人物的感觉和前因后果及利用周围的人、事物,来引导孩子设想他人的情绪和想法。从他人的情绪反应中，孩子会逐渐领悟到积极情绪能让自己和对方快乐,消极情绪会让自己和对方造成痛苦,不利于事情的解决。如果幼儿在表达情绪与控制情绪之间取得平衡的话，便能以建设性的态度表达强烈的情感,而且控制对自己、对他人有伤害的情绪表达方式。

4.让孩子学会乐观地面对生活

积极的情绪体验能够激发人体的潜能,使其保持旺盛的体力和精力,维护心理健康;消极的情绪体验只能使人意志消沉,有害身心健康。为此,学会保持乐观的生活态度与情绪,对孩子来说是十分重要的。作为父母,要培养孩子乐观地面对人生，自己首先对生活要有一种乐观的态度。孩子的情绪受父母行为的直接影响,与孩子相处时,父母必须乐观一点。在教育孩子学会乐观地面对人生时,除了多与孩子交流,培养孩子的自信心之外,还有一个很重要的方面,就是首先父母要相信自己的孩子,给予鼓励和支持。更重要的是要帮助孩子进取,克服一些他现在克服不了的困难,只有这样,才能教会孩子以正确的态度和措施保持乐观。

5.教会孩子适当宣泄不良情绪

人在精神压抑的时候,如果不寻找发泄机会宣泄情绪,会导致身心受到损害。生理学研究表明,人的泪水含有的毒素比较多,用泪水喂养小白鼠会导致癌症。可见,在悲伤时用力压抑自己,忍住泪水是不合适的。另外,在愤怒的时候,适当的宣泄是必要的,不一定要采取大发脾气的方法,可以采用其他一些较好的方法。例如:在盛怒时,不妨赶快跑到其他地方,或找个体力活来干,或者干脆跑一圈,这样就能把因盛怒激发出来的能量释放出来。

情绪无所谓对错,只有表现的方式是否被社会所接受。父母要学会接纳孩子情绪表达的多面性，情绪表达的各种面貌都蕴藏着情绪转化的可能性。消极情绪可以转化为积极情绪，唯有正视情绪表达的所有面貌，健康的情绪发展才有可能;唯有能够驾驭自己情绪的孩子,才能够成为听话的孩子。

6.以身作则,先要学会控制自己的情绪

女人本来就是情绪化的动物,特别是做了妈妈以后,更要面对许多前所未有的问题，所以有时候情绪爆发也在所难免。但是请记住:你就是孩子的镜子,有朝一日,你的一举一动,孩子都会原封不动地反射给你。那个时候,请不要惊讶,更不能无端地责怪孩子,请先反省自己。如果觉得难以做到,最好的方法是看一些这方面的书,通过书本,你会发现自身的很多问题。即使实在控制不住冲孩子爆发了，事后也请回过头来和孩子谈谈心，并为自己的不冷静真诚地向孩子道歉。

7.在预见到孩子可能会失望的情况下先给孩子打个"预防针"

比如带孩子去超市买他想要的什么东西，如果你不确定超市一定有那样东西，那么你就事先跟他说："我也不知道超市有没有你想要的东西，如果没有的话你会不会很失望呢？"假如真的没有，孩子还是会很难过，但是因为有了心理准备，他的情绪反应就不会那么强烈，这时候你再稍微安慰一下就没事了。

8.倾听孩子并和他一起寻求解决方案

当你发觉孩子有了负面情绪的时候，可以引导他说出来。在他讲述的时候，你要耐心倾听，认同他的情绪感受，然后跟他一起找出解决问题的方法。随着年纪的增长，孩子慢慢就会学会自己解决问题，到那个时候，做父母的就只需要认真倾听，并且认同他们的感受就可以了。

9.孩子成功控制住情绪时要及时鼓励

在你的引导下，孩子逐渐会学会控制情绪，当你发现孩子在情绪管理方面比以前有进步，那么就要及时给予鼓励，这样孩子就会进步更快。

10.该坚持的原则一定要坚持

有些事情制定好规则以后就不要朝令夕改，那样容易给孩子造成混乱，引起孩子情绪的波动。比如每次去超市，说好买几样东西就是几样，不要因为孩子死缠烂打而松口，坚定地告诉他：你只能选择几样。如果你坚持，当孩子渐渐养成习惯后，就不会因为暂时得不到满足而情绪失控。

和谐的人际关系

哥伦比亚大学的教授们通过观察发现，善于交往，有着和谐人际关系的人更能成功。他们提醒家长，应当注意孩子的社会交往，帮助他们营造和谐的社交关系，这样，有助于铸造孩子的人格。

其实，不合群的孩子虽然说不上是什么病，只能算是一种气质类型，但却妨碍他们去适应环境和学习新知识，这样的孩子长大以后很难与人合作，也很难适应今后社会发展的需要。调查表明，合群的孩子在知识范围、语言表达、人际交往等方面均明显优于性格孤僻、不爱交往的儿童。

　　孩子不合群,性格孤僻,不仅脱离周围的小朋友,而且明显地影响孩子的进取心,甚至损害身体健康。孩子不合群,跟先天气质有关,但更主要的原因是父母封闭式的教育所致。父母整天把孩子关在家里,把电视机当保姆,与玩具、游戏机和小人书等为伴,不让孩子出去和其他小朋友接触玩耍,担心与别的孩子一起会产生矛盾,甚至会染上坏习气,有个孩子在日记里写道:"我没有兄弟姐妹,爸爸妈妈又不让我和别的小朋友玩,唉,我只好把养在笼子里的两只小鹦鹉作为我的伙伴了。"这样下去,天长日久,孩子也成了笼中之鸟了。

　　孩子是否合群不是天生的,而是通过后天的学习、教育培养逐步取得的。所以,为了使孩子成人后有个良好的人关系,就需要从孩提时代注意培养孩子的交往能力,注意尽量多地提供孩子与外界接触的机会。

孩子不善交往的原因在父母

　　其实孩子从三四岁以后,就有了与小伙伴相处的愿望,此时孩子与家庭成员的交往需求已扩大到周围的环境和更多的小朋友。如果家长阻止孩子的这种社交行为,就是对孩子的压抑,日久天长会使孩子形成孤僻性格,一旦与人相处自然就会不合群。此外,一些自尊心过强和过弱的孩子在集体中也会感到不适应。自尊心强的就会看不起别的小朋友,缺乏自尊心的孩子也会胆小、懦弱,缺少与小伙伴交往的信心和兴趣。即便勉强在一起也常是不欢而散。

　　引起孩子不合群的原因与父母对孩子的态度以及家庭环境有重要关系。

　　父母对孩子的过度关切,事事代为安排,往往令孩子失去发展合群性的机会。例如当孩子学习自己玩的时候(约六个月大),父母常过分注意他,拿东西给他、抱他,令孩子不能充分、自由地发展自己的兴趣。这样的孩子很少向人打招呼,因为总是父母先开口,教他叫某某叔叔或某某阿姨。父母常喜欢拿他来向人炫耀,次数多了则令孩子感到尴尬。孩子生病时,父母总是不眠不休的细心照顾,同样,当孩子顽皮时,父母也往往把事情看得太严重,以致小题大做。凡此种种,使孩子太少练习出口得其乐之道,不懂如何合群与讨人喜欢。

　　入学以后,这类孩子也难以适应学校生活,不容易结识朋友。与同龄的伙伴玩耍时,也不能相安无事,不是争吵打架,便是畏缩,最后被群体孤立。

　　正因为以上原因,使独生子女的社会适应能力普遍发展较缓慢。如果不能及时辅导,孩子便逐渐养成孤僻、内向、软弱怕事、沉默寡言的性格,没有一般小朋友的天真活泼气息。另一方面,也会造成做事非常认真,追求完美,以至容易钻进"牛角尖"。

另一项使孩子不善于交际的原因,便是父母过于严肃,尤其是一些初为人父母者,由于缺乏教育孩子的经验,望子成龙之心亦过于急切,便常有管教过严的情形出现。就像一个初学骑马的人,心情紧张,不懂得如何配合马的动作,而对待马的方式也常常过于霸道。在这情形下,马和骑士两方面都非常吃力。然而,有经验的骑士,便知道应如何放松自己去顺应马的运动,怎样才能坐得稳,以及怎样温和地指挥马。带孩子与骑马当然是两回事,但是在精神上,两者是相同的。因此,父母应该放松心情,表现出和蔼、友善的态度与孩子接近。

如何培养孩子合群的性格

要培养孩子合群的性格,父母应该主动进行教育,而不应等到孩子不合群后才被动进行纠正:

父母要挤出时间亲近孩子,每天有一定的时间跟孩子在一起交谈。节假日带孩子去公园或亲朋好友家走走,积极创造条件让孩子与小伙伴一起玩耍。开始时父母可陪伴在旁与他们一起做游戏,当熟悉之后可让他们自己玩。每次游戏后父母都应比较夸张地表扬孩子玩得好、玩得有趣,使孩子在玩乐中感受到小伙伴的可爱以及集体的欢快。

父母要有意识的培养孩子的合作能力。父母可以交给孩子一些单独一个人难以完成的任务,鼓励孩子与别人合作完成,或向父母求援完成,增加他与别人交往的机会。教孩子懂得一个人的力量很小,有些事情办不到,而大家一起做事情就好办了。

让孩子学会交朋友。心理健康的孩子都有自己要好的朋友,在孩子与小朋友的交往中,父母要教育孩子严于律己,宽以待人,互相信赖,彼此尊重,以培养孩子团结合作的精神。对于爱捣乱、爱逞能、惹是生非的孩子,父母要纠正他们的行为,慢慢地孩子就会融入集体之中。

父母应允许孩子的小伙伴到家中游戏,并鼓励孩子热情接待,如不吝惜地将玩具拿给小朋友玩。如果发现孩子们不太安静,搞得家中很乱,也不要发脾气,而应迂回地指示或与他们商量,如"孩子们,咱们的游戏可否先告一段落,大家动手整理一下屋子,喝点水,休息一会再玩好吗?"这样既起到改善环境的作用,同时又很亲切,不会给孩子兴致勃勃的情绪泼冷水,还教会他们如何遵守规范。

鼓励孩子参加各种体育活动。体育是一种直接与人正面接触和竞争的群体活动。不论是棋类还是球类，不论是田赛还是径赛，它总是要有两个以上的人参与才有意义。更重要的是，体育活动不但需要智慧和力量，而且需要胆量。这胆量，正是人际交往所必需的一种要素。鼓励孩子经常参加各种体育活动，既有利于提高孩子的身体素质，有利于培养兴趣，也有利于提高交际能力。孩子一旦爱上体育，就会主动寻找对手，这种寻找，就是交际；合适的对手，往往就是友谊的伙伴。

另外，多与性格外向的小朋友接近、让胆小的多与勇敢的小朋友在一起，这就是最好的互补法。

第四章 劳动可以奖赏

哈佛大学(Harvard University)是一所位于美国马萨诸塞州波士顿剑桥城的私立大学,常春藤盟校成员之一,1636 年由马萨诸塞州殖民地立法机关立案成立。哈佛大学是一所在世界上享有顶尖大学声誉、财富和影响力的学校,被誉为美国政府的思想库,其商学院案例教学也盛名远播。在世界各研究机构的排行榜中,经常名列全球大学第一位。

哈佛大学的研究者曾随机抽取一些儿童,并对他们进行长达 20 年的追踪调查,发现热爱劳动的孩子总会生活的相对幸福。

是谁剥夺孩子劳动的机会

美国哈佛大学经过二十余年的研究发现:适量劳动可使孩子快乐。那些童年时参加过劳动,甚至做过简单家务劳动的人,要比那些小时候不做事的人生活得更愉快,因为孩子在劳动中,不仅获得了才干,而且会意识到自己的社会价值。然而,在现实生活中,家长往往忽视幼儿的劳动教育,不重视幼儿劳动习惯的培养,使幼儿动手的机会减少,生活自立能力降低,自己的事情不会做或不愿做。孩子越来越可爱聪明,可是生活能力却越来越差了。

这种状况在国内尤为明显,家长包办一切,剥夺孩子劳动的权利,培养了一个个头脑发达、四肢简单的"畸形"。

小学生:我想劳动可父母不给机会

当晨钟响起,孩子还在睡梦中,家长们就开始为孩子上学前的准备忙开了:妈妈把昨晚准备好的衣服和鞋帮他在睡梦中穿好,然后再把她唤醒。睡眼朦胧中,就由爸爸牵到卫生间,在爸爸的"辅助"下刷牙、洗脸。终于清醒后,客厅里的妈妈已经拿着梳子在等着他了,等妈妈心急火燎地帮他梳好头发,奶奶已经在厨房将要带到学校吃的早餐准备好。最后,由爸爸背着书包和饭兜,孩子终于走在了赶校车的路上。

晚上回来,孩子吃完饭,做完作业,家里又是一阵忙乱。爸爸照例"辅助"刷牙,妈妈则放水帮他洗澡。一切妥帖后,还要哄他睡觉。

据一名小学老师介绍,像这样的孩子不是个别现象。班上有七到八成的孩子还不具备一些在幼儿园就应该培养起来的生活自理能力。比如系鞋带、穿衣服、洗脸、洗脚、洗澡等等。

中学生:学习忙不过来哪有时间劳动?

"学习都忙不过来,哪有时间劳动?"眼下,普遍的中学生作息表是这样的:早上 6:30 起床,洗漱完毕之后,已经 6:45,赶紧吃完早餐,就快 7:00 了,骑单车来到校车停靠点,已经 7:10,刚刚赶上正在启动的校车。到了学校,就是一节接一节的课。学校的清洁都是承包给保洁公司的,因此,放学后也不需要值日。回到家,已经快 18:00 了。稍稍松口气,就是吃晚饭的时间,吃完饭做作业。收拾好书包,已经是 21:30 了。有的同学要做到 23:00 呢。还要弹钢琴、练声……终于爬上床时,已经筋疲力尽了。

大学生:会做饭女生是熊猫级别

有人调侃道:"会做饭女生是熊猫级别的。"可见,爱劳动、会劳动的大学生已经越来越少了。

王老师在家教 4 岁多的女儿洗碗,街坊许阿姨来串门,惊讶地说:"孩子这么小就洗碗呀!我可不让我们家的大宝做这些事情。"王老师说:"小孩子做些家务事有好处的。"许阿姨不屑地说:"会干活有什么出息,瞧我干了一辈子的活,现在下岗了。我可不能让大宝像我一样,有干活的时间,不如学认字、算术……"。

许阿姨的话有相当的代表性,其结果是我国孩子的劳动每况愈下。有一份关于各国中小学生每日劳动时间的统计显示:美国 72 分钟,泰国 66 分钟,韩国 42 分钟,法国 36 分钟,英国 30 分钟,中国只有 12 分钟。中国城镇的中小学生大约有 50%不参加或每天只参加 10 分钟的家务劳动。

德国法律明确规定:孩子必须帮助父母做家务,其中 6——10 岁的孩子要帮助父母洗餐具,给全家人擦皮鞋;14——16 岁要负责擦汽车和菜园翻地;16——18 岁要完成每周一次的房间大扫除。上海某大学近几年对录取的新生做调查,有 60%以上的人不会自己挂蚊帐,许多大学生在入学前没有亲手洗过一件衣服。一项对长春市某高校一个班 25 名学生的调查,有 24 名不会缝补衣服，不会钉扣子。某县妇联对该县一所重点中学初一学生家务劳动调查结果表明，从没有洗过一件衬衣的占79%，不会煮饭的占84%，不会或不敢用电饭锅、液化气炉的占67%。据北京市家教学会对某小学的一个班的调查，该班44名学生中，家长每天给整理书包的占39%，给洗手绢的占66%，给穿衣服的占59%。

显然，西方国家孩子的劳动远比我国的孩子多，难道西方国家的家长爱孩子不如我国的家长吗？应该不是的，那是出于什么考虑呢？？再来看哈佛的研究结果，他们对490名孩子进行了20年的跟踪研究，跟踪研究的结果很发人深思，爱干家务的孩子和不爱干家务的孩子相比，长大以后的失业为1：15，犯罪比例为1：10，爱干家务的人平均收入要比不爱干家务的人高出20%左右。

这项调查结果不是偶然的，是有道理的，因为劳动对孩子良性的发展与成长，有不可替代的积极作用，主要是：劳动有利于孩子心灵手巧，爱干活、会干活的人多具有这个优势；劳动有利于形成良好的个性品质，如勤劳，独立，有责任心，有坚持性等；劳动有利于发展智慧，促使孩子动脑筋，锻炼动手能力；劳动还有利于孩子强身健体，有利于丰富生活等等。可见此项调查是顺理成章的，用事实有力地彰显了这些道理。

劳动是教育的重要方式。劳动是孩子生来就必须有的权利，父母万万不可剥夺。下面特别收集一些日常生活中快速扼杀孩子劳动习惯常用的方法，希望天下父母们能时常警醒。

"哎呀，怎么越帮越忙！去，去，到一边去吧。"

点评：2—5岁的孩子喜欢享受"我自己能做"的成就感，而另一方面这时候的孩子劳动技能有限，做事肯定会帮倒忙。如果用这种方法，从这一孩子劳动习惯培养的关键期(2-5岁)就开始，能够非常有效地一次又一次地打击孩子的劳动积极性，"饭来张口，衣来伸手"型的孩子就这样被成功地塑造出来。

"孩子，帮妈妈洗碗吧，我给你5元钱。"

点评：应该让孩子从小明白，做家务并不是帮父母干活，干力所能及的家务活是孩子应尽的一份义务。如果让孩子干活总爱说："你帮我干点活。"这种方法一经使用，久而久之，会使孩子缺乏家庭责任感。当然，再以钱等贿赂的手段来利诱孩子干家务，更是扼杀"劳动是我应尽义务"观念的更彻底的方法。

不好好做作业，罚你下星期洗一周的碗。

点评:劳动本来是美好的光荣的,但当父母将劳动作为一种手段来惩罚孩子的一些负面行为时,劳动便与"不好"紧密地联系在一起了。这种方法能够很自然地使孩子对劳动产生厌恶感,从而以劳动为耻,躲避劳动。

"哎,做家务事真烦人,累死了!"

点评:现代忙碌的父母们很容易当着孩子的面,对家务事发牢骚,认为家务事影响了他们的工作、学习和娱乐。孩子在这样的言传身教的潜移默化下,对家务事肯定没什么好感。这种方法的使用的优势在于,不管你父母如何告诉孩子"从小爱劳动好",扼杀孩子劳动习惯也是一样没商量。

不好好学习,长大了只能像这阿姨一样去扫大马路。

点评:"万般皆下品,唯有读书高。"这一观念就在父母有意无意的言语中灌输给了孩子,体力劳动是没有出息的人才做的。这种方法不仅有效地破坏劳动美好的观念,而且在孩子长大成人后,不认为"自食其力"是当然,而是宁可靠着父母坐吃山空,也不愿为"脏活累活"而折腰。

好好读书,家务事不用你操心。

点评:著名教育家陶行知先生曾经指出:"生活是教育的中心。"劳动与生活是紧密相连的,学习与劳动是不分离的。而在家庭是一个很好的学习的地方。比如,洗碗的时候,孩子可以学习数数;收拾房间,可以学习管理。几乎所有的家务都可帮助孩子学习双手和大脑的协调发展,懂得勤奋、毅力和工作成就的意义,并发展诸如责任、独立、自信等很多的品格。当然,如果你希望孩子从小惟我独尊,长大成人后无法面对现实生活的要求和挑战,这一种方法的效果是一生持久的。

劳动是一种锻炼,也是一种能力,各位爱子心切的父母们,千万不能再剥夺孩子的劳动机会了,那无疑是对孩子成长的阻碍。

热爱劳动意义大

对比哈佛大学 20 年的最重调查结果,我们现在的劳动教育确实令人汗颜。每个孩子都是小公主、小皇帝,他们根本不明白劳动的含义。

作为家长我们不会忘记几个非常熟悉的观点:劳动创造世界;劳动创造人类;劳动是人类的第一需要;不劳动者不得食等。这些观点,反映了客观真理,永远不会过时。劳动是人生的必修课。劳动是幸福之本,懒惰、好逸恶劳是万恶之源。常言道:樱桃好吃树难栽,不下苦功花不开,美好的东西须付出相应的劳动和汗水才能获得。

朱德在《回忆我的母亲》一文中,深情地写道:我应该感谢母亲,她给了我与困难作斗争的经验。我在家庭生活中已经饱尝艰苦,这使我在以后的生活中再也没有感到过困难,没有被困难吓倒。母亲又给了我一个强健的身体,一个勤劳的习惯,使我从来没有感到过劳累。为什么他要这样说?因为朱德在四五岁的时候就开始帮助妈妈做事,在八九岁的时候,朱德不仅能够帮助妈妈挑东西,而且还会下地种田了。每当朱德放学回家,总是悄悄地把书包一放,然后就帮助妈妈去挑水或放牛。有时候,他上午读书,下午种地。农忙的时候,朱德便整天在地里跟着母亲劳动。

劳动可以培养孩子的优良的思想品德和各种能力。

1.劳动可以使孩子学习到各项基本生活技能,培养孩子未来的生存能力。美国哈佛大学的研究人员对465名青少年所作的追踪调查表明:87%青少年由于经常参加各项劳动实践,当升入大学后,学习良好,各项能力均明显优于很少参加劳动的同学。尤其在毕业后的就业过程中,能较快地找到合适的工作,在工作中适应性强,并能较快地取得成果。

2.劳动可以培养孩子的独立性和勤劳俭朴的品德。据有关专家调查分析表明:家务劳动时间与儿童的独立性密切相关,即儿童劳动时间越长,其独立性越强;家务劳动的时间与儿童勤劳俭朴的习惯养成密切相关,即儿童从事劳动时间越长,越有利于形成儿童勤劳俭朴的品德。其原因在于孩子经常参加劳动,首先可直接学到各项技能,增长才干,同时也锻炼了他们的自主能力,自然他们的独立性就相应提高,而通过辛勤的劳动,更让他们体会到每一份财富和每一点成果的取得,都凝聚着劳动的汗水,从而使他们懂得这一切的珍贵,更好地珍惜这一切,进而养成勤劳俭朴的好品德。美国哈佛大学经过四十余年的研究发现:适量劳动可使孩子快乐。那些童年时参加过劳动,甚至做过简单家务劳动的人,要比那些小时候不做事的人生活得更愉快,因为孩子在劳动中,不仅获得了才干,而且会意识到自己的社会价值。事实上,孩子出生一岁后,就会表现出一种独立的意向,走路会推开你的手,有"我自己来"的要求。这种可贵的自发独立意识假如得到健康发展,长大后能独立思考,办事果断。从小让孩子进行劳动锻炼,使孩子学会做点事,减少对成人依靠的心理,将会促进孩子"自己能做的事自己做,不依靠别人帮助"的独立意识形成,这对培养孩子的独立性,创造性将起着巨大的作用。

3.劳动可以使孩子学到知识,发现问题,激发起创造热情。在我们日常观察、了解中发现,经常参加劳动的孩子在学习语文、数学、自然、社会等课程时往往显得更顺利。首先,各项劳动实践为写作提供了广泛的素材。其次,劳动实践与许多课程内容紧密相连,能使学生更好地理解、掌握所学课程。而家务劳动中的购物劳动更有助于孩子对价格的认识和数字的运算。至于在劳动中积累的有关动、植物知识,家用器具的性能、作用、使用方法等方面的知识,对自然、社会等课程的学习更有着非常大的帮助。而在劳动中能使孩子有许多新发现,从而激发他们的创造热情。因此,许多孩子的小创造、小发明都是在日常劳动中获得的启发和灵感。

4.通过劳动可以培养孩子们的细心、耐心、条理性和坚忍不拔的精神。许多劳动实践活动不仅是对孩子能力的锻炼,更是对孩子意志的考验。如在从事缝衣、钉纽扣、择菜、打扫卫生等劳动时,没有细心和耐心是做不好的;而在做菜、烧饭、整理居室等劳动时,没有条理也是不行的;在从事较繁重的农艺或体力劳动时,没有坚忍不拔的精神更是完不成的。因此,经常参加劳动实践,对学生这一良好品质的形成是非常有益的。

5.劳动可以培养孩子的劳动情趣、敬业精神和社会责任感。几十年来,在我们的生活中涌现出了许多令人敬佩、值得人们学习的劳动模范。诸如王进喜、时传祥、张炳贵、徐虎、李素丽……他们为国家和社会作出了巨大的贡献,也为我们创造了大量的物质和精神财富。而这些著名劳动模范的产生和成长都和劳动实践紧密相连,正是在长期的劳动实践中,造就了他们兢兢业业做好本职工作的敬业精神,使他们树立起高度的社会责任感,激发出他们热爱本职工作,干一行爱一行的劳动热情,从而练就一身精湛的技艺。因此,只有让孩子们经常参加各项劳动,通过长期的劳动实践,并在这一过程中给他们以正确的引导和教育,才能帮助他们从小养成敬业、负责、热爱劳动的品质,从而培养出真正具有优良素质的未来一代。

6.劳动能促进手脑并用,促进智力发育。动手是儿童发展思维的体操。俗话说:"心灵手巧",而对儿童来说,则是手巧心灵。体力劳动,是通过手脚的活动来实现的,而孩子劳动和成人劳动在意义和内涵上有所不同。对孩子的要求只是最基本的生活自理和一些力所能及的家务等。通过这些基本劳动练习,可以使孩子的双手和大脑协调发展。对孩子进行早期劳动练习,可以使孩子脑细胞得到更多的刺激,加快脑细胞发育成长,更有利于开发脑细胞的作用。

7.劳动能促进身体健康、增强体质。劳动,可以培养孩子动手习惯和吃苦耐劳的精神,在营养良好的情况下,劳动能促进大肌肉、小肌肉的发育。劳动在培养完美体魄上所起的作用,同运动一样重要。许多劳动能显示体力与技能技巧多种多样的结合。苏霍姆林斯基认为:劳动不仅使人"心地正直",而且能使人"身强力壮"。

8.劳动能促进良好个性品质的形成。对孩子进行早期劳动教育能培养孩子珍惜劳动成果,培养对劳动人民的思想感情,体会劳动创造世界的真实含义,从而促进良好个性、道德品质的发展。年轻的爸爸妈妈们,假如您期望你的孩子有一个聪明好学的头脑,有自强不息的性格,有健壮的体格,切勿剥夺了孩子早期劳动练习的机会。

9.加强劳动教育可培养孩子的劳动意识、劳动兴趣和劳动习惯,也能培养幼儿的自我服务能力和社会适应能力,同时也能让幼儿更了解今天的幸福生活是靠劳动创造出来的,让幼儿从心底尊敬劳动者,珍惜劳动成果。家庭教育家伊丽莎白?邦得里说过,给孩子布置家务是让孩子建立自我价值感和相信自己能力的一种最好的方式,习惯于承担家务的孩子,在走向成年的过程中,往往比那些缺乏这种体验和责任感的孩子更容易适应生活!

培养孩子爱劳动是是孩子全面发展的一种重要手段。让孩子从小就"自己能做的事情自己做"。能增强他们动手做事,克服困难的能力和信心,有助于培养他们的独立意识。随着孩子年龄的增长,还应培养他们为大家做事的良好意识,这样可以促使孩子骨骼、肌肉、神经系统及各部分器官都得到锻炼,同时培养良好的社会公德。所以,要利用幼儿期这个人类身心发展的重要阶段,对他们进行早期劳动教育,让他们在轻松愉快、多种多样的劳动中获得全面发展。

环顾我们的周围,也会发现热爱劳动的孩子,这也是他们父母精心教育的结果。

生活在深圳的王灿很小就学会了自己穿衣、吃饭,6岁时,他负责给家里的盆景浇水,7岁时,每天清晨,他要早早起床到楼下取报纸和牛奶。爸爸看着他一天天地变化,一天天地独立,心里很高兴。

爸爸常跟他讲自己当年勤工俭学的故事,王灿也激发了劳动热情,他选择在暑假打工赚零花钱。王灿热爱劳动,爸爸也一直支持他。现在,王灿只有13岁,却已经有了1万块的存款,这些都是他通过劳动赚取的。

王灿独立性强,品学兼优,个性坚强乐观。他最大的特点是勤奋,无论是在学习上、生活中,王灿都愿意以勤奋获得最优的成绩。

一项调查显示,小学生每天平均劳动时间为:中国10分钟,韩国0.7小时,美国1.2小时。可想而知,中国儿童的劳动时间非常少。

劳动能够提高孩子的技能,开阔孩子的视野,培养孩子勤俭节约的品质。孩子的许多生存技能都是在劳动中获得的,劳动给了孩子许多书本上学不到的东西。劳动能够让孩子感到充实、幸福,还能有效调节大脑。

童年是培养孩子劳动习惯的最佳时期。这个时期的孩子好奇心强,模仿性强,活泼好动,正是进行劳动教育的好时机。劳动并非和痛苦相连,它也可以是愉悦的体验。爸爸要做的事就是让孩子感觉到劳动的愉悦,让孩子借助童年时对劳动的美好体验,走上热爱劳动的道路。

孩子不能只一心学习不爱劳动,劳逸结合才能发挥潜能。一个热爱劳动的孩子,他的综合能力才会显著提升。

建议一　培养孩子"劳动光荣"的意识

孩子要形成勤劳的品质,需要具有"劳动光荣"的观念。爸爸要让孩子在劳动过程中拥有一种充实、幸福、愉悦的感觉。劳动给孩子带来了美好的体验,孩子也就会喜欢上劳动。

"劳动光荣,懒惰可耻"是孩子要从小铭记于心的。孩子要明白劳动是一切财富的来源,人的劳动是创造世界的活动。孩子认识到劳动的光荣、伟大,才会喜欢做个勤劳的人。

建议二　让孩子学会"自己的事情自己做"

孩子的自我服务也属于劳动范畴。爸爸鼓励孩子从小学会生活自理,就是在鼓励孩子劳动。在孩子两三岁时爸爸就让孩子开始"自己的事情自己做",并及时鼓励孩子的每一个进步。让孩子从劳动中获得成就感。

庆振在家里是个"饭来张口衣来伸手"的孩子,爸爸将他视为掌上明珠,从小他就理所当然地接受着爸爸无微不至的照顾。

今年他上幼儿园了,吃饭、穿衣这些事情还是由爸爸代劳。在幼儿园,老师发给每个孩子一个橘子让他们吃,庆振拿着橘子竟然哭了起来。老师询问之后才知道,他在家里根本就没有自己剥过橘子,所以才会哭。

老师将这件事情告诉了庆振的爸爸,爸爸这才知道自己在教育方面所犯的错误。于是他有意识地开始教育庆振自己穿衣服、自己吃饭、自己整理玩具。没过一个月,庆振就学会了很多简单的生活技能。

让孩子"自己的事情自己做",动手能力就会逐步增强,生活技能也会慢慢得到提高,就会摆脱对父母的依赖。

建议三 要求孩子分担家务劳动

孩子在幼儿期好奇心和模仿力很强,这个时期的孩子对家务劳动充满了热情,爸爸要抓住时机,让孩子参与到家务活动中来,无论大小,让孩子在参与中体验到劳动的乐趣。

4岁的江帅很爱劳动,看到爸爸在扫地,执意要帮忙。爸爸把扫帚递给他,他很认真地把瓜壳、纸屑扫进垃圾筐里,看到有"漏网之鱼",就会马上补救。不到半个小时,江帅把地扫得干干净净。

一次,爸爸要修电风扇,也让江帅来帮忙。他的劳动热情非常高,兴致勃勃地帮爸爸拿东西,还非常专心地看着爸爸修理。从那以后,爸爸只要做家务,都会请江帅来帮忙。

爸爸别怕孩子干家务活慢、质量差,要给孩子劳动的机会。孩子的技能是在反复实践中提升的。爸爸多给予孩子鼓励,才能够激发孩子的劳动热情,让孩子乐于做家务。

建议四 带孩子参观自己的工作地点

爸爸可以带孩子参观自己的工作地点,让孩子看到劳动中的爸爸。孩子观察了爸爸的劳动环境、劳动状态,会更深刻地认识社会劳动。孩子最终要参加社会劳动,爸爸是孩子的榜样。孩子会明白爸爸是如何用劳动创造财富的。

爸爸要让孩子明白,人人都需要劳动,劳动是光荣而伟大的。爸爸要将劳动的热情传递给孩子,让孩子理解社会劳动。

鼓励孩子热爱劳动

建立于 1740 年的宾夕法尼亚大学是美国第四古老的高等教育机构,是由本杰明富兰克林建立的全美第一所现代意义上的综合性大学,同时也是许多教育创新的发源地。1779 年,宾大改名为宾州大学(University of the State of Pennsylvania),成为美国第一所以"大学"(University)命名的高校;1791 年,宾大正式更名为宾夕法尼亚大学。

霍思尔教授 1998 年进入宾西法尼亚大学授课,如今已经有十几年的教龄了。霍思尔教授心理学专业,而他平时则更喜欢走进社区,观察孩子与他们的父母们。霍思尔尤其喜欢那些热爱劳动的孩子,他认为这不仅是孩子的美德之一,也是对孩子能力的一种锻炼。据霍思尔观察,那些平时热爱劳动的孩子更能适应不同的环境,而那些缺少劳动锻炼的孩子却很难做出改变来适应新的环境。

马克就是这样一个霍思尔欣赏的孩子。虽然马克有着一个富足的家庭,甚至他的父母请了佣人来打理家务以及花园,但马克就是这样闲不住,他坚持自己的衣服自己来洗,而且那片他最爱的玫瑰园也一直由他自己来打理,不让人佣人插手。

当然,马克这样做并不是像其他孩子一样用来换取零花钱,他只是单纯的喜欢做一些力所能及的劳动。

不过没有多久佣人就向马克提出了他的"抗议",马克做了太多的工作以至于让他感觉"无所事事",马克理解了佣人的意思,转而把目光盯在了邻居身上。

马克的邻居是一对老夫妇,活动并不是那么灵活,马克经常去邻居家做客并帮助他们整理房子,他也会象征性地收取一些费用,这并没有什么不妥,劳动所得没有人会觉得不好意思。

到了大学,马克很快就适应了相对独立的生活,自己整理宿舍,打工赚取生活费,制作计划表……马克得到了老师和同学的一致认可。

霍思尔认为孩子们应该得到更多的劳动体验,不管是有薪的还是无薪的。而对于热爱劳动的孩子,家长应鼓励与肯定。

在国内,年年庆"五一",年年欢度长假。反观五一国际劳动节的内涵,似乎已越来越少被关注了。在今天，有多少孩子知道这个劳动节？忙着让孩子上各种兴趣班的父母，又有多少人重视孩子劳动观念的建立？

虽然庭庭只有五岁，但他的时间表安排得满满当当——星期一至星期五下午，在妈妈的监督下，庭庭要练习弹钢琴。到了星期六日，庭庭还要去少年宫参加画画学习班，根本没有时间做其他事情。爸爸妈妈曾对庭庭说，他在家唯一的任务就是"学习，再学习。只要做好自己的功课就够了"。劳动嘛，是令人疲倦的事情。因为庭庭的爷爷奶奶认为，如果庭庭干活儿干累了，提不起精神练钢琴，就因小失大了。所以，庭庭清楚地知道劳动不是小孩儿做的事情。

由于爸爸妈妈工作太忙，就把芳芳放在幼儿园的全托班里。平时在幼儿园，在老师的指导下，芳芳会干些活儿。但到周末回到家里，芳芳就什么也不用干了。因为妈妈为了能让芳芳多点儿时间跟她在一起，拖地、洗碗等家务劳动全让保姆包下。妈妈还对芳芳说，这是保姆阿姨应该做的事情，她是出钱请阿姨回来干活儿的。尽管芳芳并不知道什么叫"劳动"，平时也只能看大人们劳动，但芳芳觉得洗碗、拖地是一件很有趣的事情，其实也很想试试。

每到周末，小成成都会到奶奶家去玩。他总是希望赶在奶奶和妈妈收拾碗筷前能把饭吃完——因为他想帮她们洗洗碗筷。但每次都不能如愿，等他发现时，奶奶已经把碗给洗干净了。对于成成说"想一起洗碗、擦桌子"的愿望，奶奶说："不是说孩子没有劳动能力，而是担心他洗碗、擦桌子的时候，弄得满屋子都是水，而且只要稍不注意，他就会玩起水来，忘记干正经事。老实说，在这种情况下，我还要多花些时间去收拾残局，实在是有点儿麻烦。"

汉汉的妈妈十分清楚孩子的特性：肥肥胖胖的汉汉平时十分安静，动作缓慢，完成一件事情往往要花好长时间。因此，只要是稍微困难一点儿的事情，妈妈都不让他去做。汉汉妈无奈地说："其实，让孩子做家务是一件很艰难的事情，毕竟孩子年龄小，缺乏技能和经验，不能很好地把握节奏——看着他慢悠悠地洗抹布，使尽九牛二虎之力才拧出那么丁点儿水来，我就忍不住要让孩子停止。让我自己去干可快得多呢。"

上面几个例子，只是某些家长在孩子实际的行动中对于劳动的认识，在他们的思想意识里，也有自己独到的看法。

"孩子还小，不懂得什么叫'劳动'是非常正常的事情。有些东西不需要刻意去灌输。"陈妈妈更是语出惊人。"以前，我们的父母亲并没有向我们解释所谓的'劳动'是什么。但我们这一辈人不也是这样走过来了？所以，并不见得儿时不知道'劳动'就是坏事。劳动观念是在孩子成长的过程中渐渐形成的——树大自然直嘛。"

看来,如今中国的城市孩子"劳动"少,劳动观念淡漠是有因可循的。首先,随着社会工作的不断细化,体力劳动、家务劳动已经逐渐社会化,使得孩子不仅在家里劳动少,在学校同样劳动少——现在很多幼儿园、小学都聘请外来工清扫操场,每周一次的劳动课已成为过去。

其次,越来越多的孩子认为现在生活好了,就不用体力劳动了,而且认为"体力劳动"就是低下的工作。在上海市少年儿童研究中心的一项调查中可以看到,孩子们经常体会不到劳动的光荣,"劳动无贵贱"的观念在实际生活和教育领域中受到极大的挑战。关于长大后的理想职业,大多数孩子表示希望当教师、科学家、医生、白领、明星、歌手等这些在如今社会显得"体面"的工作,而普通劳动者仅被排在倒数第二位。

最后,这与家庭教育有很大关系。部分父母认为"劳动与学习不可兼得"。今天的孩子真是苦不堪言:难得可以休息的放学后时段和周末都让兴趣班给占去了。为了能让孩子多睡一会儿,为了能给孩子有半个小时甚至是十几分钟的放松时间,父母明知这些事情该让孩子做,却违心地代劳了。说到底,他们是为了给孩子争取尽可能多的时间,让他们好好学习力争上游,还要尽量保证每天八个小时的睡眠。劳动是重要的,自立是重要的,但与学习、睡眠相比又是次要的。

但是,可能许多家长不知道,现在的孩子因为缺少劳动,他们的动手能力普遍很差。在遇到事情时,往往不知道如何下手,更不知道用什么办法来解决,久而久之,孩子们丧失自信不说,即使上了好的高中和大学,也是高分低能的学生,更不能适应社会的发展和激烈的竞争。再者,在生活中不爱劳动、懒惰的孩子,在学习上一般也比较懒惰,家长们期望这样的孩子取得好成绩,恐怕要大失所望了。

这样看来,让孩子进行力所能及的劳动对孩子的成长是有益的,而且,培养儿童的劳动意识应该从贴近儿童的生活开始,从做家务劳动开始。其实,每一天都是培养孩子劳动观念的好契机,找一天全家人一起动手劳动:孩子可以清洗自己的玩具,父母可以拖地板,或者到楼下社区的花园里除草。让孩子在这些劳动里体会到劳动带来的快乐。

另外,父母可以每周定一个孩子劳动的时段,根据孩子的年龄,教他们干些力所能及的家务活儿。例如三四岁的孩子可以分筷子、端饭、拿递小物品；五六岁的孩子可以叠衣服、取报纸、买小东西；再大些的孩子可以学做简单的饭菜、洗自己的小衣服等。

对孩子的劳动成果，父母应及时给予表扬和鼓励，还要鼓励孩子不怕困难，敢于实践，积极动脑筋想办法，使劳动进行得又快又好。

奖赏并不只有金钱

有个孩子寒假期间一改往日的懒惰，很勤快地干起了倒垃圾、拖地板、擦皮鞋等家务活，并因此从奶奶那里得到了5600元钱"工资"。他的家务酬劳已经超过了妈妈每个月4000多元钱的工资。

高额家务"工资"又一次触及到孩子做家务付酬劳这一存在争议的话题。如今，在很多家庭里，孩子是中心，一切资源都向其倾斜，家长付出多少都嫌不够，疏忽了对孩子劳动习惯的培养，"宠"得孩子都很懒惰，有的孩子连自己的袜子都不会洗，也不知道该由谁来洗，当然就更缺乏主动分担家务的意识了。于是有的家长就用物质奖励来"鼓励"孩子做家务，出发点无非是希望孩子树立劳动观念、热爱劳动、尊重自己的劳动成果等，这样的初衷是无可厚非的。

但是一味用金钱奖励等物质手段来培养孩子劳动习惯的方法却要慎用，特别是如此高额度的奖励。常青藤联盟的教育理念也主张孩子从事家务劳动获取相应报酬，但是普遍有一个很浓厚的教育氛围，那就是很注重从小培养孩子的家庭责任和义务观念，德国还把孩子到一定年龄承担相应家务写进法律条文。家庭让孩子承担相应家务是告诉孩子：这个家不但是爸爸妈妈的，也是你的，你要承担责任。因此他们付给孩子的家务酬劳是偏重于对孩子劳动能力的认可，数目也与孩子的劳动成果大体相应，而不是作为调动孩子劳动积极性的唯一手段。

在我们每一个成年人的观念里，劳动既是权利又是义务。劳动，不仅有按劳取酬意义上的"索取"，更蕴含着对自身价值的证明和饱含爱意的"奉献"。家务劳动本来就是每一个家庭成员都应当承担的义务，孩子虽然年龄尚幼，但其作为家庭成员，也该分担一些与他们年龄相称的家务活儿，不是必须要用额外奖赏的。不正当采用付酬劳方式对孩子进行劳动习惯培养，孩子可能会为了酬劳才劳动，甚至没学会劳动倒先学会了讨价还价，成了钱的"奴隶"。

尤其用高额金钱来酬劳孩子的简单家务劳动，会让孩子误认为赚钱很容易，以后理解不了"一粥一饭当思来之不易"这样珍惜劳动成果的朴素感情。如果将来孩子变得"重资财，薄父母"，物化世间最宝贵的各种情义，用金钱来衡量一切，那将是多么的悲哀。

适当对孩子的劳动予以奖励无可厚非，培养美德意识可以投入些成本。但是在帮助孩子树立正确的劳动观念过程中，家长应该注重奖励有理有度，尽量避免大额的金钱奖励。而应该率先垂范和传递对劳动的热爱，通过一点一滴的渗透、通过带孩子亲身参加力所能及的劳动、通过能够捕捉到的典型事件等润物细无声的方式，让孩子从内心真正生发出热爱劳动的感情来。

第一，少奖为佳。

适当时候、适当次数的奖励，就相当于给发动机加油，可以起到很好的作用，但切不可太滥。奖的频率太高，其刺激作用就会逐步下降，要想发挥其作用，就必须不断加码，以满足孩子迅速扩张的胃口。而更为严重的是会引导孩子为了得到奖励而学习，不能产生真正的动力。因此，在满足孩子必需的学习用品和生活需要的前提下，要逐步减少奖励的次数，最佳境界就是没有奖励。

第二，奖态度不奖分数。

大多数家长是以分数或者名次来设定奖项和决定是否奖励，其实最好的方法是根据孩子的学习态度进行奖励。因为从长远看，态度和努力的程度比一两次的分数更重要。而且考试会有很多不确定因素，如卷子的内容对每个人的适应性，孩子复习题目的"机遇"性等，所以并不能真正反映其学习的努力程度和效果。用分数和名次作为奖励的标准，有可能出现孩子已经非常努力，但因为一些偶然因素而没有达到设定的奖励目标，结果反而会打击孩子的学习积极性。

第三，一诺千金。

如果和孩子有了约定，比如有的家长是定考多少分，有的家长是定考到第几名，就一定要兑现。如果孩子达到了约定的要求，就要坚决奖励，做父母的不兑现自己的承诺，就会严重挫伤孩子的学习热情，更为严重的是给孩子树立了言而无信的榜样。如果孩子没有达到设立的目标，也不可迁就，形成讨价还价的习惯。与其怕影响孩子的情绪而改变初衷去迁就他，还不如没有这样的约定。

第四，奖品适当，价值适中。

奖励的价值不要太高,其价值和奖品要与孩子的年龄、取得的成绩等等相适应。有些家庭由于形成了奖励并不断加码的习惯,常常给孩子价值过高和不适当的奖励,那样反而会害了孩子。比如有的家长因为孩子某次考试满分,就给孩子买电脑买游戏机,结果孩子玩物丧志。

第五,精神鼓励为主,物质享受为辅。

很多家长给孩子的奖励是以物质享受吃、穿、玩为主,这样的弊端是将孩子的目标引导到享受方面。其实学习用品,特别是书籍才是最好的奖品。

精神奖励主要表现在对孩子的表扬上,家长使用表扬等社会性奖励时应注意以下几点:

(1)看着孩子的眼睛。直接的注视表示你在郑重其事地夸奖孩子,使孩子感到自己和自己的行为意义很重大。

(2)距离孩子近一些。近距离的表扬影响力更大。

(3)微笑。有时候微笑本身就是奖励。当你用语言表扬孩子时面带微笑,可以让他感受到你内心的喜悦。

(4)表扬具体的行为。使用"我"语言。告诉孩子你对他的什么行为感到高兴,如,"我很高兴你自己修好了玩具。"而不是泛泛地说"你真聪明。"当孩子帮了你的忙,哪怕很小的事,也要记得感谢他们。孩子知道你在关注他所做的每一件事,就会加倍努力。

(5)把焦点放在孩子的行为上,而不是孩子本人身上。有研究者将表扬分为三种:a.过程指向的表扬,即肯定孩子完成任务过程中的努力,如,"你跟小朋友合作得很好。""你很用功。"b.结果指向的表扬,即夸奖孩子的成果,如,"你画的画真好看。""你考了100分!真不简单。"c.个人指向的表扬,即对孩子品质的评价,如,"你真乖。""看你多聪明!"研究发现过程指向的表扬最有助于孩子恰当评价自己,正确分析成功与失败的原因,从而增强能力和信心。

(6)表示对孩子的爱。家长的肢体语言,语气声调能够加强表扬的作用,使孩子感到被珍爱。但注意根据孩子的年龄、性格调节你表达爱的方式。

(7)及时给予奖励。行为发生后,奖励越及时越有效果。

有时,单用表扬不能起到效果。某些情况下,不管家长表扬与否,孩子都拒绝做某件事。比如,小鲁不喜欢数学,家长怎么鼓励,他也不努力学。这时,家长可以结合使用物质奖励和特权与活动奖励。应用代币法或积分法,都能有效刺激孩子的行为改变。

积分法或代币法

这是家长设立的一种奖励机制,孩子因良好行为而得分,比如,打扫房间(每天 4 分),收拾桌子(每餐 2 分),按时回家(每天 3 分)等。积满一定分数可以获得物质奖励或活动奖励,比如,积满 20 分,可以得到一个新玩具,40 分,可以去游乐场。

四五岁的孩子可能更喜欢代币的形式,代币也就是自制的钱币。代币法的其原理与积分法是一样的,但更实物化,更有趣一些。比如,准时吃饭可得到 1 分代币,收拾玩具可得 2 分代币,要得到一个冰激凌的奖赏需要攒足 6 个代币。孩子可以把代币存放在透明的塑料容器里,随时可以看得见自己的进步和即将得到的奖励。

8 岁的苏苏经常将衣服、玩具、图书满屋乱扔,她的父母采用了自然结果法,毫无收效。要她做家务时,她也经常磨磨蹭蹭,父母经常唠叨、训斥也没用。后来苏苏的父母试着使用了积分法,两个星期内,苏苏的行为发生了很大变化。

在使用积分法和代币法时,家长应随着孩子行为的进步调整积分的制度。当孩子的良好行为习惯已经建立后,家长可以提高获得奖励的分值或降低每个行为获得的分值。比如,一次外出活动由 30 分提高到 40 分或"打扫卫生"由 4 分降到 2 分。当孩子的行为问题已经彻底解决后,这种奖励措施也该逐步撤消,这样才能帮助孩子减少对外部约束的依赖,有利于培养孩子的自觉性、自制力和独立行为能力。

家长需要注意的是:不要把物质奖励变成贿赂。当你因孩子不愿服从要求而不断增加奖励数额时,就成了贿赂。在一段时间内,家长应该坚持一贯的原则和奖励制度。另外家长给孩子的物质奖励不宜过多,也不宜价值过高。把物质奖励当做社会奖励的辅助措施,注重精神鼓励,才不致将孩子培养得"唯利是图"。家长还需记得这样做的宗旨是帮助孩子养成好的行为习惯,而不是给自己省心省事。

让劳动成为习惯

美国哈佛大学的学者们在进行了长达二十多年的跟踪研究后,得出一个惊人的结论：爱干家务的孩子与不爱干家务的孩子相比：失业率为1:15；犯罪率为1:10；离婚率与心理患病率也有显著差别。调查研究发现，不论智力、家庭收入、种族背景或教育程度如何，那些童年时参加劳动的人比那些不劳动的人生活得更愉快。由此可见，参加家务劳动不仅仅是孩子为父母分忧的权宜之计，更重要的是它关系到孩子今后的就业成才和生活幸福。

青少年缺乏劳动意识，应当是多方面原因造成的，最主要的因素是在家庭、学校和社会。对于家庭来说，良好的经济条件，让家长觉得没必要让孩子劳动；为了让孩子有更多时间学习，家长不忍心让孩子劳动；因为疼爱孩子，家长为孩子包办除了学习之外的一切……家长们的一番"苦心"却埋下了不少"苦果"：孩子好逸恶劳，依赖心强，高分低能，不懂得珍惜他人劳动成果……如何改变这种现状呢？家长们不妨从细微处做起，循序渐进地引导孩子，我们常说的"德、智、体、美、劳"，就是要从娃娃抓起，注重培养孩子的劳动思想、劳动意识、劳动观念，让劳动成为孩子的一种习惯。这样孩子才能在劳动中锻炼、发展、成长。

孩子能不能养成良好的劳动习惯，与家长有很大关系。但有效的教育，需要讲究方法和策略。家长们不妨从以下几方面做起吧——

鼓励孩子主动劳动

经过调查，在家中做力所能及的事的孩子，情绪较为稳定，心理问题较少，学习自觉性与责任感较强。因此，家长要创造良好的条件，让孩子从小就自然而然地参与并热爱劳动。根据孩子的性别和年龄，让孩子分担一些力所能及的体力劳动。在家庭中，鼓励孩子干家务活儿就是不错的选择。家长在给孩子分配家务活儿的时候，一定要考虑孩子的能力，交给他那些能够胜任的、可以愉快完成的事，或者是在家长的指导、帮助下可以顺利完成的家务活儿。原则是让孩子能够看到这项劳动的成果，并对劳动产生兴趣。

开始的时候，孩子可能因为适应性差而缺乏耐心，甚至半途而废，这时家长就要鼓励孩子坚持下去，在孩子逐渐掌握了劳动技能和劳动方法的时候，家长要及时给予夸奖和肯定，如对孩子说："就是这样干，你真聪明，妈妈相信你会越干越好的！""你真是太能干了，爸爸像你这么大的时候，干得都不如你好呢！"孩子听到家长真诚的赞美和鼓励，不仅能从劳动中体验到成就感和愉悦感，而且可以激起孩子劳动的信心和决心。

除了口头鼓励，家长还可以送孩子日记本，让孩子写"劳动日志"、做孩子爱吃的菜等，让孩子能够记住和回味劳动带来的快乐和收获。但有一点值得注意的是，家长要尽量避免用金钱作为奖励。因为做家务活儿是每个家庭成员所应尽的义务，要让孩子知道劳动的目的并不是为了得到物质的奖励，而是为了锻炼自己的独立性。

让劳动变成快乐的游戏

家长让孩子劳动时，孩子可能正在玩。既然玩是孩子的天性，家长就要巧妙利用这一点，让劳动和游戏相结合，唤起孩子对劳动的兴趣：对于上小学的孩子，家长可以让孩子玩"角色扮演"的游戏，不妨对孩子说："妈妈来当厨师，你来当服务生，现在请你把饭菜端出去，把碗筷摆放好。"当孩子感觉做家务活儿就像玩游戏那么有趣时，他们一定会喜欢的；对于上中学的孩子，家长可以让孩子来当一天家，给孩子一定的钱，让孩子量入为出，安排一天的饮食起居、料理好家务。孩子不仅可以换位思考，懂得家长持家的不容易，还能让孩子具有主人翁意识，明白"家庭责任"的含义。

另外，在劳动过程中，家长应该主动开口，和孩子交流、互动。家长可以给上小学的孩子讲故事、唱儿歌、背古诗，让孩子在劳动的同时，能够获得轻松、愉悦的情感体验，在说说笑笑中，完成了劳动任务，孩子非但没有感觉到累，反而感到和家长之间更亲密、融洽了；家长可以引导上中学的孩子，说出孩子感兴趣的事，和孩子一起讨论，也可以听孩子说说班里的事。无论孩子说什么，家长都不要质疑和指责，而应该耐心倾听、分享孩子的心事，让孩子劳动、倾诉两不误，让孩子在劳动中得到情绪的释放，还可以起到减压的作用。

舍得让孩子劳动

现在的家庭，普遍存在溺爱孩子的现象，大部分家庭是独生子女，不少孩子在一片溺爱的氛围中，被社会、家庭精心照顾得像温室里的花朵，家长处于对孩子的爱护，什么事都帮助着干，护着他，到了能做力所能及的小事时，仍旧衣来伸手，饭来张口，爷爷、奶奶、爸爸、妈妈实行全方位服务，使孩子享受着"小皇帝(后)"的地位。这个溺爱综合症直接导致孩子动手能力差，独立性差，同时也妨碍脑的正常发育，使得孩子失去了最最基本的自理能力。有的父母总怕孩子会受伤害，怕孩子磕着，碰着，苦着，累着，所谓的含在嘴里怕化了，捧在手里怕摔了。他们明的要保，暗的要防，就怕自己一不小心疏忽了会造成意外。所以时时处处把孩子带在身边，放在眼前，所有事情都不让孩子做，一切由家长包办代替。这种家庭中的孩子是生活在一种全封闭的"真空"中，没有生活的营养，何以健全他们的生理、心理。

在家庭教育中我们常常能看到这样的情景：女孩看到妈妈在洗衣服，她也会要求学着洗。这时女孩的妈妈便说："这是妈妈干的活儿，你还太小，洗不干净，万一你把手洗爆皮了可怎么办？"男孩看到爸爸在修理家用电器，往往会跃跃欲试。这时男孩的爸爸会说："这是大人干的活儿，你修不了，回头再电着你，你还是自己玩会儿吧。"殊不知，家长对孩子的"不舍得"，在孩子眼中却是"不信任"的表现，这是对孩子劳动潜意识的扼杀，也是对孩子劳动积极性的打击。

所以，家长遇到这种情况时，一定不要拒绝孩子，应该抓住这个引导、教育孩子劳动的大好机会，不仅要耐心地手把手去教孩子，而且要告诉孩子劳动的正确方法和技巧，还要提醒孩子注意安全以及在劳动中保护自己。只有这样循循善诱，家长才能让孩子始终保持对劳动的热情，从而更好地培养孩子的劳动能力，使孩子养成"眼中有活儿"、热爱劳动的好习惯。家长应根据孩子的年龄，从最简单的，力所能及的，自我服务的劳动开始。让孩子逐步学会穿衣服、系鞋带、洗手洗脸洗脚；洗手绢袜子、叠被褥、扫地、擦桌子；到离家近的小店买酱醋、整理自己的图书、玩具等；孩子稍大后可教孩子逐步学会洗贴身衣物、收拾屋子、倒垃圾、钉纽扣、洗菜、洗碗等等，鼓励孩子积极参加学校组织的各项劳动。

家长以身作则做榜样

如果家长总是把劳动看成是一种枯燥无味的差事，整天为了干家务活儿而抱怨"真倒霉，这么累还得洗衣服！""太烦人了，这么晚还得出去倒垃圾！"或者有的孩子的父母总是为谁多干了、谁少干了而争吵不休，那么孩子肯定不会觉得干家务活儿会有什么乐趣。

家长应该以身作则，不仅应该主动承担家务劳动，还应该定期打扫楼道公共区域的卫生。社区内如果开展义务劳动，家长也要积极响应、参加。另外，家长带孩子去奶奶、姥姥家时，要主动帮老人买菜、做饭、打扫卫生，最好让孩子也跟着一起干些力所能及的家务活儿。这样孩子看在眼里、记在心上，自然会增强劳动意识，提高劳动自觉性。日后不用家长催促和监督，孩子就能自愿地承担起劳动义务。

别怕孩子在劳动中出错

孩子在劳动的过程中,难免会因为一时不慎出错,孩子洗碗时没放稳,碗全摔在地上。面对突发状况,孩子难免惊慌失措,家长应先确保孩子的安全,询问和检查孩子是否受伤,然后再采取息事宁人的态度,轻声安慰孩子,告诉孩子家长小时候刷碗也曾摔碎过,这都是在所难免的。等孩子的情绪稳定下来后,家长要耐心指导孩子收拾残局,用扫帚将摔碎的碗清扫出去,以免扎伤家人。等孩子彻底冷静下来后再告诉孩子,以后刷碗时尽量把水开得小一点,根据碗的大小码放好,等等。

家长必须明白,摔坏的东西是有价的,孩子对劳动的热情和积极性是千金难买的。此刻对孩子的宽容,恰恰能让孩子长记性、引起孩子足够的重视,同时孩子的责任心也能够随之形成和增长,使孩子受益终生。

不要用劳动来惩罚孩子

在孩子犯错误后,有的家长喜欢用劳动来惩罚孩子,这样不但没能使孩子意识到自己的错误,相反还会造成诸多不良影响。

一、具体表现

1.用劳动恐吓孩子。不少家长经常用"如果你不好好学习,考不上好大学,以后你就得去扫大街、当工人、买猪肉或者当农民"来恐吓孩子,还无限制地夸大这些岗位恶劣的工作环境、生活待遇和微薄的工作收入。同时,家长们带领孩子上街时,经常指着工作中的环卫工作或劳动中的劳改犯们对孩子说:"如果你不好好学习,不听话,你将来也会像他们一样做又累又脏的工作。"这样,无形中造成孩子们对艰苦劳动的恐惧,误导学生们回避和放弃艰苦的工作环境和工种,扭曲了学习和劳动的目的。

2.用劳动惩罚孩子。为了教训和惩罚那些不听话、学习成绩不好或者淘气的孩子,家长经常用劳动惩罚他们,无形中误导孩子仇视、敌意和害怕劳动,使他们认为:"劳动是低贱的,劳动是惩罚犯错误者的工具",严重地亵渎了劳动。

二、不良后果

1.鄙视劳动。由于受到家长的长期误导和社会上对职业三六九等和贵贱高低的划分,也导致孩子在潜意识中形成"谁劳动多了谁就是傻子,谁不劳而获谁就聪明;谁从事艰苦的劳动谁就低贱,谁能诈取他人劳动成果谁就有能"的认识,无形中培养了孩子鄙视劳动、投机取巧的不良意识和品质。

2.恐惧劳动。由于对劳动的错误认识,即"劳动是低贱的、劳动是惩罚犯错误者的工具",在孩子幼小的心灵中埋下了害怕劳动的种子。他们在没有示意下不愿意主动参加劳动,也不喜欢劳动。也害怕积极参加劳动后,受到家长指责和埋怨,即"埋怨参加劳动,耽误了学习"。慢慢地他们对劳动失去了兴趣和热情,形成了无视劳动的习惯和品格。

3.蔑视劳动、责任和义务。恩格斯说:"劳动创造了人。"其实,劳动也是人类社会组织的方式和纽带,在劳动中形成了人与人的社会关系,劳动中实现了分工与合作,劳动让人学会分担责任和义务。孩子长期对劳动的鄙视和恐惧,必然躲避劳动,形成习惯,对劳动、责任和义务产生了漠然,无视自己所要承担的责任和义务。

4.丧失学习的动力和创新的灵感。一个人只有在生活和劳动体验中才能不断地发现问题,才能永葆不断探索和学习的动力。我们家长为了让学生在知识学习和应试教育中立于不败之地,剥夺了学生很多的生活和劳动体验的机会,让学生感受不到:为了什么学习?学到的知识能解决什么问题?完全丧失了学习的动力和创新的灵感,成为了知识学习的奴隶。

5.学习误入功利化轨道。在家长们的长期误导下,孩子们把学习作为实现个人功利、回避繁重劳动和低贱职业、跳出农门、改变命运的重要手段和途径,缺乏远大的理想和人生信念。当一个人一旦实现其人生初步的理想后,就丧失了进一步学习的动力和后劲,甚至放弃了终身学习的理念和习惯。其实,学习应该成为一个人生活的一种习惯和常态,即不断充实精神生活、改进生命质量的习惯。但,我们的学习却进入了功利化的轨道,曲解了学习的目的和意义。

6.不尊重他人劳动成果。学生们由于缺乏劳动体验,感觉不到他人劳动的辛劳,更感觉不到他人的劳动成果的可贵。所以,经常践踏和不尊重他人的劳动成果。我们经常埋怨80后和90后是扶不起的阿斗,经常责备甚至指责他们缺乏责任感、缺乏劳动意识和劳动能力。事实上,责任不在于他们,而在于家长。因为,家长根本没给孩子们体验和感受劳动的机会。

三、改进策略

1.不要用劳动惩罚孩子。

2.奖励孩子劳动,让其在劳动中体验光荣和尊重。并在劳动中感受到成功与喜悦、合作与交流、分工与协作,体验社会管理和劳动的辛劳,从珍视自己的劳动成果中学会珍视和尊重他人的劳动成果。同时,让他们在劳动中感恩父母、感恩自然、感恩劳动。

3.给予孩子一定的劳动报酬。对于孩子的劳动给予一定的经济报酬,让孩子懂得劳动创造财富,劳动带给他(她)食物和喜欢的玩具,学会珍视自己的劳动成果。让孩子在劳动报酬中体验到成功的喜悦、自身的价值和劳动的价值。同时,社会也要为学生设置一些勤工俭学岗位,以劳育德、以劳育智。

4.让孩子通过劳动学习生活基本技能(如烹饪、家政管理等知识)。这样,将来走向社会后,能够缩短他们适应社会生活的时间。

热爱劳动是中华民族的传统美德,可我们的社会正在逐渐抛弃这个美德,这是非常危险的。据一位家长讲,他儿子今年已经20多岁了,可家里的油瓶倒了都不会扶一下。"当初怕影响孩子学习,不让他做家务,可最终的结果是书没念好,倒是养出一条'懒虫',只知道上网打游戏,真不知道将来他自己成家立业,离开了我们之后该怎么办。"可见,父母要把孩子当作与成年人平等的家庭成员,而不是自己的附属物。对孩子力所能及的事不要大包大揽、包办代替。要给孩子施展自己能力的机会,让孩子自己的事情自己做,不会的事情学着做,会做的事情经常做。毋庸置疑,对青少年来说,劳动的作用不光是让他们学会生活的基本技能,更重要的是培养他们适应社会的能力和坚韧不拔的毅力。"天将降大任于斯人也,必先苦其心智,劳其筋骨,饿其体肤……",我们虽然无须按照古人说的那样让孩子多吃苦头,但让他们学着自己料理自己的事情却是非常必要的,否则,将来可真是要"苦"了他们了。培养孩子的劳动观念和劳动热情离不开家庭、学校和全社会的共同努力。除了在家庭教育中培养孩子的劳动习惯之外,学校和社会应当要采取多种形式营造热爱劳动、劳动光荣的氛围。如对积极参与劳动的学生给予表扬和奖励、组织青少年参加集体劳动及义务劳动等。

"金科玉律"十二条

哈佛大学的学者们通过20年的追踪调查,不仅发现了热爱劳动对孩子的成行有着重大影响,也总结了12条培养孩子劳动习惯的方法。

1.鼓励孩子从身边的点滴小事做起

要培养孩子热爱劳动的品质,只凭讲道理是绝对不行的。必须引导鼓励孩子亲自参加劳动。可以从小事做起,从一点一滴做起。小孩子要先做好自己生活上的事情,如收拾自己的文具、书包、书桌、衣服,自己洗头、洗手绢、收拾自己的房间,然后再帮助父母干一些家务活,如洗菜、洗碗、浇花、扫地、托地板、擦玻璃、买日用品等。家长要用欣赏的眼光看待孩子的劳动,对孩子劳动的积极性要予以赞扬,对孩子劳动的成果要要予以肯定,要让孩子在劳动中不仅体验到劳动的艰辛,也要体验劳动带来的成就感。

2.尊重孩子的劳动成果

孩子还处在生长发育的时期,他们的劳动成果当然不可能是完美的,甚至有时候可能与预期的相差很远,但是父母不应该嘲笑或者忽略他们的劳动成果,而应该尊重他们辛苦劳动的成果,给他们鼓励和表扬。孩子第一次劳动的成果可能有很多缺点,但是孩子劳动的精神是值得表扬的。对于孩子的劳动成果,不论好坏,父母都应该给予鼓励,这样孩子才能有坚持下去的信心和勇气。孩子做的菜咸了、糊了,父母应该开心地吃,并夸奖他,鼓励他。

3.和孩子一起劳动

和孩子一起劳动,有利于建立良好的亲子关系,更有利于激发孩子的劳动积极性。父母和孩子一起劳动,孩子能及时向父母请教劳动的技巧,更容易学会如何进行劳动。这样也有利于树立孩子劳动的信心,在信心的驱动下,孩子自然会爱上劳动。在平时的生活中,父母可以陪孩子一起收拾房间,整理书桌,打扫厨房的卫生等,随时教给孩子劳动的技巧,让孩子学会劳动,并从中培养劳动的积极性,建立良好的亲子关系。父母还可以带孩子去外面做一些义工活动,让孩子感觉到自己被需要,自己的劳动会让人快乐,让孩子体会到自己劳动的意义。

4.家长做一半留一半,促使孩子动手

留个步骤让孩子主动配合,是逐步训练孩子自己穿衣服、脱衣服、洗衣服、整理书桌、收拾房间的最好办法。大人在最初帮孩子穿衣服、脱衣服时,留下较简单或最后一个步骤让孩子自己做,然后根据他的熟练程度逐渐增加难

度和要求,这样很容易帮孩子学会穿衣服、脱衣服。再如,母亲在帮孩子洗鞋袜时,只洗一只鞋、一只袜,给孩子整理书桌、床铺时,只整理一半,剩下的一半让孩子自己做。这样孩子会为这"半拉子工程"感到别扭而不得不动手去做。而你做的那一半也会为他做另一半作了示范。

5.运用自然结果法,激发孩子的劳动意识

如果要让孩子养成自己洗衣服的习惯,那么,孩子不洗衣服,你也不要管,你就让他穿脏衣服,你别唠叨他,别督促他,到了一定的时间,他会自己洗的,家长千万不要看不下去了,就帮他洗了,然后再把孩子骂一顿,或强制他去洗了。你想让孩子自己收拾房间,那么,他不收拾,你也不要管,你就让他脏乱下去,你别唠叨他,别督促他,到了一定的时间,他会收拾的。这样坚持下去,孩子如果能自己主动去做几次,习惯就慢慢养成了。家长千万不要看不下去了,就帮孩子收拾了,再把孩子骂一顿,或强制他去做。因为使用权威强制孩子干活,会使孩子觉得干活是一种惩罚,是痛苦的事情,于是更加憎恨劳动。所以这种处理方法并不能帮助孩子养成劳动习惯。

6.用表扬和奖励,激励孩子的劳动习惯

有些孩子在学校里很热爱劳动,在家里不热爱劳动。这只能说明家长在培养孩子劳动意识方面存在着误区。孩子可能是在学校的劳动能得到老师的表扬和夸奖,在家里却没有人对他提出劳动方面的要求,或者劳动后并不能得到家人的表扬和奖励。为了帮助孩子形成劳动习惯,在孩子劳动习惯未形成时期可以适当给予物质或精神奖励。譬如,你可以先给孩子订立劳动协议,并安排劳动任务。完成一项劳动任务得 1 至 3 分,积分满 15 分,去逛动物园一次;积分满 20 分,买卡通书一本;积分满 30 分,吃麦当劳一次……这样可以逐渐地巩固孩子的习惯行为。经验证明,这种办法能使孩子在短期内勤劳起来。等孩子的劳动习惯建立起来以后,你可以告诉孩子:前一段时间你表现的很好,说明你完全可以勤快起来,但是,要知道,家庭劳动是每个家庭成员的义务,前一段时间,为了养成你的好习惯,我们采用了奖励的办法,现在,你已经可以胜任为一个合格的家庭成员,所以应该和爸爸妈妈一样,为家庭无偿劳动了。

7.尝试着让孩子"打工",增强其自谋生路的能力

家庭教育要着力培养孩子自食其力的意识。父母要让孩子从小认识到劳动的价值。美国有好多中学为了培养学生独立生存的能力,特别规定,学生将毕业时,必须不带分文,到社会上独立谋生两周才允许毕业。2004年河南省一所中专也采取了同样的办法,要求每个学生只能带5块钱离开学校到社会上谋生一周。为了防止意外,学校专设了一部热线救助电话,使学生能随时与学校联系。并有几个记者跟踪报道,但不许提供帮助。这一举措,当时在社会上产生了强烈反响。

在美国的中学生中流行的一句话是:要花钱,自己挣!不管家里经济状况如何,孩子到12岁以后,就必须得给家里的庭院剪草坪,给别人送报纸,以换取些零花钱。一些家庭还要求孩子假期里在附近当勤杂工,或帮人剪草坪,或帮人扫落叶,或帮人铲积雪等。美国的父母们常说,只要有利于培养孩子谋生的能力,让他们吃些苦是值得的。

日本有一句教育孩子的名言是:除了空气和阳光是大自然赐予的,其余的一切都要通过劳动才能获得。

根据这些道理,中国的家长们至少应做到:小学生自己的吃饭穿衣、整理书包、整理房间自己负责;中学生自己洗衣服、帮助做家务,农村的孩子干点农活;大学生做家教,打零工,都是应当的。

8.鼓励或带领孩子积极参加公益劳动

公益劳动是一种知和行统一的实践活动,能体现一个人的爱心和社会良知。鼓励或带领孩子参加公益劳动,能在认知和行为两方面引导孩子形成正确的价值观,会让孩子树立起"心系他人,心系集体,心系社会"的思想观念,提高孩子的社会责任感,从公益劳动中体会社会对自己的期望。这些都是一个优秀人材所应具备的素质。

公益劳动,小到清扫楼道,清扫公共庭院,义务扫雪,为残疾人服务,到敬老院打扫卫生为老年人服务,大到义务植树,参加青年志愿者活动等。对于孩子参加这些活动,家长应给予及时地肯定和赞许,这会使孩子得到心理上的满足,体验到公益劳动的快乐。

9.不要把做家务做为惩罚孩子的手段

家长要通过赞扬孩子的劳动行为、珍惜孩子的劳动成果来使孩子树立"劳动光荣"的观念，避免夸大劳动的脏和累，更不要把劳动当做孩子犯错误后的惩罚手段，不要用恐吓的语气强迫孩子做家务。要让孩子感觉到做家务是每个家庭成员的责任和义务。

10.不要无意中挫伤了孩子劳动的积极性

孩子初学做家务时，肯定做得不太好：才学穿衣，可能穿得慢一些；才学扫地，可能会不知道先从哪里开始扫起；才学洗碗，可能会把碗打碎；才学烧饭，可能会把饭烧糊；才学洗衣，可能洗得不太干净。我们家长不要因为孩子做得不好而表露出不满意或不放心，这样容易挫伤孩子劳动的积极性。也不要在乎孩子打碎一个盘子一个碗，与培养孩子的劳动精神相比，打碎一个盘子一个碗又算得了什么呢？

11.让孩子"享受"到自己的劳动成果

享受自己的劳动成果，是对劳动者的最大奖赏和最大鼓励。如果长期享受不到自己的劳动成果，劳动者的积极性就会逐渐消退。孩子如果把自己的房间收拾得干净整齐，家长可以组织邻居的小朋友来"参观"，使孩子感到自豪；孩子经常浇花，等花儿盛开时，家长可以让自己的同事来赏花，趁机表扬孩子一番，使孩子感到骄傲；农村的孩子参与了种瓜种菜，等瓜果蔬菜成熟时，妈妈可以给孩子做一顿丰盛的菜肴，让孩子享受到自己的劳动成果，这可以强化孩子热爱劳动的意识，促进孩子劳动积极性的"可持续发展"。

12.家长要做出示范

做家长的要为孩子做出榜样。譬如，每天早饭前，父亲打扫客厅和卫生间，母亲打扫卧室和厨房，天天把家里整理地整整齐齐、打扫得干干净净，定期打扫门外与邻居共有的空间的公共卫生，同时也鼓励和督促孩子整理自己的卧室和书桌。这样对孩子会有积极的影响。相反，有一些家长懒惰邋遢成性，家里总是一片狼藉，对楼道的公共卫生更是不闻不问，对邻里的困难和疾苦漠不关心，这些举止对孩子将产生很大的负面影响。

"父母之爱子，则为之计深远。"为了孩子的全面成长，为了给孩子的终生事业奠基，请家长们从小培养孩子的劳动习惯。

第五章 一美元的意义

耶鲁大学(Yale University)是一所坐落于美国康涅狄格州纽黑文的私立大学,创于1701年,初名"大学学院"(Collegiate School)。耶鲁大学是美国历史上建立的第三所大学,该校教授阵容、学术创新、课程设置和场馆设施等方面堪称一流。

孩子的世界其实没有"金钱禁区"的存在,无论是耶鲁大学,还是哈佛、纽约市立大学等高校,都十分重视孩子的财商教育。

儿童理财的意义

作为耶鲁大学的一名教师,劳伦斯是个优秀的"引路人",特别是对自己孩子的教育上。劳伦斯特别注重对孩子的财商教育,他想要自己的孩子明白理财的意义,可惜6岁的卡尔不买账,完全不在乎自己的老爸在说什么。这一天,又到了睡前讲故事的时间,劳伦斯讲了这样一个故事:

在达瑞8岁的时候,有一天他想去看电影。因为没有钱,他面临一个基本的问题,是问爸妈要钱还是自己挣钱。最后他选择了后者。他自己调制了一种汽水,把它放在街边,向过路的行人出售。可那时正是寒冷的冬天,没有人前来购买,只有两个人例外——他的爸爸和妈妈。

他仍然得到了和一个非常成功的商人谈话的机会。当他对商人讲述了自己的"破产史"后,商人给了他两个重要的建议:尝试为别人解决一个难题,那么你就能赚到许多钱;第二个建议就是,把精力集中在你知道的、你会的和你拥有的东西上。

这两个建议很关键。因为对于一个8岁的男孩而言,他还不会做的事情有很多。于是他穿过大街小巷,不停地思考,人们会有什么难题,他又如何利用这个机会,为他们解决难题。

这其实很不容易。好点子似乎都躲起来了,他什么办法都想不出来。但是有一天,父亲无意中给他指出了一条正路。吃早饭时他让达瑞去取报纸。这里必须补充一点, 美国的送报员总是把报纸从花园篱笆的一个特制的管子里塞进来。假如你想穿着睡衣舒舒服服地吃早饭和看报的话,就必须离开温暖的房间,冒着寒风到房子的入口处去取,即使在天气不好的时候也是如此。虽然有时候只需要走二三十步路,但也是非常麻烦的事情。

自达瑞为父亲取报纸的时候,一个主意诞生了。当天他就挨个按响邻居的门铃,对他们说,每个月只需付给他 1 美元,他就每天早上把报纸塞到他们的房门底下。大多数人都同意了,达瑞很快有了七十多个顾客。当他在一个月后第一次赚到了自己的钱的时候,他觉得自己简直是飞上了天。

高兴的同时他也并没有满足于现状,他还在寻找新的机会。成功了一次之后,他很快就找到了其他的机会:他让他的顾客每天把垃圾袋放在门前,然后由他早上运到垃圾桶里——每个月加 1 美元。他喂宠物、看房子、给植物浇水。但是他从来不以小时记费,因为用其他方法计费挣的钱更多。

9 岁时,他学习使用父亲的电脑。他学着写广告。而且他开始把孩子能够挣钱的方法写下来。因为他不断有新的主意,所以很快就有了丰厚的积蓄。他母亲帮他记账,好让他知道什么时候该向谁收钱。

他也雇别的孩子帮他的忙,然后把收入的一半付给他们。如此一来,钱如潮水般地涌进了他的腰包。

一个出版商注意到了他,并说服他为此写了一本书,书名为《儿童挣钱的250 个主意》。因此,达瑞在他 12 岁的时候就已经成为了一名畅销书作家。

后来电视台"发现"了他,邀请他参加许多谈话节目。人们发现,他在电视里表现得非常自然,受到许多现众的欢迎。15 岁的时候他有了自己的谈话节目。现在他通过做电视节目及广告收入挣的钱真的多得让人难以置信。

当达瑞 17 岁的时候,他已经拥有了几百万美元。

卡尔完全被"达瑞"的英雄事迹吸引了,非要缠着劳伦斯继续讲"达瑞"的故事。劳伦斯笑着拿出一本《小狗钱钱》的儿童财商教育的书籍,说道:"达瑞的故事就在这里边,不过你可不能只把它当做故事书来读,要跟书里的'达瑞们'学习,知道吗?"小家伙快乐地答应了。

金钱,并不是"童话的禁区"。从小让孩子接触金钱,培养孩子的财商,让孩子理解理财的意义,对孩子的一生都有很大帮助。

妞妞在春节的时候,收到一千五百五十元的压岁钱,她拿着这些钱特别高兴，打算给自己买一身名牌运动服、一双鞋和一个背包，然后再买一个学习机，算下来这些钱正好够用。妞妞的妈妈知道孩子已经有两身运动服，根本不需要再买，于是就只给她买了一个学习机，然后把剩下的钱帮妞妞存到了银行里。

开始时妞妞还不大乐意，后来，妞妞发现这剩下的钱派到了很多用场，远比那一身运动服实用得多，于是从先前的不高兴到最后对妈妈佩服得五体投地，还主动跟妈妈学习如何制订理财计划。

现在的小孩子大多都和妞妞一样，手里有多少钱，就想当时把它花完，看到自己喜欢的东西就买，不去管买的东西是否实用，不考虑自己是不是真的需要，只顾眼前，不去想以后是否有更需要金钱的地方。没有理财的计划，因而往往是买了一些无用的物品，钱花完了，以后必须要花钱却没有了余钱。

孩子之所以花钱没有计划，可能是因为父母特别能挣钱，对孩子如何花费放任自流，用完就给；还有可能父母也是不会计划理财的月光族，有钱就花，挣多少花多少，结果孩子也跟着父母学会了这种不良的消费方式。

父母这样做不仅不利于孩子理财能力的提高，还容易使孩子养成随便花钱的不良习惯。而孩子一旦养成了有钱就花的恶习，将来很难改变。因此，父母应该学习妞妞的妈妈，使孩子学会节省钱，以便在急需时派上用场。

不仅如此，父母还需要帮助孩子认识理财计划的重要性，让孩子学着考虑到需要钱的地方很多。列出那些自己必须要用的物品，尽量买得物美价廉，而那些孩子想要却不必需的东西则不予考虑。有了这样的理财计划，有利于限制孩子胡乱花钱，可以帮助孩子学会合理支配金钱，使每一分钱都用到真正需要的地方。

父母应该这样做

方法一：让孩子明白什么是理财计划

父母让孩子学会根据自己零花钱的多少，列出必要的支出花费，思考储存起多少钱防备以后需要时所用。同时告诉孩子理财计划可以避免盲目花钱，能够避免透支情况的出现等好处，这样有利于孩子更快地学习制订计划。

方法二：让孩子学会制订理财计划

父母让孩子学习制订理财计划，就要教孩子充分考虑到各个方面的情况，比如手里的零花钱有多少，可能花费的地方有哪些，然后一条条列出来，并留出一定的备用零花钱储蓄起来。

开始时父母可以陪孩子一起制订理财计划,随着孩子学会了统筹安排,合理分配零花钱之后,父母就可以完全放手,一切由孩子自己去做决定。这样孩子不但能够控制着花钱,而且理财的能力也随之得到提高。

方法三:让孩子严格按照计划执行

父母帮孩子制订理财计划只是第一步,第二步需要父母监督孩子严格执行理财计划,因为孩子毕竟小,控制不住自己的购买欲望,有时候看到什么好,禁不住诱惑有可能就会打乱理财计划,结果就会功亏一篑。

因此,父母要抑制孩子的购买欲望,尽量不让孩子去买理财计划以外的物品,帮助孩子把理财计划完整地执行下去。

方法四:让孩子体验到计划的好处

孩子按照理财计划严格执行下来之后,通过与以前没有制订理财计划时相比,就会体验到理财计划带给自己的好处。比如:按理财计划不去买那些没必要的物品,而省下来钱买必须要用的东西;先前所给的零花钱不到时间就花光了,现在因为理财计划的存在,使零花钱还有剩余等。

孩子体验到了理财计划的好处,就会积极地开始制订下一段时间的理财计划。

任何事情因为有计划的存在,才不会出现无法补救的纰漏,理财方面的计划也是如此,所以父母要让孩子明白理财计划的意义,体验理财计划的好处,这样孩子才会乐意去学着制订理财计划。

重视孩子的"财商"

詹姆士是今年耶鲁大学的预科新生,与大部分同学不同的是刚刚 16 岁的詹姆士已经能够负担自己的学习费用了。这完全归功于他从小的理财观念与能力。

小时候过节或者生日妈妈会给 100 元,詹姆士都会有一个使用计划:一早花一元钱,坐学校的小巴参加集体活动。从家里带了些食物,参加中午野营活动。途中经过商店下车,细看了价格标签,挑着个小伙伴喜欢的礼物,花了 10 元。下午回家,经过玩具店,花了 40 元买一些不易损坏的玩具,以便将来不要时可以转卖(投资行为)。经过银行时,把剩下的 40 多元存入自己的账户。从 5

岁到现在,他的账户上已经存了1万多元了,转成美金,可以从网上买一些有潜力的股票了,或者买一些新出的基金。这些钱不停地累积之后,将成为他上大学的费用。

常青藤教育专家认为,儿童应从3岁开始接受经济意识教育,因为他们已经萌发了花钱的念头。3岁开始辨认钱币;4岁时学会用钱买简单的用品;5岁弄明白钱是劳动得到的报酬,并正确进行货币交换活动;6岁能数较大数目的钱,开始学习攒钱意识。

瑞士:小学生挣钱体验生活

瑞士的小学里虽没有理财课程,但是却有一些实习内容,比如一个学期里专门有那么一天让小学生到任意一家公司或店铺里去打工,体验工作挣钱的艰辛。另外,学校还会定期组织模拟市场,让同学们从家长那儿进货,当然,也就是一些吃的喝的和小玩意儿,然后再拿到学校来卖。孩子们挣到的钱就用来出去露营、参观等活动的经费。每逢节假日,瑞士的一些中小学生会拿着自制的小食品和手工艺品到集市或大街上叫卖,路人一般也都很支持他们,多少会买一些。这是勤工俭学,也是体验生活,瑞士的家长从小就会给孩子灌输自食其力、勤俭节约的思想。这也是瑞士的一大民族特色。

美国:让孩子早早就学会自立

美国股神巴菲特亲自教儿童理财。去年,他在美国在线主持了一个卡通节目《神秘百万富翁俱乐部》,专门教孩子理财,小朋友可在其中学习理财课程,在商业领域中探险。据悉这是巴菲特自己想出的点子,并亲自为节目定名。美国的教育体系与美国浓厚的商业社会氛围是紧密联系的,学生在中小学阶段就掌握了基本的经济和商业常识。

美国人认为,在市场经济和商品社会中,一个人的理财能力直接关系到他一生的事业成功和家庭幸福。美国父母希望孩子早早就懂得自立、勤奋与金钱的关系,把理财教育称之为从3岁开始实现的幸福人生计划,让孩子学会赚钱、花钱、有钱、与人分享钱财。一般的美国人没有铜钱臭的思想,他们鼓励孩子从小就工作挣钱,并教导小孩通过正当的手段赚取收入。美国每年大约有300万中小学生在外打工,他们有一句口头禅:要花钱打工去!美国人常常将自己不需要的东西拿出来拍卖,而小孩也会将自己用不着的玩具摆在家门口出售,以获得一点收入。这样能使孩子认识到:即使出生在富有的家庭里,也应该有工作的欲望和社会责任感。

法国：培养计划用钱的本领

法国理财教育早在孩子3-4岁便开始，家长们大多并不主张孩子们把零用钱储蓄起来，而是鼓励他们合理地消费掉。

当孩子正式上学后，家长们便给孩子开设一个专门的账户。他们认为，与其让孩子每次向家长苦苦乞讨，还不如定期给孩子一笔零用钱并限制消费范围，这样，更有利于培养孩子计划用钱的理财本领。

在今日的法国，6岁的孩子每年平均可从家长那儿得到约600法郎的零用钱，14岁的孩子则可得到1500法郎，而当孩子进入高中时，每年获取的零用钱则可能高达6,000法郎。独立账户不仅为孩子的合理消费提供了实习场所，而且也可帮助孩子培养合理储蓄的良好习惯，即所谓的该消费时就消费，该节约时就节约。

英国：能省的不省很愚蠢

英国人的理财教育方针是提倡理性消费，鼓励精打细算，并且把他们这种理财观念传授给下一代。在英国，儿童储蓄账户越来越流行，大多数银行都为16岁以下的孩子开设了特别账户，有1/3的英国儿童将他们的零用钱和打工收入存入银行和储蓄借贷的金融机构。

英国政府最近又公布了一系列新的教学改革计划，根据这一系列计划，从2011年秋季开始，储蓄和理财将成为英国中小学学生的必修课。英国儿童事务大臣保尔斯说，儿童从5岁开始就要接受理财教育，要懂得钱的不同来源，并懂得钱可以用于多种目的；7岁到11岁的学生要学习管理自己的钱，认识到储蓄的作用，学习如何管理银行和储蓄账户，如何做预算。

以色列：挣钱和节俭一起教

很多中国人都知道犹太人对孩子的理财教育很有一套。以色列犹太人在犹太家庭教育中关于钱的教育有几大需要遵循的基本原则。首先是每个人都有明确的物权概念，要保护自己的财产，同时要尊重别人的财产，损害要赔偿，倾占要付出代价。第二，对于钱或者个人财产要知道珍惜，不可以浪费，犹太人讲究节俭。第三，知道钱怎么来的。最后，要知道钱财是有限的，智慧是伴随终身的。犹太人的理财教育最为重要的还是给孩子们关于钱的最核心的理念,那就是责任。孩子知道钱怎么来的,也就更进一步地知道了节俭。不光要节俭,还要懂得付出,懂得慈善。不光是为个人,也是为社会。

德国:理财童话打开金钱之门

一向以严谨著称的德国,面对孩子却有生动的一面。向孩子讲述理财童话故事的《小狗钱钱》风靡一时。让我们看看这本书在讲些什么吧——如果你只是带着试试看的心态,那么你最后只会以失败而告终,你会一事无成。尝试是一种借口,你还没有做,就已经给自己想好了退路。不能试验,你只有两种选择,做或者不做。你能否挣到钱,最关键的因素并不在于你是不是有个好点子。你有多聪明也不是主要原因,决定因素是你的自信程度。这些生动有趣的话语,相信孩子们在树立金钱观念外,还会学到更多的人生道理。

日本:自力更生、勤俭持家

日本人讲究家庭教育,他们主张孩子要自力更生,不能随便向别人借钱,主张让孩子自己管理自己的零用钱。日本人教育孩子有一句名言:除了阳光和空气是大自然赐予的,其他一切都要通过劳动获得。许多日本学生在课余时间都要在校外打工挣钱。在日本,很多家庭每个月给孩子一定数量的零用钱,家长会教育孩子节省使用零花钱以及储蓄压岁钱。在孩子渐渐长大后,一些家长会要求孩子准备一个记录每个月零用钱收支情况的账本。

常青藤的通行做法是,儿童从 5 岁起,就开始让他们接受以"善用金钱"为主的理财教育。7 岁以后,便要逐渐学习如何妥善处理自己的金钱。培养孩子的理财观绝不是让他们学习省吃俭用过日子这样简单的生活之道,而应是现代财商的启蒙教育,这其中包含了现代金融活动的基本知识。

教孩子理财意义大

儿童从 5 岁起,就必须在学校接受以"善用金钱"为主的理财教育。其中初级的课程包括:钱是从哪里来的?可以有什么用途?7 岁以后,便要逐渐学习如何妥善处理自己的金钱,如何用储蓄来应对日后的需要,让他们懂得如何运用自己的零用钱,控制预算和善用金融服务。

在美国,前联邦储备委员会主席格林斯潘在国会发言时曾指出,在早期教会孩子个人理财方向的基本知识是非常重要的,要改善中小学的财经教育,帮助年轻人不至于作出错误的财务决定。他认为,财务素养应当成为改进美国教育的一个重要组成部分，独立而拥有财富不应该是少数人的特权，它应该是每一位美国人的希望所在。

教宝宝使用银行卡

现金在流通领域的使用率正逐渐减少，美国被称为"信用卡王国"，就是这样的意思。有些银行已经推出了特色的生肖或星座储蓄卡，其正面是很有特色的卡通动物形象，家长可以带领孩子到银行，亲自挑选并介绍这种卡，这主要就是吸引小朋友的注意力，同时达到帮助孩子认识银行卡的目的。办理结束后，可以在自动柜员机上为孩子示范存储的过程，这样既生动又容易让孩子接受。

教孩子认识钱的重要性

接下来，就是让孩子知道"钱"的作用，因为只有这样才能让孩子从根本上体会到，家长为什么总要求自己和"钱"较劲。可以在购买日常用品的时候让孩子亲自动手，最好是在买玩具、文具、漂亮衣服的时候，让孩子全程介入。这样，孩子就可以清楚地知道，"钱"可以换来很多自己喜欢的东西，就会对它感兴趣。

培养孩子存钱的意识

要学理财，先要存钱，这点是家长必须要给孩子培养的好习惯。那怎样才能让孩子养成这样的好习惯呢？家长是孩子学习的榜样，许多家长的日常生活习惯和行为对孩子的影响很大。这样来说，首先就是家长要教会孩子储蓄，比如先购买一个漂亮的卡通储蓄罐，然后当着孩子的面每天放一些钱进去，这样孩子就会对家长的行为感到好奇，此时你可以告诉孩子，要让这个储蓄罐"吃饱"，而里面的钱可以做很多事情。家长可以通过让孩子参加家庭劳动，以向他们支付薪酬的办法，让孩子知道"钱"来之不易，要珍惜不能浪费。

跟孩子"谈钱"

有家长觉得太早和孩子谈钱不免有点尴尬，担心孩子会变得现实起来。但在美国，理财教育被称作"从 3 岁开始实现的幸福人生计划"，美国家长并不是一味将孩子关在童话世界里，而是教他们认识金钱，传授"取之有道，用之有度"的观念。

美国小学的课程内容与形式同幼儿园的没有太大的区别，低年级的小学生上学甚至不用背书包。托德说："整天读书会扼杀孩子的学习兴趣，与其让孩子做那些枯燥乏味的功课，不如让他做一些家务活，比如擦地板、修剪草坪什么的。孩子干家务活既能体会到劳动的乐趣，又可以赚到可观的零花钱，孩子一定会很开心的！"

在美国，人们通常会以拥有金钱的数额来评估一个人的价值，谁会赚钱说明谁有本事，理应受到社会的尊重。美国人是理直气壮地鼓励孩子追求金钱和财富。美国家长从不轻易给孩子零花钱，儿女向父母要钱，还要写借据。托德对每项家务活的工钱有明确规定：洗一桶衣服可赚 3 美元，擦地板、修剪草坪、清洗汽车的报酬分别为 3 美元、4 美元、5 美元。

托德说，做家务活只是让孩子体验到赚钱不容易，懂得钱不会从天上掉下来，但只知道如何赚钱是远远不够的，还应该让他学会怎样花钱。

美国中学里，除了上课外，还经常组织各种体育比赛和知识竞赛活动来丰富学生的生活。美国学生似乎并不看重比赛名次，他们只关心参赛能得到多少奖品和奖金。托德对此自有一番高论："这有什么奇怪的呢？孩子通过竞争得到自己想要的东西，这正是将来立足美国社会应该具备的生存能力。第一名只有一个，你不参与竞争将一无所获。"

30 岁以前成为百万富翁

托德说，他当高校教师的职业生涯中，与形形色色的商贾富豪打过交道，结果他发现那些在商海惊涛骇浪中能驾驭风险并获得成功的人，很多智商并不高，却有着超人的财商；这些人既善于投资，又敢于面对投资风险。为什么在世界亿万富翁排行榜上美国人不仅位居前列，而且占据了一多半。这种现象其实不足为奇，因为这是美国人长期坚持理财教育从孩子抓起的必然回报。现实生活中高智商低财商的穷人不在少数，而洛克菲勒、比尔?盖茨从商获得巨大成功的例子早就证明一个人的财商是何等重要。

按三个年龄段培养孩子的理财意识

理财专家指出，孩子理财意识的培养可以分成三个年龄阶段，即 7 岁前、7 岁到 12 岁和 13 岁到 18 岁。学龄前的孩子，主要是让他们慢慢学习有关金钱的概念,此时孩子还不具备理财的能力,因此利是钱需要家长代为管理。

7到12岁的孩子,对理财开始形成自己的概念,这个时候家长可以在银行开一个活期储蓄账户,让孩子自己去支配,并且进一步向孩子解释有关理财的基本常识,例如银行是什么,如何制定消费计划等。

13岁到18岁时,孩子对理财基本有比较成熟的认识。家长可以鼓励孩子更多元化地运用手头的资金,尝试用投资的手段使财富增值。这个阶段的孩子处于青春期,心理上已开始有独立自主的意识,有强烈的自尊心,情绪起伏也比较大,而且喜欢反抗纪律和权威。因此家长在和孩子沟通时应当尽量以朋友的姿态给建议,避免以权威压人。

教会孩子区分"需要"和"想要"

教会孩子区分"需要"和"想要",是引导孩子养成储蓄习惯的关键。"需要"是解决基本的需求,在一般正常生活水平下"需要"的东西,例如衣食住行等。对于学龄孩子而言,交通费、上学吃饭的费用、上补习班的费用、购买课外书的费用等都属于"需要"层面。而"想要"则是锦上添花的东西,可以提高幸福感,但又并非必需。对孩子而言,类似零食、漂亮的运动鞋(衣服)、玩具和游戏机等,都是"想要"的范畴。

"需要"和"想要",前者可以近乎无条件地满足孩子,后者则应当引导孩子进行取舍。在取舍的过程中,小孩会学会控制支出,逐渐养成储蓄的习惯。零用钱额度并没有一个明确的数据,可根据孩子的消费状况,计算出"需要"部分的金额,比如每周10元到20元,让孩子自行支配。

培养孩子的储蓄习惯,最好的时机就是当孩子想买一件特别的东西,但能力又不够时,父母可通过引导,让这一目标成为孩子储蓄的强大动力。

向孩子推荐基金、股票等投资方式

在孩子懂得储蓄后,家长可以逐渐向孩子输入投资理念。首先,要让孩子对资金的回报率变得敏感,为其建立一个银行账户。过年利是钱对孩子来说是笔"巨款",最好建议孩子立即存入自己的个人账户,然后再计划用途。同时,家长要让孩子明白,银行不仅可以安全地保管金钱,且随着时间推移,钱还会越来越多。当孩子对资金回报率变得敏感时,就会关注银行利率,同时也会思考怎样才能让钱更快增值。

只要孩子对财富增长产生了兴趣,家长可以适时地向孩子介绍股票、基金等投资方式，甚至可以把股票当生日礼物送给孩子，也可以建议孩子将利是钱投入证券市场。

教会孩子花钱

作为美国历史最为悠久的高校之一，常青藤盟校中的耶鲁大学经常在课堂中穿插一些理财教育。"但理财方式这么多，从哪里开始？"霍夫曼教授对他的学生问道。学生们七嘴八舌但没有人举手。霍夫曼示意杰维斯回答。杰维斯是霍夫曼非常欣赏的一个学生，理财意识超前，总能给出与众不同的答案。

"我打算从基金开始，因为基金就像一口大锅，许多投资人把钱投进去，让基金经理去投资买股票，构成一个投资组合。"杰维斯回答道，"假设你有1000块，用这笔钱以每股50元的价格购买20股股票，如果这只股票下跌40%，投资者只能以每股30元的价格卖出。但基金不同，基金经理至少购买20家不同公司的股票，假设他们用这些钱买了20种不同的股票，如果现在其中一种股票价格下跌40%，其他股票股价保持原来水平，投资者只损失2%。"

"你说的对，接着说。"霍夫曼鼓励道。

"为了投资更加平稳，可以考虑办理基金定投，因为让一个新手选择进场时机难度太大，定投可以成为投资的第一步。"杰维斯指出，"基金定投有分批投资、分散风险、长期投资、积少成多、自动扣款、省心省力的功能，比如每个月定投一定金额，假设每个月定投1000元，复制上证综合指数的模拟基金，从1991年1月开始至2008年12月共计18年，理财账户本利合计为49.19万元。"

………

在国内，许多大学生没有理财的意识，甚至不知道基金是什么概念。现有教育体制内，理财教育几乎是一片空白。早有国内外儿童教育专家提出：孩子越早接触钱，学会理财，长大后才越会赚钱。从孩子几岁的时候进行理财教育？应该如何正确引导孩子呢？这些问题却一直存在争议。其实，最初的理财教育应当从教会孩子花钱开始。

海伦发现自己的孩子对花花绿绿的纸币产生了浓厚的兴趣，卡尔总是和她要钱，买一些自己喜欢的小玩意摆弄。海伦认为自己有必要教会卡尔"花钱"了。

这是孩子成长的一个过程,每个孩子都不一样,家长应当适时介入引导,教会孩子花钱,教会孩子理财。

卡尔已经六岁了,为了培养卡尔对金钱的管理意识,海伦就和他商量:"你已经长大了,妈妈要给你一些零花钱让你自己管理,你觉得一个月多少够用?"

卡尔认真考虑后说:"公交费除外,必要的学习用具你买,一个月上学时间也就20天,你给我20元就好了。"

海伦又问:"再想想,20元不够可以加的。在这一个月中如果不够,中途不给你的,你只能等下月;如果你剩下多少,我可以双倍的奖你。但决不能买垃圾食品。"

卡尔答应妈妈的要求后,妈妈给了他20元,卡尔管理的很好,每月总能剩几元赚奖励。在卡尔花钱的过程中,海伦没有过多的关注,没有问:"你的钱干什么了?"就是到了月底结算一下,倒是卡尔忍不住和妈妈说钱的去处。原来卡尔在每个月拿到"巨款"的同时就开始制定自己的消费计划,并且能够严格地按计划消费。

在国内很多家长却不敢这样做,他们说,要是把一个月的零花钱给了我的孩子,他会一天就花完的。其实对于不会计划着花钱的孩子,应该按"周"给孩子零花钱,孩子控制不了,万一第一天都花完,等待下周给钱的日子不算太长,遇上花钱的事,孩子忍忍就过去了,孩子在等待中,也可以总结点经验。这时家长千万不能指责孩子,你既然给孩子零花钱了,怎么花是孩子的事,只要别触底线就行。更不能因为孩子一次没有管理好,就不给孩子零花钱了,"不管家不知道油盐贵"孩子也一样,你不给他机会,他就不懂得珍惜,不懂"细水长流"。家长一定要相信孩子,几周下来,孩子肯定会有进步的。

小孩儿3岁时,父母就开始教孩子辨认硬币和纸币。5岁时父母让他们知道,钱可以买任何他们想要的东西,并告诉他们钱是怎么赚来的。7岁时他们得看懂商品价格。8岁时父母教他们可以通过打工来赚钱、用劳力换取报酬,并教小孩儿把钱存在银行里,让孩子们从小养成不乱花钱的习惯。

父母应在平日里教导孩子购物时认清物品的价格及价值,然后考虑是否选购。告诉你的孩子,一个汉堡包要花20元,一只熊宝宝要30元,但妈妈的口袋里只有40元,买了汉堡包就只剩下20元,钱不够买熊宝宝了。所以要认清价值后再仔细算一下,要买最需要的东西,不能想要什么就买什么。要告诉孩子们如何在有限的金钱范围内作适当的取舍，如果处理不当后果要自己负责的。

教导幼龄儿女，不妨从数学游戏开始，比如去超市时，给他们一些物品清单，让他们去找，设法找有折扣的，或是在比较价格后，买便宜的一种品牌；到电影院看电影时，给他们5元钱，让他们去买一包5元钱的爆米花，或者把钱省下来买别的更想要的东西。这样，孩子就学会了如何选择购买需要的物品。

小学：存钱、捐款、挣外快

上了小学二三年级后，才是给他们零用钱的时候。此时家长给孩子的零用钱的数量，可能要考虑他周围的朋友们从父母那里得到多少零用钱，因为孩子们会彼此比较，总之不能多给，以免他们浪费，但也不宜太少。孩子有了零用钱可以自己支配利用，这时家长可以建议要孩子将一部分零用钱存起来，开个银行账户，是有利息的账户。到银行开户麻烦，做父母的不妨自己当孩子的银行，每个月算一次利息存入孩子的账户。长辈给的生日礼物是现金，孩子可以将钱先放进父母的银行生利息。每当孩子看到银行的存款增加时，就对存钱产生兴趣。

除了给零用钱外，鼓励年纪大一点儿的孩子，以自己的劳力赚点儿额外小钱，如帮邻居遛狗；邻居出门时帮邻居拿信件或喂猫；再大一点儿的孩子可以在附近小区当送报童。到了高中时，身强力壮的孩子可以帮邻居割草赚钱。这些都是增加零用钱及银行账户存款的好办法。当孩子有了更多的存款时，要教他们有捐献的习惯，开始也许要用"强迫"的方式要他们每月捐出一小部分的零用钱给慈善机构，不过父母需要以身作则。日子久了，孩子见多了，不必强迫，他们自然也会做善事了。

中学：做预算，防卡奴

孩子上了中学，做父母的一定要向他们说明零用钱的支出及预算要平衡的道理，不可预支也不可以透支。大孩子会花钱了，如不好好教导，很可能导致乱花钱，把钱花完了向朋友借，借不到就用不正当手段骗取，这是犯罪的根源。家长也需要注意孩子的消费行为，以免过度花费而产生不良后果，必要时家长可救急不救穷。如果孩子必须先预支，则必须在下次的零用钱中扣还，这时就得提醒孩子下次的预算要减缩，或该用劳力去赚取零用钱了。

近年来，海外很多华人都在为18岁以上的或上大学的子女办信用卡。大人们认为子女外出读书，身上有张信用卡，不用家长每月寄生活费给子女，只要一月一付账单，这是很方便的。但是太方便了，年轻人就会乱用钱，做父母的也会吃不消。成了卡奴后，最糟的结果是宣布"破产"，"破产"暂时解决了还债的问题。但是，一个大学生还没有走出大学校门就给自己留下一个很坏的信用记录。

美国规定要等七年，坏的信用记录才能消除。这期间没有信用的人是借不到钱的，房屋贷款、汽车贷款都免谈。

在让孩子拥有信用卡之前，得让他们充分了解，成为卡奴并有了不良记录的严重性，因为在社会上信用记录比学校成绩单还重要，找工作时雇主常常要查询个人信用记录。

美国学校为了让小孩子有机会学习"现金价值"，常利用家长会经营的福利社，由家长主导，让学生轮流来经营，福利社里卖些学生用品，如笔、纸、橡皮擦、笔记本等等，也卖些零食，让全校学生来购买，以小金额的物品为主，通过这些实践活动，学生可以学习如何利用零用钱，及选择买合适的东西。

慎用钱当奖惩手段

专家指出，奖惩孩子尽量不要用金钱做工具，比如孩子功课得个 A 就奖 100 元，弟弟虽也很尽力了，但不够聪明，拿一个 B 就没有奖励，不免心里不平。下次拿个 B+，仍不够好。其实，我们要教孩子尽力而为。若因孩子做错事，我们把零用钱给停了，也可能有副作用，孩子一气之下，心里不服，心想下星期不花钱就是了，结果就收不到处罚的效果。另一种常见的例子，就是邋遢的小孩常掉东西，连给的零用钱也丢了，那怎么办？专家建议，第一次发生时可以补给，第二次就不管了，由他自己负责，希望他以后能小心谨慎。

吉娅的"生意经"

儿童的世界里本没有所谓的"金钱禁区"，适时地接受理财教育对儿童健康财富观的形成有着极为重要的作用。来自常青藤盟校之一哥伦比亚大学的毛瑞尔教授经常对他的学生与一些社区的小孩们讲这样一个故事：

"吉娅，该起床了！"我听见妈妈在喊我。要不是妈妈叫醒我，我肯定睡过了。我觉得，有时候人想多睡一会儿是因为能让梦做得更长一点。

我在床上伸了个横腰。妈妈拉开了窗帘,阳光顿时撒满了整个房间。看到屋里一片狼藉,妈妈生气地摇了摇头。她一下子就发现了我的两个梦想储蓄罐,于是挨个拿起来看。当她看见我在上面写的"笔记本电脑"和"旧金山"的标题时,眉头紧紧地皱到了一起。"你怎么会有这么古怪的念头?"她问道。

我涨红了脸,激动使我全身发热,我答道:"你知道我一直想参加交换学生项目去美国的。而且我要是有了一台电脑,就能更好地写家庭作业了,所以我想要开始存钱。"

妈妈吃惊地看着我,她的手里还分别抓着一个储蓄罐。她摇了摇罐子。里边的那枚5马克的硬币撞在盒壁上,发出沉闷的响声。"这里面真的有钱,"她感到很惊讶,问我:"究竟有多少钱?"

我不喜欢和妈妈讨论下去,怕她嘲笑我的梦想,于是含含糊糊地说:"5马克。"

妈妈放下储蓄罐,紧紧抱着我,说道:"吉娅,虽然妈妈给不了你更多,但妈妈支持你的梦想,5马克距离你的交换生,你的笔记本看起来似乎很遥远,你确定你能坚持吗?"

"当然,妈妈!可是它太遥远了。"我有点沮丧。

"它当然很遥远,如果你只是这么存钱来实现它的话,其实你可以想想,你存起来的钱能不能做点小生意,搞点小投资?就像你表哥那样。"妈妈循循善诱,提到了我的表哥。

我的表哥马塞尔,只比我大10个月。我们一年里只能见上一两次。但是我听说,他一直都很有钱。可他实在很讨厌,我以前从来不和他一起玩。不过,也许他现在可以帮助我。虽然现在已经很晚了,我还是马上给他打了电话。幸好他还没有睡觉。

他刚拿起电话,我就迫不及待地说出了我的愿望:"嗨,马塞尔,是我,吉娅。我有一件重要的事情要对你说。我明年想参加交换学生项目去旧金山,所以我需要一笔钱。爸妈帮不了我,所以我得自己去挣这笔钱。"

马塞尔在电话的那端笑起来:"没有比这更简单的了,可是你让我吃了一惊。我一直以为你只是一个会抱洋娃娃的笨丫头呢,所以我也从来没有认真和你说过话。现在你却突然提出了一个真正有水平的问题。"

我真想马上挂上电话,他简直太不像话了,这个狂妄自大的家伙。我强忍着心中的怒火说:"你真不客气啊,不过我还是想知道你是怎么赚到那么多钱的。"

马塞尔挑衅地答道:"我以为你会立即挂上电话大哭一场呢。看来,你并不像我想的那么脆弱嘛。哦,你知道吗,挣钱其实真的很容易。"

他一定不会想到,我费了多大的劲才没让眼泪掉下来。我不愿意让他察觉到我心中的不快,于是我接着他的话问道:"真的很容易吗?"

马塞尔傲慢地大声笑道:"哪儿都可以挣到钱,你只要四处看看就能发现机会了。"

他接着说:"吉娅,你真的认真找过工作了吗?我是说,你有没有用过整个一下午的时间来考虑如何挣到钱的问题呢?"

我不得不承认,我考虑这个问题的时间加起来甚至还不到一个小时的时间。其实每次想这件事,我总是很快就认定自己是不会有机会的。于是我告诉他没有。

"你看见了吧,"马塞尔继续说:"这也就是你还没有找到机会的原因。不去寻找机会的人,最多不过是在走运的时候得到天上掉下来的馅饼。告诉你我为什么能挣到这么多的钱,那时因为我自己有一个公司。"

"你不是和我一样大,只有 12 岁吗?"我惊讶地叫出声来。"尽管如此,我有自己的公司。我分送面包,我现在已经有 14 个顾客了。"他解释道。

"好棒的公司呀,"现在轮到我笑话他了:"你就像一个送报员,只不过你送的是面包。"

"傻瓜,"马塞尔低声骂道:"根本不是你想的那样。我只在星期天送面包,因为星期天的面包比平时贵,而且大多数人星期天不愿意自己上街去买,所以我提出给他们送货上门。我们的面包师人很好,他给我出了许多好点子。他以平时的价格把面包卖给我,所以我每个面包可以赚到 20 分尼。另外,我每次送货上门都收取同样的费用,即 1 马克 50 分尼。这样,我每个星期天只工作两三个小时,每个月就能有 140 多马克的收入了。"

"140 多马克?这怎么可能!"我激动地叫出声来。

"这还没完呢,"马塞尔急切地说:"我每周还有三个下午在老人院工作。"

"你在哪儿工作?"我吃惊地问道。"在老人院。我替老人去买东西,或者陪他们散步。有时候我只是陪他们聊天或和他们做做游戏什么的。老人院付给我每小时 10 马克的工资,这样每个星期我又有了 70 至 90 马克的收入。最多的时候一个月可以挣到 300 马克。"

这个消息让我兴奋极了:"一个月你总共可以有四百多马克的收入。这简直是太酷了。"我想了想说："可是我家附近没有老人院……"

"而且你不叫马塞尔,你也只是一个女孩子,"他嘲弄地说："你可不可以不去想做不到的事情?你只需要去找行得通的机会就够了。"

没等我想完,马塞尔就接着说："你最好想清楚,你喜欢做什么,然后再考虑你怎么用它来挣钱。我就是这样想出派送面包这项服务的。我反正喜欢骑自行车,而现在我可以边骑车边挣钱,两不误。这种感觉太美妙了,真的。而且我每天都要敲几家的门,问他们要不要我送面包上门。我的目标是赢得 50 个顾客。那样的话,只此一项的月收入就超过了 500 马克。"

我听得入了神,但是我能找到什么机会呢?我叹了口气说："我觉得,我想不出自己能干什么。"

"你究竟喜欢做什么呢?"马塞尔问。"我喜欢游泳,还喜欢玩洋……"我赶紧改口说："还喜欢和可爱的小狗玩。"

"原来如此!"马塞尔热心地问："你怎么用它们挣钱呢?"

"用狗挣钱?"我自语道。这回我没有听出马塞尔在讽刺我。

"真是傻瓜,"马塞尔叫道："你每天不是必须带你的狗散步吗?"

"不是必须,我喜欢和我的小狗一起散步,"我抗议道："而且不许你以后再叫我傻瓜!"

"就是呀!"马塞尔大声说："那你也可以同时带其他的狗散步,然后让狗的主人付给你钱。"

听到这里,我兴奋起来："这个主意太妙了。虽然你很讨厌,但毕竟还是一个聪明的家伙。"我匆匆表示感谢,挂上了电话,因为我要立即开始制订计划了。

我认识几乎每一户邻居家的狗,它们也都认识我。而且其中的大多数我都非常喜欢。现在我既可以和他们一起散步,还可以挣到钱……

不知道什么时候,我进入了梦乡。

第二天上学的时候,我仍在考虑我的计划。我们的邻居当中有一只叫"拿破仑"的狗,它是一只牧羊犬、罗特魏尔犬和其他什么犬种的混血儿。它的主人长着一张狼一般的脸。一段时间以来,总是他的妻子带这条狗散步,而她根本不喜欢做这件事。这条狗也不太听话,一不留神,它就不知道跑到哪里去了。也许问题出在他妻子的身上,因为她压根不懂得如何与狗打交道。而她的丈夫又得了轻度中风,再也走不利落了。

我决定与"狼面人"和他的妻子谈谈。可是我连他们姓什么都不知道。

在回家的路上,我绕了一个弯,先去了拿破仑的家。刚走到门口,我就失去了勇气。我该说什么呢?我该要多少钱呢?我能直接要钱吗?我想,我还是干脆逃走算了。可是正在院子里打盹的拿破仑认出了我,径直跑到了门口。

它习惯性地大声叫着,于是它的主人走到窗前,想看一下是谁来了。他问我想做什么。机会来了。我鼓足了勇气,一口气对他说:"我想参加交换学生项目去美国,所以我需要钱,我想自己挣这笔钱。我观察过您太太,我觉得她不太喜欢带拿破仑散步。所以我想,我可以每天帮你们带拿破仑去散步。您觉得怎么样?"

我不敢看这位老先生的眼睛。我感觉到我的头开始发烫。

他用很友好的语气邀请我进屋:"我认为这是一个绝妙的主意。来,进屋坐坐,我们可以好好谈谈这件事。"

他太太打开了门,我们在厨房里坐下来。一开始,我还是不敢抬头看狼面人的脸。他看起来凶巴巴的。所以当他的妻子开始说话的时候,我松了一口气。她说:"你知道吗,每天带拿破仑散三次步,这对我来说实在是太多了。要是路上碰上别的什么狗,我根本牵不住拿破仑。你觉得你能做这件事吗?"

"拿破仑总是喜欢和我家的小狗呆在一起,"我答道:"它会跟着我和我家的小狗走的。我们可以先试一下。"

"我见过你和狗打交道的情形,"老人插话说:"我想,没有人能在这方面超过你。"他转过头对妻子说:"爱拉,我们完全可以放心了。这个女孩天生知道如何对待狗。我觉得,她几乎可以和它们说话了。"

老人转过身来对我说:"我们应该先互相认识一下。她是爱拉,我叫瓦德马,我们姓汉内坎普,写的时候 A 后面没有 H。"

"我叫吉娅,吉娅·克劳斯米勒。"我也向他们介绍了我自己。

"很高兴认识你,小姑娘,"汉内坎普先生庄重地点点头说:"那我给你提个建议,你每天带拿破仑散步,梳理它的毛,而且你要教导它听话。"老人停了一会儿,问道:"那么你要多少钱呢?"

我的脸一下子涨得通红。我还没有考虑过这个问题。他们满怀期待地看着我。我该要多少呢?"我也不知道。"我轻声说。

"那我给你提个建议吧,"老人说:"你觉得每天两马克怎么样?"我轻声算着。这就是说,一个月 60 马克,这是我零用钱的三倍。天呀,这么多钱!但是我一言不发,这让他们俩误会了我的意思,他们以为我失望了,于是又建议说:"而且你每教会拿破仑一个本领,你还会再得到20马克。"

这次我赶紧说:"我觉得好极了。我非常高兴。您们真是好人!"

他俩满意地对视了一下。"好吧,你从今天下午就可以开始了。"老太太充满期待地说。

"没问题。"我答道。于是我赶快起身告辞,妈妈肯定还在等我吃午饭呢。

我一溜烟跑回了家。我兴奋地想,挣钱真是太容易了。我就像吃了蜂蜜蛋糕一样,心里美滋滋的。我抑制不住心中的喜悦,哼起了歌。

每个孩子都应该接受一定的理财教育,帮助他们形成正确的金钱观与消费观,而在积蓄与"投资"的过程中,也正是对他们能力与人格的锻炼。

从压岁钱开始,教会孩子理财

随着 CPI 的增长,压岁钱也"水涨船高",一个春节下来,孩子们往往"赚"得盆满钵满,个个变成"小暴发户",家长们却有点"hold"不住了。他们会买这买那浪费了,还是会合理处理这些钱呢?

其实这些问题在日常生活中比较常见,因为孩子缺乏正确的用钱方法,就会出现乱花钱现象,父母常感到头痛。

与其让"巨额"压岁钱成为父母的"心头病",反倒不如顺势而为,借着压岁钱的"东风",教会孩子理财。孩子现在有一堆钱拿了,正好利用这个时机,给孩子一些正确用钱的观念教育和习惯培养,也许可以帮你解决这个问题。

1.树立用钱观念,让孩子真正了解"钱"。

在孩子很小的时候,就应该帮助孩子建立正确的用钱观念,告诉孩子钱是干什么用的,怎么用最好。

"钱是用来买有用的东西的,而不是来乱花的。"比起不让孩子花钱,一味禁止,让孩子懂得这个道理更加行之有效。

2.父母自己做好榜样。

如果父母能够做到勤俭节约,言传身教,让孩子跟着学,就很容易帮助孩子建立起好的花钱习惯。

比如过年过节,讨论买东西、送礼,父母自己就铺张浪费,孩子必然也是大手大脚。可以让孩子参与其中,看父母如何合理规划、讨论合理用钱,对他们来说是一个很好的教育。

3.有错就及时指出。

孩子可能有一些不正确的用钱方法,发现了就要立即指出,同时鼓励他们用正确的方法。

如果孩子使用了正确的方法,要立即给予奖赏,但奖赏的可不要是现金,以表扬和奖励为主。

4.给孩子建个私人账户。

可以征得孩子同意,帮助孩子建立账户,由他们自己保管,把他们的零花钱存进去,另找一笔记本,记录每一笔取出的钱的用处,让孩子自己分析哪一次用得最有意义。

培养孩子自己的事用自己钱的习惯,尽管钱是大人给的,但这样可以帮助孩子建立节约的意识。

"3年前,我带着小孙女儿去银行办了个活期存折,把她过生日得到的红包、过春节得到的压岁钱和平时奖励她的钱全都存了进去。当时和她商量,这笔钱全部用在她的学习上,去年孙女儿到一所民办学校读初中,三分之一的学费用由她在银行所存的压岁钱来交。"这个家长认为,这样可以培养孩子勤俭节约的好习惯,而且,孩子把自己所攒的钱用在求学上,会更珍惜学习机会。建议家长给孩子发压岁钱要有度,不要给孩子发太多钱。有的家长将压岁钱全部没收,看似简单安全,其实并不可取。这会让孩子产生逆反心理,在无形中打击他们自我理财的积极性。

5.试着让他们学"赚钱"。

有付出劳动,才会有回报。比如压岁钱可以统一管理,让孩子学习通过劳动来获得报偿。但要注意,不要变成赤裸裸的"做事就是为了要钱"。

6.再富不能富孩子。

人家说"再苦不能苦孩子",我们偏说"再富不能富孩子"。当然,这个是相对的,主要是说家长即便经济状况好,也不能让孩子太富有,孩子的钱用完后最好稍等一段时间,让孩子体验一下没有钱的感觉。

7.让孩子参与一些简单的家庭预算。

其实不是让孩子出多少主意,而是培养孩子对家庭负责任的意识。

别让孩子成为金钱的奴隶压岁钱的"分段政策"

不可否认,"拜金主义"确实充斥着现在的社会,在很多人心中,成功的唯一标准就是财富,有人甚至把这种理念带给了下一代。事实上,让孩子学会理财并不是一件坏事,但孩子理财的目的不应该是学习赚钱,而是让他认识到财富的来之不易,不要随便浪费。

8.给 10 岁之后的孩子话语权

一般来说,在孩子 10 岁之前,可由父母代管;10 岁之后,家长在春节前就可以和孩子好好探讨一番,听听孩子的意见,是由他自己保管好,还是由父母代管好。对于孩子来说,父母尊重他的意见,可以增强其内心的幸福指数。

9.教育孩子不要攀比

要教育孩子不去和别的小朋友攀比,否则,压岁钱会成为内心的负担。家长给别人家的孩子发红包时,具体数目也最好不要让自家孩子知道,免得孩子耿耿于怀。有的亲戚朋友给孩子的压岁钱数额很大,父母可在孩子没打开红包之前,把钱先收起来,甚至没必要告诉其具体数额。此时,善意的隐瞒,是对孩子纯洁心灵的一种保护。春节发压岁钱是对孩子的一种祝福,是一种传统文化,数额不要太大,心意到就行,否则,压岁钱就变味了。

10.让孩子学会科学消费

还有专家建议,快开学了,务必要采购一些学习用品,可以留少部分压岁钱由孩子自主支配,鼓励其根据自己的需求添置学习用品、购买课外读物,或者和孩子商量用压岁钱交学费书费,既可减轻家长的经济负担,也能培养孩子的自立精神和家庭责任感。另外,也可以教育孩子利用压岁钱给爷爷、奶奶、外公、外婆等长辈购买节日礼物或生日礼物,花钱多少无所谓,关键是增加亲情,培养孩子的孝心。也可鼓励孩子为贫困落后地区的小朋友奉献爱心,帮助失学少年儿童上学,开展一帮一活动等,培养孩子助人为乐的精神。

其实看似麻烦,但总结起来只要学会 4 种方法,就能轻松教会孩子理财。

要训练孩子有计划地使用钱。这个计划最好是在给钱的时候制定,家长只提出原则,具体内容则由孩子全权负责,家长不直接干预,但要监督、检查。教孩子使用零花钱是让孩子学会如何预算、节约和自己做出消费决定的重要手段。父母对孩子的监督检查起到了"安全阀"的作用,可以防止孩子乱花钱,还可以培养孩子把钱用在刀刃上的良好习惯。

给孩子的钱的数额应当把握在孩子有能力支配的范围之内。零花钱的多少并没有一个定值,主要依据孩子的年龄及其一周的消费预算来确定。这些开支包括:买零食,孩子日常必需的开销,如午餐、车费和买学习必需品的费用,再增加一些额外的钱以便为存钱创造可能性。对于过年的压岁钱、过生日时长辈给的钱等,太多地超出了孩子平时零用的数额,父母应建议孩子把钱存入银行,或者购买一件孩子需要的大件物品,千万不能任其无节制地使用。

　　可带孩子购物,示范明智消费。父母给孩子买东西,可以带着孩子一起去,最后通过货比三家,教会孩子买到物美价廉的东西,让他们在自己支配零花钱时更加节俭。

　　可进行模拟成人生活开支的训练。许多儿童生活在一个非现实的经济世界里,因为在家里没有太多的生活开支让他们承担。当他们长大后不得不开始自己付房租、水电费,买食物和衣服以及付交通费用时,会因缺少经验而束手无策。为了帮助孩子为未来生活做好准备,可以让年纪大一些的孩子为自己买日用品,为家里买菜、交电话费等等。一旦孩子成熟了,家长还可以翻开账簿,告诉他家中的钱是怎么花的,以帮助孩子了解该如何掌管家庭的“财政”。

　　学会了这些方法,你就能轻松搞定孩子的压岁钱问题,帮助孩子树立良好的理财意识,何乐而不为呢?

第六章 跌倒了自己爬起来

普林斯顿大学(Princeton University(NJ))位于美国新泽西州的普林斯顿。它是美国殖民时期第四所成立的高等教育学院.它是英属北美洲部分成立的第四所大学。虽然它最初是长老制的教育机构,但是如今已经成为非宗教大学,并且成为常青藤盟校之一。

普林斯顿的教师们继续了学校宗教教育的一部分精髓,那就是对孩子进行挫折教育,让他们懂得一个道理,那就是跌倒了,就要自己爬起来。

让孩子自己爬起来

有一次朋友之间家庭聚会,我无意听到杰瑞在对一个跌倒了的小朋友说:"摔倒了,要自己爬起来,是你自己不小心嘛!对不对?"当时我听了这些话,感觉很熟悉,恍然间,又回到了杰瑞更小的时候。实际上,这是当年我们教育杰瑞的时候,经常对他说的话。

杰瑞的姥爷到现在还记得,他领着四岁多的杰瑞玩,杰瑞摔倒了,他赶紧去把他抱起来,给他拍拍身上的土。没想到杰瑞自己重新又趴到地上,然后自己爬起来,对姥爷说:"妈妈说,自己摔倒了,要自己爬起来。"

虽然是幼儿的稚气和天真,但说明这种意识,已经像种子一样,在孩子的心田里生根发芽了。

这完全归功于常青藤盟校之一的普林斯顿大学开展的"做睿智父母"的社会公益活动,在这一活动中,我与理查学会了如何教育孩子。

一开始我们一见自己的孩子摔倒了,就忙不迭地去抱孩子,杰瑞还没哭呢,我们已经心疼得不行了,然后我们的情绪影响到杰瑞,本来没事的杰瑞反而哭起来了。

后来,通过"做睿智父母"活动,我们学会了很多知识。杰瑞摔到了,只要我们确定他是安全的,一般我和他爸爸都会冷处理,告诉他:"是你自己不小心,下次要注意了。"能自己站起来,就不去扶他。后来,在路上,他自己摔倒了,我们就在旁边看着,他自己站起来之后,也不哭,显示出自己很勇敢。

通过这些小事情,我们培养杰瑞为自己做的事情负责任的态度。人一生的路,就是在不停的麻烦和困难中前行。每个人的路都需要自己来走,没有人可以一直陪伴着你。在孩子成长的道路上,经常存在着一个个温柔的陷阱,这是那些过分庇护孩子的父母,亲手挖掘的。掉进陷阱里的孩子,由于没有机会去经历自己的成功与失败,从而也失去了长大的机会。

有的孩子会利用家长的心软来进行"要挟",有些孩子说:我要买什么。家长不买就躺在地上打滚;还有的孩子说:我累了,你抱我。如果家长不抱,就坐在地上哭闹……通过这些来争取一些不应有的机会,提出一些非分的要求,家长如果这时候心软一让步,就等于怂恿了他。小孩子都有这种天性,但不一定所有的天性都是正确的,有些是需要抑制的,否则,需要的时间久了,次数多了,就有可能使这个孩子养成用不良手段达到自己目的的坏习惯。

在杰瑞八九岁的时候,有一次,他的表妹摔倒了,坐在地上自己哭,不起来,杰瑞俨然一副成人教育者的口吻,对她说:"你在这里慢慢哭吧,只要你哭,我就不理你。等你哭完了,我才和你一起玩。"

小时候,我们就是这样对待杰瑞不恰当的要挟的。这说明,我们对他的教育,已经化为他的一种思想,而被他用来说服其他人了。

杰瑞小时候,每当他试图要挟的时候,我们就进行冷处理,对他说:"好,杰瑞你哭吧,哭完了,我们再跟你说。"让他明白只有通过正常的表达手段,才能达到他想要的目的。

每一代人都要经历沮丧失落的洗礼,每一个孩子都要拥抱属于自己的寒冷——他的考试会失利,他的实验会失败,他的要求可能会得不到满足,他的努力可能得不到回报,他的真情可能会被无情伤害……父母多么爱孩子,也不可能代替他去经历失败的痛苦。

在这个充满竞争的时代,几乎每个人都在学习赢的学问,我们做父母的从小灌输给孩子的教育,也是如何获得成功的技巧和决心。但是,没有一个人一生不会经历失败的痛苦,只会赢的孩子进入社会,一旦遭受挫折,就会特别脆弱。尤其一个总在赢的环境中长大的孩子,在进入社会和别人冲突的过程中,他们的缺点将会暴露出来,因为他们不懂得接受别人的想法,不懂得尊重别人的意见和妥协,因而,也就不知如何在失败和压力面前,重新振作起来,这时候即使他头脑中储存了大量的知识,对他也一无所用。

刚学走路的孩子会时常跌倒,对待跌倒的孩子,中国和美国的家长,通常采取不同的做法:

在中国,父母的普遍做法是"扶起来"。孩子不小心跌倒后,家长多半是赶快跑过去扶起孩子,给孩子拍掉身上的灰,安慰孩子不要哭。有的家长扶起孩子后不再让他自己走,而是抱着孩子走路。有的家长会以向地出气的方式安慰孩子,说"这地真坏,妈妈打它"。这样的教育方法使得孩子脆弱、独立性差、过分依赖父母。

在美国,父母会说"自己站起来"。美国父母带着孩子玩时,小孩跌倒了,父母都不去帮忙扶起来。他们通过这种方法教育孩子,让孩子从跌倒的地方自己爬起来,从小就养成独立生活的能力。美国父母的这种做法,让孩子知道跌倒是因为自己不小心,因此今后要注意不再跌倒。这样既可以锻炼孩子的毅力,又可以培养他独立生活的态度和能力。

其实,小孩子刚学会走路,跌跤是很正常的事,跌倒了自己爬起来还会继续玩。可是因为父母的过分表现,让原本很小的一件事变得严重起来。结果,有些孩子跌倒后就不再爬起来,委屈万分地等着大人来抱或是来安慰。其实,孩子在人生之初跌倒时,父母不必过于惊慌,而是鼓励孩子自己爬起来。如果男孩从小没有改变自我境遇的态度和勇气,将来也无法成为一个顶天立地的男子汉。

科学家做过一个跳蚤实验:他们把一只跳蚤放进一个玻璃杯里,跳蚤轻易地跳了出来。再重复几遍,结果仍然相同,原来跳蚤跳的高度一般可达它身体长度的 40 倍左右。接下来实验者在杯上加一个玻璃盖,跳蚤重重地撞在玻璃盖上。跳蚤十分困惑,但是它没有停下来,因为跳蚤的生活方式就是"跳"。经历一次次被撞后,跳蚤变得聪明起来,它根据盖子的高度开始调整自己跳的高度。再过一阵子后,这只跳蚤再也没有撞击到这个盖子,而是在盖子下面自由地跳动。

一天后,实验者轻轻地拿掉玻璃盖,跳蚤仍然在原来的这个高度继续跳。三天以后,实验者发现这只跳蚤还在那里跳。一周以后,这只跳蚤还在玻璃杯里不停地跳着,其实它已经无法跳出这个玻璃杯了。是跳蚤真的不能跳出这个杯子吗?绝对不是。只是它的心里面已经默认了:这个杯子的高度是自己无法逾越的。

如果孩子跌倒了,父母就马上过去帮忙,那样会让孩子没有机会树立重新站立起来的希望,估计他们也会和跳蚤一样逐渐对自己丧失信心,独自缩在角落里哀怜。人生的旅程中,绝对不会永远是平坦大道,坎坷、荆棘、困难都会与人为伴。要生存,要发展,就要同困难交锋,与挫折抗争。一个从小娇生惯养,溺爱过度的孩子,在困难面前容易跌倒,也不会自己爬起来。敢于交锋和抗争者,即便跌倒也会爬起来,最终成为命运的主人和事业上的成功者。

让孩子自己爬起来

让孩子自己爬起来,是一种战胜挫折的体验,也是坚强品格的锻炼。普林斯顿大学的老师们认为这一点是每个孩子都必须尝试与学会的。

人跌倒了并不可怕,可怕的是跌倒了没有勇气爬起来,一味等待别人来扶,或是自暴自弃,一蹶不振。马克思说:"人要学会走路,也得学会摔跤,而且只有经过摔跤,他才能学会走路。"所以每位家长都应告诉儿子"无论何时,跌倒了要自己爬起来"。

在成长的道路上,每一个孩子都会跌倒,只要每一次跌倒后自己爬起来,就会站得更稳,走得更好。从小培养男孩"跌倒了,自己学会爬起来"的习惯,在以后的成长道路上,他们才能逐渐学会如何面对困难,才能学会坚强。如果父母看到孩子遇到一丁点困难就介入其中,把孩子从困境中解救出来,充当孩子的保护神,孩子就会失去用自己的能力解决问题、克服困难的成长机会,也无从掌握解决问题、战胜困难的方法。

"天将降大任于斯人也,必先苦其心志,劳其筋骨,饿其体肤,空乏其身,行拂乱其所为,所以动心忍性,曾益其所不能。"让男孩从小受些苦,经历一些挫折,当孩子从挫折中爬起来后,才会更加坚定信心继续上路。

刚学走路的孩子会时常跌倒,对待跌倒的孩子,中国和美国的家长,通常采取不同的做法:

在中国,父母的普遍做法是"扶起来"。孩子不小心跌倒后,家长多半是赶快跑过去扶起孩子,给孩子拍掉身上的灰,安慰孩子不要哭。有的家长扶起孩子后不再让他自己走,而是抱着孩子走路。有的家长会以向地出气的方式安慰孩子,说"这地真坏,妈妈打它"。这样的教育方法使得孩子脆弱、独立性差、过分依赖父母。

在美国,父母会说"自己站起来"。美国父母带着孩子玩时,小孩跌倒了,父母都不去帮忙扶起来。他们通过这种方法教育孩子,让孩子从跌倒的地方自己爬起来,从小就养成独立生活的能力。美国父母的这种做法,让孩子知道跌倒是因为自己不小心,因此今后要注意不再跌倒。这样既可以锻炼孩子的毅力,又可以培养他独立生活的态度和能力。

其实,小孩子刚学会走路,跌跤是很正常的事,跌倒了自己爬起来还会继续玩。可是因为父母的过分表现,让原本很小的一件事变得严重起来。结果,有些孩子跌倒后就不再爬起来,委屈万分地等着大人来抱或是来安慰。其实,孩子在人生之初跌倒时,父母不必过于惊慌,而是鼓励孩子自己爬起来。如果男孩从小没有改变自我境遇的态度和勇气,将来也无法成为一个顶天立地的男子汉。

科学家做过一个跳蚤实验:他们把一只跳蚤放进一个玻璃杯里,跳蚤轻易地跳了出来。再重复几遍,结果仍然相同,原来跳蚤跳的高度一般可达它身体长度的 40 倍左右。接下来实验者在杯上加一个玻璃盖,跳蚤重重地撞在玻璃盖上。跳蚤十分困惑,但是它没有停下来,因为跳蚤的生活方式就是"跳"。经历一次次被撞后,跳蚤变得聪明起来,它根据盖子的高度开始调整自己跳的高度。再过一阵子后,这只跳蚤再也没有撞击到这个盖子,而是在盖子下面自由地跳动。

一天后,实验者轻轻地拿掉玻璃盖,跳蚤仍然在原来的这个高度继续跳。三天以后,实验者发现这只跳蚤还在那里跳。一周以后,这只跳蚤还在玻璃杯里不停地跳着,其实它已经无法跳出这个玻璃杯了。是跳蚤真的不能跳出这个杯子吗?绝对不是。只是它的心里面已经默认了:这个杯子的高度是自己无法逾越的。

如果孩子跌倒了,父母就马上过去帮忙,那样会让孩子没有机会树立重新站立起来的希望,估计他们也会和跳蚤一样逐渐对自己丧失信心,独自缩在角落里哀怜。人生的旅程中,绝对不会永远是平坦大道,坎坷、荆棘、困难都会与人为伴。要生存,要发展,就要同困难交锋,与挫折抗争。一个从小娇生惯养,溺爱过度的孩子,在困难面前容易跌倒,也不会自己爬起来。敢于交锋和抗争者,即便跌倒也会爬起来,最终成为命运的主人和事业上的成功者。

对孩子进行挫折教育

在普林斯顿大学的"做睿智父母"活动中,来自普林斯顿的教师们一直强调要对孩子进行适当的挫折教育。挫折教育是指让孩子在受教育的过程中遭受挫折,从而激发孩子的潜能,以达到使孩子切实掌握知识、本领的目的。

在教育过程中,对孩子进行挫折教育是非常有必要的。许多到达光辉顶点的人往往不是最聪明的人,而是那些在生活中遭受挫折的人,这是因为,那些自认为自己聪明的人往往会选择走一些所谓的"捷径",这些所谓的"捷径"往往会丧失一些非常有意义的锻炼机会;而那些生活在逆境中饱经风霜的人,才更能深刻理解什么叫成功。因此,在对孩子的教育过程中,对孩子进行挫折教育是锻炼提高孩子潜能的一种很好的方法。

我们每个人都会经常遭遇失败,如果明智的话,我们会接受这些失败的经历,并将此作为成功进程中的一个组成部分。但我们却常常像家长和老师一样,拒绝我们的孩子拥有同样的权利。我们通过言传身教告诉他们,失败是一件可耻的事,只有最佳的表现才会得到赞赏。

来自普林斯顿的哈维教授认为,挫折教育是不可缺少的,为了说明这一点,哈维教授向参加讲座的父母们讲了这述了他曾经的一段经历。

"我(哈维)在年轻时曾是加州一所小学的教员,唐尼是我的三年级学生中最小的一个。他是一个害羞、紧张的完美主义者,他对失败的恐惧使他从来不参与班里其他孩子玩得热火朝天的游戏。他很少回答问题——害怕会答错,写作业,尤其是数学作业,会让他陷入束手无策的痛苦之中。他很少有完成功课的时候,因为他总是反复地让我检查,以确保没有做错。

我尽力去帮他建立自信。我曾不断地向上天祈求指引。但却毫无作用。直到一个叫玛丽·安妮的实习教师被分到了我们班。她非常年轻、漂亮,并且很爱孩子们。我的学生们,包括唐尼,都很喜欢他。不过。即使是如此热情、充满爱心的玛丽·安妮也对这个害怕犯错的小男孩感到为难。

一天早晨。我们在黑板上讲解数学题。唐尼已经异常整洁地抄下了问题。并填上了第一行答案。他的进步让我很高兴。于是我让玛丽·安妮照看孩子们。我准备艺术课的材料。当我回来的时候。唐尼正在哭——他没有记下第三个问题。

我的实习教师绝望地看看我。突然间,她面露喜色,从我们共用的桌子上拿起了一个装满铅笔的笔筒。

'看,唐尼,'她一边说,一边跪在他的旁边,并温柔地将他满面泪痕的脸从胳膊上抬起。'我给你看样东西。看到这些铅笔了吗。唐尼,知道上面为什

么要附着橡皮吗？那是因为我们也会犯错误。而且是很多错误；但我们会擦掉这些错误。再试一次。那也是你必须要学会的。'

她亲了亲他。站了起来。'现在,我会留一支铅笔在你的桌子上,这样你就会记住。每个人都会犯错误,即使是老师也不例外。'

唐尼抬起头来。眼中充满了热爱。并且脸上也出现了笑容——那是我第一次在他的脸上看到这样的神情。

那支铅笔成了唐尼的珍藏。玛丽?安妮不断地鼓励、表扬唐尼。即使他只取得了一点小成就；她还逐渐使他相信。犯错误是允许的——只要你能改正错误。并再次去尝试。"

1.挫折教育能够激发孩子的潜能

在正常的现实生活中,人总有一种潜能不能被激发,这种潜能只有在一些非常的情况下才能被激发。对于孩子而言,当其遭受挫折时,便容易激发孩子的潜能,越不容易找到答案,就越能激发孩子的潜能和探究精神,从而进行研究性学习,切实掌握知识。

2.挫折教育能打击孩子的骄傲情绪

有些孩子由于受到年龄、经历、学识等的影响,往往会产生一些不应当有的错误,如:粗心大意、骄傲自满等。在这种情况下,人为地设置一些挫折让其遭受以打击其骄傲情绪是非常有必要的。当然,这种挫折应当有一定的限度,应当在事后给孩子说明,并且不是以真正打击孩子为目的,而只能是通过这种人为设置的挫折,让孩子受到教育,使其明确挫折对自己的作用,并正确认识自己的能力,排除自己的骄傲情绪,戒骄戒躁,从而取得更大的进步。

3.挫折教育能够使孩子真正享受成功的喜悦

孩子如果是通过自己的努力解决完一个难题时,那种喜悦是不言而喻的,是无法用语言来形容的,那要比从师长或书本里学到知识更让其感到欣喜。因为从师长或书本里得来的知识,是别人已经整理好的,没有什么趣味性与探究性而言,孩子的识记是枯燥无味的,而只有通过自己的努力与探究掌握的知识才是对自己来说更有意义的学习。"纸上得来终觉浅,要想绝知须躬行",说的就是这个道理。

4.挫折教育能够使孩子更好地适应现代社会

现代社会是一个充满挑战的社会,在这样的社会中,不遭受挫折是不可能的。如果孩子在学校中没有遭受挫折的洗礼,没有正确对待挫折的思想,就好像是温室里的"花朵",是不可能很好地适应社会的。而只有孩子在学校中就遭受许多挫折（无论这种挫折是主动的还是被动的），掌握了应付挫折的方法,在一定程度上讲才能够更好地适应社会。

同样,哈维教授也认为挫折教育应该针对不同年龄与性格的孩子有阶段、有方法地去实施。

第一阶段:培养孩子的信任感。

适用年龄:0~1岁,低幼阶段。

孩子的挫折教育在出生后就应该开始。这个阶段的孩子需要家长格外的照顾与养育,家长应该积极的与孩子建立健康的亲子关系,让孩子对家人及环境产生美好的信任感觉,为与孩子的沟通打下基础。

第二阶段:培养孩子的生活自理能力。

适用年龄:1~3岁,幼儿阶段。　当孩子可以站立、行走了,在确保安全的前提下,让他自己独立去完成,不要总是抱着或者帮他迈步等。孩子动作发展的同时也是心理的不断发展完善。孩子稍大后,可以让他试着料理自己的生活,在自理的过程中能够培养孩子的自信心,并迁移到以后的生活和交往中去。

第三阶段:培养孩子心理的独立性。

适用年龄:3~5岁,幼儿园阶段。　平时我们总会教育孩子要助人为乐,并且也在身体力行地帮助孩子。然而有时候需要孩子独立完成的事情,却给予过多帮助的话,反而会让孩子产生依赖心理。只要是孩子有兴趣的事情就鼓励他独立去做。

第四阶段:培养孩子解决问题的能力。

适用年龄:5~6岁,学前阶段。　孩子步入课堂后,传统的教育重视数理逻辑和语言表达能力,但这仅仅是学习的一个层面,更重要的是要培养他的求知欲,独立思考和解决问题的能力。不少孩子总喜欢打破沙锅问到底,这就是他在思考问题的表现,此时,家长应该耐心解答,即使是自己回答不出来的问题,也不要怕丢面子,可以和孩子一起查阅书籍、进行试验来探讨。

而具体到挫折教育的方法,大致可以分为两类:

1.向学生贯彻遭受挫折的思想
在现实生活中,不遭受挫折是不可能的,没有知识的人在现实生活中是会处处碰壁的。因此,教师在教学中就要给学生贯彻遭受挫折的思想,让学生有充分的心理准备,不至于遭到挫折便束手无策。教师要教育学生在任何情况下都要有敢于面对现实的勇气,在逆境中也能够顺利走出来,满怀激情地拥抱生活。教师在教学中要多给学生讲解那些身处逆境仍然自强不息、奋力拼搏的人生经历,如:在一个漆黑的山洞中,在没有任何亮光可以凭借的情况下,意志顽强的人是如何走出这个山洞的;在地震过后的废墟中,没有水,缺乏氧气,无助且坚强的人是怎样坚持直到获救的等等,这对于培养学生顽强的意志是有帮助的,并且让学生终生受益。只有这样,才能够培养学生百折不挠的探究精神,从而提高其适应社会的能力。

2. 人为地制造挫折

针对有些学生比较聪明,以及家庭、经历等诸多因素的影响,在生活中遭到挫折的机会可能很少。这种学生在顺境中应对自如,但一旦遭到挫折,便一蹶不振,对生活失去信心。对于这样的学生应人为地设置障碍制造挫折,以训练其对逆境的忍受能力,以求更好地适应生活。如可以在考试中出一些比较难的题目让学生去做,学生可能费了好大的劲却无法得出正确的答案,让其人为地遭受挫折,学生在遭受挫折的同时也加深了对知识的理解,这对于培养学生忍受挫折的能力是很有帮助的。

为孩子创造"挫折情境"

哈维为了锻炼他四岁儿子的勇敢精神和自理能力,把孩子悄悄地"丢"在闹市中,看孩子能否自己找回家。为了防止意外,他在一旁悄悄地跟着孩子,观察孩子的一举一动。以前他不止一次地教育孩子不可轻信陌生人,因此,不论谁去抱孩子,孩子都不肯。

经过一番周折,孩子找到了交通警察,并被哈维"认领"了回去。哈维又这样做了两三次,每次孩子都安全回到了家,哈维设置的挫折情境使孩子变得更加勇敢和机灵。

著名心理学家马斯洛认为,挫折可分为若干层次,从低层次挫折向高层次挫折的发展,是良好的社会状况、良好的个性成熟的迹象。挫折在形成自我激励、自我强化和坚强意志等心理素质的过程中,是必不可少的。适度、适量的挫折,能为孩子创设提高心理自我调节能力、克服困难的情境机会。

当然,我们并不建议各位家长也像哈维这样,将自己的孩子"丢"在人群之中,让他自己想办法,但父母在孩子成长的过程中,应有意识地创造一些适度的挫折情境,使孩子提高抗挫折的能力,教育孩子正确应对日常学习、生活中的挫折,培养孩子处理和应对挫折的能力。有时候,让孩子"吃点苦"更利于他的成长。

比尔·盖茨读小学时,有一年夏天,学校组织为期一周的50英里徒步行军,很多家长怕孩子受伤,不让参加。比尔的父亲却对孩子说:"这是你锻炼的大好机会,这时候才看得出谁是真正的男子汉!"为了这次活动,母亲还特地为比尔买了双新靴子。在父母的支持下,比尔第一个报名参加徒步行军。

行军开始后,因为新靴子不合脚,第一天走完8英里后,比尔的脚后跟就磨破了,脚指头上也出了不少水泡。第二天,还没走完一半路程,他的脚已经开始红肿,鲜血从裂口中流出来。老师劝他不要继续行军了,但比尔坚决不肯。老师只好打电话给他的父亲,让他劝劝自己的儿子。父亲跟比尔通话时,老师开始为比尔收拾行李,以为爸爸一定会让孩子立刻回去。这时,只见比尔一瘸一拐地回来了,兴高采烈地对老师说:"不用收拾了,我不回去!爸爸说了,他相信我,要我坚持下去,直到我自己认为可以停下来为止。"

就这样,比尔又坚持了两天,和大家一起爬山涉水,一直到他一步都迈不动了,才由母亲接回家。

无独有偶,美国前总统肯尼迪的夫人杰奎琳是位坚强而独立的女性,她的儿子约翰自幼羞怯、自卑、优柔寡断、依赖性很强。杰奎琳认为儿子之所以有这样性格上的弱点,跟缺少锻炼有直接关系。于是她在约翰11岁的时候,把他送到英国的德雷克岛"勇敢者营地"去受训,学习驾驶帆船、独木舟、爬山。13岁时,她又送儿子到缅因州的一个孤岛上学习独立生活的技能。在20天的训练中,不给食物,只给一加仑水、两盒火柴和一本在野外如何谋生的书。当约翰15岁时,母亲又送他去肯尼亚的荒野里自求生存。在约翰读中学放暑假时,她还把儿子送到"国家户外"学校,接受为期70天的训练。为了进一步强化约翰独当一面的能力,她让儿子参加和平队赴危地马拉从事地震救灾工作。

在一次次异乎寻常的训练中,约翰的表现越来越出色,终于锤炼出了刚毅果断的独立人格,成为一个自信潇洒、求实向上、理性节制、圆通练达的青年。

对普通家庭来说,让孩子吃苦,并不需要家长刻意制造"苦头"给孩子吃,只要让孩子承担他们应该承担的责任,完成应该完成的任务就能达到锻炼意志、增强毅力的目的。日常生活起居、家务劳动、学校的各种活动、社会公益活动，孩子能够参与的就让他们参与，只有流过汗、磕破皮、出点血，孩子的意志才能坚韧起来。家长需要做的是：

a.别把孩子当婴儿。

只有初生的婴儿才需要全方位、一条龙的细致关照。即便七八个月的婴儿也可以学着自己抱奶瓶喝牛奶了。许多家长可能需要不断提醒自己这一点，充分了解孩子目前的能力水平，确定对孩子的恰当期望。有些家长留恋婴幼儿对自己的依赖，孩子长大越来越独立使他们感到失落，不知不觉中就希望孩子永远长不大，并一直把孩子当婴儿看待。这种家长对孩子的依赖性，会阻碍孩子心理上的"断乳"，妨碍孩子发展独立性。

b.从吃穿开始，让孩子自理。

一岁半孩子就可以自己用手抓食物喂自己，2岁学用勺。哪怕孩子吃得满地狼藉；让孩子自己削水果皮，哪怕他削出来的苹果只剩下了一半；让孩子自己洗碗刷饭盒，哪怕他弄得厨房水满金山；让孩子自己铺床叠被，哪怕他动作缓慢像蜗牛。别怕孩子没吃饱，别嫌麻烦，别嫌孩子慢，鼓励他，教他正确的方法，孩子的进步会让你吃惊的。

c.培养孩子的劳动观念和习惯。

不会做可以学，不肯做就可怕了。如果孩子养成了懒惰、好逸恶劳的心理，就很难摆脱对家长的依赖，获得独立的能力。其实，大多数三四岁的孩子对劳动是充满兴趣的，他们会争着去倒垃圾、帮忙拣菜、扫地抹桌，但家长或怕累着他们，或嫌他们越帮越忙，总把他们打发到一边。殊不知，这样不仅剥夺了孩子能力的锻炼和在劳动过程中学习的机会，剥夺了孩子享受劳动乐趣的机会，还给孩子传达了一个错误的概念：劳动是一种负担。有的家长把劳动作为惩罚孩子的手段，"你不听话，罚你洗碗。"这样更让孩子觉得劳动是一种痛苦。所以家长自己得从根本上审视自己对劳动的看法，提醒自己劳动的价值。实际上许多家长自己是很吃苦耐劳的。为父母的总是希望把最好的东西传给孩子，为什么不把热爱劳动的优秀品质传给孩子呢？

让孩子承担一定的家务劳动，跟孩子一起唱着歌儿干活，把劳动的过程变成加深亲子关系的最好途径。欣赏孩子的劳动成果，让孩子体会到劳动所带来的成就感，赞扬孩子的干活劲头，让孩子明白爱劳动是一种美德。

d.给孩子受点"磨难"。

　　如果孩子所做的事都是家长精挑细选出来的干净、简单、容易的活儿，孩子遇到出其不意的困难时，就会备受打击，束手无策。教训和经验一样重要，不经历风雨，何以见彩虹；不遭遇失败，就难以深刻体会成功的喜悦。不时遭受小挫折的孩子，才可能不被大的打击所吓倒；在过去的挫折中学到克服困难的方法的孩子，才能同样有能力摆脱困境；有过战胜困难的经历，孩子才能对自己更有信心。让孩子吃苦受难不是故意找茬惩罚他们，而是希望孩子能从中获益，使其身体、智力、意志品质都得到锻炼。

　　所以，让孩子多走点儿路，使他在体力上更强壮；让孩子搬点儿重的东西，他可以动脑筋想出最省劲的方法；让孩子参加夏令营，他能学会适应与平时完全不同的环境，应对从未遇到的问题。城市中种类繁多、形式多样的夏令营活动愈加热闹，孩子们在夏令营里要自己动手扎帐篷，学烧饭，还要翻山越岭，涉水过河，经受着城市儿童平时难以遭遇的各种困难。这一独特的挫折教育，对培养孩子们战胜困难的勇气和毅力会有很好的效果。

　　古人早有"天将降大任于斯人也，必先苦其心志，劳其筋骨，饿其体肤"的训诫。古今中外，凡是有成就者莫不是经历了不少苦难，而后才有大作为。众所周知，周文王被囚推演出《周易》，孔子被困于蔡作出《春秋》，屈原放逐江南写下《离骚》，左丘明失明后完成《左传》，孙膑膝盖受刑后编著《兵法》。现代著名美学家朱光潜教授有句名言："有钱难买幼时贫。"许许多多卓有建树的伟人、名人无不是从艰难坎坷的少年时代经过自己百倍的努力而取得事业的成功。爱迪生、高尔基、华罗庚等，都拥有一个穷苦辛酸的童年。然而，正是这种不寻常的生活经历赋予了他们宝贵的精神财富，激励着他们奋发向上，自强不息而终成大器。

　　诚然，人们物质生活水平的不断提高是历史发展的必然，也是我们的共同愿望。提倡让孩子吃苦，受挫折，决不是鼓动人们让孩子们再去过"衣不遮体，食不果腹"的生活，也不希望孩子们再蹈前辈的困难。而是要注重从小砥砺孩子坚强不屈的意志，磨炼其不畏艰难的精神，增强其在各种挫折面前的承受能力。因此说，让整天生活在富裕之中的孩子去参加夏令营和军训活动，让他们有机会体验一下相对艰苦的环境，提高他们自己动手动脚的能力，感受生活艰难不易，珍惜父母劳动成果，激发吃苦进取精神，培养独立而健全的品格，这无疑是必要的。一位送孩子参加夏令营的家长感慨地说："孩子在家里什么也不缺，唯一缺少的就是锻炼，这一课一定得补上。"

孩子是祖国的未来,现代化建设事业需要具有综合知识、综合能力的全面人才,而这样的人才在温室里是培养不出来的。自古磨难出英雄,从来纨绔少伟男。让孩子受点磨难吧！这样,孩子们在今后的人生道路上,才会像雄鹰般展翅高飞。就能真正做到顺境不淫其乐,逆境不移其心,挫折不屈其身,苦难不堕其志,方能有大的作为。

锻炼孩子的挫折承受力

哈维指出,有些孩子之所以能够"跌倒了自己爬起来",一方面是因为家长给予了正确的指导与教育,养成了孩子这一良好习惯,另一方面也与孩子的挫折承受能力有关。孩子的挫折承受能力越强,越有可能在"跌倒"的地方"站起来";反之,一个没有丝毫挫折承受力的孩子,即使他的父母不断鼓励与教育,他仍不能走出失败的泥淖。

困难和挫折,对于成长中的孩子来说,是一所最好的大学。无论什么人,只要他没有尝过饥与渴的滋味,他就永远也享受不到食物和水的甜美,不懂得生活到底是什么滋味;一个孩子,如果他没有经历过困难和挫折,就品味不到成功的喜悦,没有经历过苦难,就永远感受不到什么叫幸福。

良好的承受挫折的能力,受到挫折后的恢复能力和百折不挠、不向挫折屈服的精神,是成功人才不可缺少的素质。培养承受苦难和不屈服于挫折的能力,对今天的孩子尤为重要。承受挫折的良好心态,是在童年和青少年时受过挫折并不断地解决困难中磨炼出来的。这是一个人素质高低的重要标志。

我们做父母的,不愿让孩子去经历苦难,总是千方百计地为孩子设计充满笑脸和鲜花的明天。但是,生活是无情的,也许有千百种灾难在等待着一个年仅几岁或十几岁的孩子,畏惧这些灾难的人,永远不会有幸福。

奥斯特洛夫斯基曾经说过:"人的生命似洪水奔流,不遇上岛屿和暗礁,难以激起美丽的浪花。"一帆风顺长大的孩子,很难创造出生命的辉煌。

关于挫折教育,早在远古时代就已经开始了。在一些原始部族里,少年男子如果想拥有成年人的权利,被社会所接纳,必须要通过一次优胜劣汰的近乎残酷的考验;大人们把这些男孩放到一个没有人烟的、野兽经常出没的恶劣困境中,让他们品尝孤独和挫折的滋味,学会面对和战胜各种困难。只有经过千辛万苦奋力挣扎返回部族居住地的男孩,才能被证明已是个成年人,是个真正的男子汉，他才能享有成年人的一切权利。这种考验可视为人类早期挫折教育的雏形。当然,这种以生命为代价的挫折教育,不免有些惨无人道。

现代社会里,尤其是一些发达国家,由于物质生活条件优越,就更加重视对下一代进行挫折教育。

可是,在我们国家,挫折教育做得却很不够。由于父母的娇宠,孩子的心理承受力相当脆弱,一点点小的挫折或失败就有可能酿成一桩惨祸。一些生活在贫困环境中的孩子,由于生活的磨炼,比家庭条件优越的孩子更容易形成良好的品质。

卢梭曾经说过:"你知道用什么方法可以使你的孩子不幸吗？这个方法就是百依百顺。"

所以,爸爸妈妈对孩子的过分娇纵、百依百顺,只会产生强烈的负面效应;妈妈爸爸无微不至的关怀,只能是让你的孩子一次次地与能磨炼他成长的艰难困苦、失败挫折失之交臂,使得他们缺乏面对挫折并战胜挫折的勇气和经验,一旦遭受到挫折,便会无所适从,一蹶不振。

巴尔扎克说过:"苦难对于人生是一块垫脚石,对于能干的人是一笔财富,对于弱者是万丈深渊。"一个人受不了委屈,经不起挫折,害怕困难,是不可能面对未来竞争激烈的大千世界的。哪位父母又能够保证,你的孩子一生不会受到挫折呢。

爱迪生说:"挫折是人生前进的动力和重要启示,在逆境中人才能真正展示自身的实力。"

那什么是挫折呢？挫折就是遭遇困难、失败,或者只是一种困难或失败在心理上的感受。

孩子在成长过程中,既充满了成功的愉快,也会遇到各种各样的挫折,从蹒跚学步,试着用筷子吃饭开始,到自己穿衣服,再到逐渐长大自己上学等,无不是从"失败—成功—失败"中成长过来的。挫折与失败在孩子的成长道路上是无处不在的。

怎样培养孩子承受挫折的能力呢？

一、正确认识挫折教育

我们提倡对孩子进行挫折教育,目的是让孩子面对挫折,并战胜挫折,从挫折中学到更多经验,使孩子成为生活的强者。

一些自认为懂得挫折教育的家长认为，挫折教育就是批评、罚站、不给吃饭，与孩子对着干，让孩子服输等。山东师范大学教科院教授孙汀兰讲，挫折教育实际就是"抗挫折教育"，在物质条件相对提高的今天，挫折教育可能更多体现在心理素质的培养上。因为归根结底，挫折只是一种心理感受。对孩子进行挫折教育，要注意以下原则：

1.弄清孩子的性格类型，看孩子的性格是外向型、内向型，还是抑郁型，要因性格施教。外向型可直言不讳，内向型要旁敲侧击，抑郁型要讲求策略。

2.多为孩子营造和谐的人际环境。如定期邀请孩子的朋友到家中聚会，多创造一些让他们自由交流的机会，鼓励孩子多交朋友，让孩子遇到挫折时，有倾诉和寻找帮助的对象，还能培养孩子的友谊感、依恋感和安全感。

3.再次，在日常生活中，多让孩子参与一些家庭决策，父母可以适当把责任下放。如买了假冒商品可以让孩子去退换，家里与物业的一些小纠纷，可以让孩子交涉等等，如果孩子成功了，要及时鼓励，说些"比爸爸妈妈强"的话。

从主观上讲，父母应该在孩子很小的时候，就给他们灌输一种思想，要学会自己解决面前的困难与挫折。

二、用积极的态度面对挫折

"不经历风雨，怎么见彩虹？"挫折是每个人都会遭遇的，你不能绕它而行，在孩子的成长过程中，酸甜苦辣都会围绕着他。阳光与乌云，鲜花与苦果，机遇与挑战，成功与挫折都将出现在孩子的生命中。无论他是直面正视，还是迂回躲闪，都不能真正地摆脱它。

人生有泪有笑，有磨难，有悲伤，也有欢唱，如果孩子能够在失望与绝望中不断超越自己，他的人生才是最美的。

再高的山峰也有峰顶，再深的山谷也有谷底，孩子的一生注定既有顺境也有逆境，既有峰顶也有低谷，所有的困难都有尽头，如果孩子奋力攀登，就可以更快地到达顶峰，如果孩子主动奋斗，就可以更快地突破逆境。

三、挫折前，父母要做好表率

父母的影响常常会让孩子终生难忘。孩子是一面镜子，他因为你个性的优点闪光夺目，也因为你身上的瑕疵而黯然失色。九十多岁高龄的日本"育儿之神"内腾寿七郎垰博士说："孩子是反应父母心灵的镜子，心神安定的母亲，其孩子也会从容不迫。"这就是说父母的言传身教很重要。当孩子遇到挫折，父母不要首先打退堂鼓，为孩子撑起保护伞，而是以身作则，自己勇敢，让孩子也勇敢，这样孩子就会受到鼓舞，在挫折面前充满勇气。

四、创设障碍，培养孩子挫折承受力

为了培养孩子的挫折承受力，父母经常故意设置一些障碍，增加孩子受挫的机会。例如，孩子的绘画不错，可是他的钢琴弹得不太好，父母就利用假日带孩子到一个同事家去，听同事家的孩子弹钢琴。同时减少对孩子的表扬次数，有时还故意找出一些问题批评孩子。

为了孩子健康成长，有时父母需要"狠狠心"，因为一次次的小挫折也会成为孩子前进的动力；因为挫折让他看到自己的不足，让他自我反省，这样他才更有进取心。

泰戈尔说："只有经历地狱般的磨炼，才能炼出创造天堂的力量；只有流过血的手指，才能弹出世间的绝唱。"挫折是阻碍，也是人生必经之坎。贪图享乐，偎依在母鸡翅膀下的小鸡，永远不可能去自己觅食。追求安逸，沉醉于老鹰呵护下的小鹰却永远不能够翱翔蓝天。作为父母，为了让孩子早一天自强，早一天去拥抱世界，那么从现在开始，就大胆地放下"保护伞"，让孩子从小就体验必要的挫折，经历失败，懂得生活的艰辛，以顽强的生存能力去迎接未来。

提高孩子"爬起来"的能力

提高孩子从跌倒处"爬起来"的能力，也就是提高孩子独立解决问题的能力。普林斯顿哈维教授的研究成果表明，孩子是否能成功解决问题，更多地取决于他的经历而非聪明。

如今的家长们或许已经认识到不能过分溺爱孩子，明白让孩子"跌倒了自己爬起来"的道理，但不少家长认为，自己的孩子年龄小，不具备解决问题的能力，实际上，即使是很小的孩子，也会运用一些策略和办法来解决问题。家长最好不要包办代替，在孩子不需要的时候擅自帮助孩子或替孩子作决定，因为一旦失去锻炼机会，孩子独立解决问题的能力就会退化，遇到问题就会束手无策。应给孩子足够的机会、适当的鼓励和具体的指导，培养孩子解决问题的能力，上好孩子成长过程中这不可或缺的一课。只有让孩子尝试着自己去解决问题，他才有重新爬起来的勇气与能力。

让孩子学着自己解决纠纷

格西三四岁时，很爱告状：谁抢了她的玩具，谁和她吵架了，有时还非拽

着我们去"裁判"。起初我并没当回事,心想孩子多半都爱告状。可后来幼儿园老师跟我反映,说格格和小伙伴玩时,不会自己处理问题,芝麻绿豆大的小事也向老师告状。老师说家长应该引导孩子学会与同伴沟通,不要什么事都告状,一味依赖大人。

我觉得老师说得很有道理,便琢磨着怎么纠正格西爱告状的毛病,让她学会自己的事情自己解决。没多久,正好遇到了一件事。那天我同事带着她女儿到家里来玩,说好了在我们家吃午饭,大人在厨房里忙,女儿一会儿就跑来告状:"姐姐坏,不给我遥控器。"原来,两个孩子一个要看动画片,一个要看文艺节目,比女儿大半岁的小姐姐握着遥控器不让换台。我说,你去跟姐姐商量,自己解决。女儿见我"不管","噔噔噔"跑回客厅,不一会儿,客厅里便传来了女儿的哭声。我过去一看,女儿正坐在地上大哭,小客人也气呼呼地噘着嘴,闹着要回自己家。

我觉得有必要借这件事教育一下女儿。客人走后,我问格西:"姐姐不让你看动画片,你怎么说的?"女儿说:"我说这是我们家的电视。""那后来呢?"女儿说:"我要抢遥控器,她不给,还把我推倒了。"我启发她:"你想想看,有没有什么好办法处理这件事?记不记得平时爸爸妈妈想看不同的电视节目时怎么做的?"女儿想了想说:

"爸爸就让给妈妈看。"我说:"对呀,那你为什么不能让给客人呢?还有,你不该说'这是我们家的电视'。假如你到别人家里去玩,小主人什么都不让你碰,说这是她家的,你高兴吗?"我引导她学着换位思考。见她不吱声,我又说:"小姐姐今天生气了,有什么办法能和小姐姐和好?"女儿歪着小脑袋想了想,说:"我请她看'动漫'。"我高兴地说:"好啊!妈妈给你电话号码,你自己邀请她吧!"过了几天,女儿果然把小姐姐邀请来了,两个人在电脑桌前头挨着头看"动漫",和好如初。

3~6岁的孩子自我意识刚萌芽,有了初步的独立意识,但他们的是非辨别能力和实际处事能力又偏弱,为了解决问题,最常用的办法就是"告状",其目的是向成人求助,因此家长要多教给孩子一些解决矛盾与冲突的策略。

在我的刻意引导下,格西自己处理问题的能力渐渐有了长进,告状也越来越少。有一次,她的脸颊被小朋友弄伤了,我当时有点急,要去找对方家长,格西却说,妈妈,他不是故意的。我觉得女儿真是长进了,遇事不但能够自己处理,还学会了包容。

充当孩子的"脚手架"

父亲：弗兰克

儿子：查尔

我觉得锻炼孩子解决问题的能力，父母要适时放手，给孩子更多尝试、体验的机会。我就喜欢做个"懒"爸爸，只要儿子自己能处理的事，我都是"袖手旁观"，顶多委婉地给他出出点子。

心理学家大卫·伍德曾说，家长应当充当"脚手架"，为孩子解决问题提供一个框架让孩子自己动脑筋、想办法去解决。我在培养儿子解决问题的能力方面，就注意采用"脚手架方式"，并引导孩子把注意力放在解决问题的方法上。

比如，查尔4岁多时，有一次到楼下玩，回来后告诉我，他的玩具枪不见了，小朋友告诉他是大卫拿走了，儿子想要回来，叫我往大卫家打电话。我告诉儿子，爸爸先不打这个电话，你自己想想办法要回玩具枪。儿子马上说："明天上幼儿园我告诉老师。"

我说这是个办法，但不是最好的办法。然后帮他分析，大卫拿走玩具枪可能不是故意的，只是玩忘了，就带走了，或者家里人突然来叫他回家，他来不及还，要是告诉老师，他该多没面子呀！再想想看还有什么更好的办法。见儿子作沉思状，我说你慢慢想，想好了自己去处理。

过了两天，儿子得意地告诉我，大卫把枪还给他了。原来他编了个童话故事，趁松松在场的时候讲给小朋友听，故事的大意是：小熊突然被熊妈妈叫走了，匆忙之中带走了小兔子的玩具，小熊发现后第二天又送还给了小兔子，正为玩具没有"回家"而焦急的小兔子欢快地蹦起来……结果，大卫第二天就把枪还给了儿子，还跟儿子道了歉。我表扬儿子："这多好，既没影响和小朋友的关系，还把枪要了回来，以后遇到事情，应该多想几种办法，然后挑选最好的去做。"

孩子在慢慢长大的过程中，会逐渐接触到各种类型的人，见识更为复杂的事情，遇到不同的问题和麻烦。在这个过程中，他会积累经验，得到锻炼，处理问题的能力也会不断增强，有时大人只要稍加指点，他便能把问题处理得比较完善。儿子6岁上学前班时遇到的一件事给我的印象很深。

有天，儿子一回来就关上门给小朋友打电话，晚饭吃了几口就放下了，他妈妈问他怎么了，他还来了句大人话："今天真郁闷！"原来，有个调皮的小朋友把儿子的笔藏起来了,上课时,儿子打手势让他还回来,老师看见了,误以为他在捣乱,批评了他,他觉得很委屈。我就跟儿子一起讨论说,这个问题有两种处理方式,一种是忘掉它,因为这样的误解生活中有很多,你可以不去理会它。另一种是说出来,设法让老师知道你受了委屈,该怎么处理你自己决定。当晚,睡觉前,妻子神神秘秘地问我:"你知道儿子是怎么处理这件事的吗?你一定想不到,儿子给老师发了封电子邮件!"原来儿子的班上开了"写打课"(练习用电脑打字写日记),老师要求孩子把写的内容用电子邮件发给她,儿子就在日记里诉说了他的委屈。后来,老师很快给他回了一封道歉信。儿子用间接、现代的方式与老师沟通,超出了我的想像。儿子处理问题的能力见长,让我欣喜地感到,"脚手架"可以慢慢拆除了。

生活中总有各种各样的苦难在等待着我们的孩子,你可以帮助他一时却帮不了他一生,我们唯一应该做的是鼓励而不是搀扶,是"授之以渔"而不是"授之以鱼"。

从下边这些父母的心得分享中我们也许更能明白如何锻炼孩子解决问题的能力。

心得1:让孩子解决生活中的问题

生活中,想当个有智慧的妈妈,就应当放手让孩子自己去解决遇到的问题,让孩子做"主角",你只要给孩子适当的引导、适度的鼓励、适宜的评价就可以了。总之,家长要做"配角",这才是智慧妈妈的典型做法。

一位爸爸下班的时候,发现已经放学的儿子在大门口使劲地开门。原来,门锁由于使用时间较长而很难打开。

见到爸爸回来,急得满头大汗的儿子赶紧把钥匙递给爸爸,说:"这锁可真难开,还是您来开吧!"

这位明智的爸爸并没有去接儿子的钥匙,而是对儿子说:"这么简单的问题都要我帮忙吗?如果我不回来你会怎么办?"说着,这位爸爸做了个无能为力的表情。

儿子起先觉得有点委屈,刚想发作,爸爸又说:"你想想看,其他人遇到这种情况会怎么处理?"

儿子想了想说:"滴两滴油在上面吧!"可是儿子马上又说,"现在不是没有油吗?"

爸爸不吭声,又过了一会儿,只见儿子高兴地一拍脑袋。于是,他放下书包,拿出文具盒,用小刀削了一点铅笔芯的末儿,然后把这些末儿倒进了钥匙孔里。门顺利地打开了。

这时,爸爸对儿子说:"我就知道你能够依靠自己来处理问题的,这才是个男子汉!"

在日常生活中,妈妈应该培养孩子对突如其来事件的应变能力。比如,遇到突然停电时,怎样去点蜡烛、开手电筒;遇到陌生人问路,应该怎样避免被骗;遇到煤气泄漏应该怎样去控制;着火了知道用灭火器扑灭,迅速转移易燃品等。这样,万一发生了什么意外的情况,孩子就能顺利应对突发情况了。

心得2:鼓励孩子自己解决人际问题

孩子是在与人打交道的过程中,学会与人相处,学会解决问题的。我们做父母的要相信孩子会通过在实践中的锻炼,最终找到解决问题的办法。

一天,妈妈让小宝去附近书店买本书。小宝买回了书,并找回了一张10元的钱币。回到家,他把书和钱一块儿交给妈妈。

妈妈拿到钱,发现钱的一角缺失了,便对小宝说:"宝儿,你把这钱拿回去,让老板给换张好的!如果老板不给换,你要考虑好如何跟老板说,他才会换。"

一会儿,小宝回来了,手里依然拿着缺了角的钱。

妈妈问小宝怎么回事,小宝生气地说:"我让老板给换张好的,老板说我无理取闹,不给我换。"

妈妈说:"你必须再去一次,想想如何和老板交涉。"

小宝又出去了,一会儿回来了,仍然没有把钱换回来。

妈妈让小宝说一下过程。

小宝有点气愤地说:"我让老板给我换钱,不然,我就不买他的书了,可老板还是不给我换,怎么办呢?"

妈妈说:"再想想还有什么办法?"

小宝又去了,不过这次回来时,手里拿着一张完整的钱。

妈妈忙问:"这次是怎么办到的?"

小宝兴奋地说:"我告诉老板,是他不诚信在先,如果他不给我换钱,我把这件事情告诉我的同学,让他们不来买他的书,他就会损失一大批顾客。老板听我说这些,就给我换钱了。"

妈妈高兴地拥抱着小宝,称赞小宝真能干。

其实,在生活中看似一件小事,让家长代劳,也许问题很快就能解决,但是,孩子以后遇到同样的问题还是不会独立处理。让孩子自己学会解决问题,不仅能让他们学会独立思考,还能锻炼他们独立解决问题的能力。

心得3:让孩子学习处理复杂的社会关系

社会是复杂的,但是,孩子必然要走上社会。因此,从小让孩子学习处理复杂的社会关系,对于孩子来说是很重要的。你要做个有心的妈妈,就得明白这个道理,并尽早训练孩子,以便在孩子长大后可以少操一些心。

华人首富李嘉诚认为教育孩子不能溺爱,更不能娇生惯养,而是应该让孩子学习处理复杂的社会关系。

当李泽钜和李泽楷长到八九岁时,李嘉诚召开董事会时,就让两个儿子坐在专门设置的小椅子上列席会议。开始兄弟俩觉得新奇好玩,瞪大眼睛,认真听着父亲和各位董事讨论工作,有时大家争得面红耳赤,吹胡子瞪眼睛,兄弟俩吓得哇哇直哭,这时,李嘉诚就对他俩说:"孩子别怕,我们争吵是为了工作,这是很正常的现象。"

有一次,李嘉诚主持董事会讨论公司应拿多少股份的问题时,他说:"我们公司拿10%的股份是公正的,拿11%也可以,但是我主张只拿9%的股份。"

董事们有的赞成,有的反对,争论不休。这时李泽钜站在椅子上说:"爸爸,我反对您的意见,我认为应拿11%的股份,能多赚钱啊!"弟弟李泽楷也急忙说:"对!只有傻瓜才拿9%的股份呢!"

听到孩子们单纯的分析,李嘉诚和同事们都笑了。但是,李嘉诚认真地对他们说:"孩子,这经商之道学问深着呢,不是1+1那么简单,你想拿11%发大财反而发不了,你只拿9%,财源却能滚滚而来。"

后来,公司虽然只拿了9%的股份,但生意兴隆,财源茂盛。

在这样一点一滴的熏陶中,李嘉诚的两个儿子不但对做生意产生了浓厚的兴趣,而且明白了怎样去处理商场中的问题以及人际之间的关系。

第七章　看谁的碗里没有剩饭

作为常青藤盟校之一的宾夕法尼亚大学同样历史悠久并闻名于世。宾夕法尼亚大学是一所私立大学，是在美国开国元勋本杰明·富兰克林的倡导下于1740年建立起来的，坐落于合众国的摇篮——费城。

翠西就毕业于宾夕法尼亚大学，在毕业之后她曾多次去非洲生活，在非洲的经历让她致力于"爱惜粮食"的宣传与教育。

杰克的"乞丐教育"

位于宾夕法尼亚州的宾夕法尼亚大学是常青藤盟校八所院校之一，以人文与社会科学学科著称。

翠西毕业于宾夕法尼亚大学社会科学学院，毕业之后从事社会科学研究工作。翠西有多年的非洲生活经验，因此她经常提醒周围的人，特别是小朋友们要爱惜粮食。

这周末，一家幼儿教育机构请来了翠西，希望她能对孩子们做一场"爱惜粮食"的演讲。翠西欣然应允。

这次活动，翠西准备的很充分，不但带来相关的图片，还准备了一些好听的有关"节约粮食"的故事讲给孩子们听，这是一位非常细心和认真的演讲者！

翠西在上课之前先告诉孩子们：今天我要讲三个问题：认识一些常见的农作物？我们为什么要节约粮食？怎样节约粮食？

在认识一些常见的农作物环节时，翠西发现玉米、小麦、稻子，很多孩子都不认识，这说明孩子们平时很少去过农田，接触这些农作物很少所以不认识。

翠西告诉孩子们：谷物，小麦，米这三类总称叫粮食，但是薯类，如地瓜，土豆，营养很高，也可以当粮食吃，所以薯类也是粮食，粮食是我们维持正常生活的最直接的来源,没有粮食,我们就要挨饿,我们喝的牛奶,吃的肉和蛋,都是奶牛、鸡、鸭、鹅给生产的,而这些动物生长,则百分之八十吃的都是粮食,所以粮食对我们来说,是直接维持生命的直接来源,我们要珍惜粮食,因为粮食来者不易!

全世界每年会浪费粮食 13 亿吨,一个中型城市的饭馆一年浪费的粮食就足够三亿人吃一年! 这真是一些惊人的数字,如果把这些粮食节省下来,很多人就不会挨饿了!

翠西告诉小朋友:这些食物的浪费一共有三个途径:消费浪费、运输浪费、储存浪费。

农民辛苦的劳动,付出汗水,我们要尊重他们的劳动不浪费粮食,那怎样才能做到不浪费粮食呢? 翠西为孩子们总结了一下几点:

1.不攀比,要有节约的好习惯;

2.吃饭时,吃多少,盛多少,不剩下,不造成浪费;

3.不挑食,不偏食,营养要均衡;

4.上饭店吃饭,吃多少,点多少,剩下的打包回家;

5.保护环境,垃圾分类放,如果污染了土地就等于污染了粮食;

6.我们要节约粮食,还要节约用水,节约一切资源。

翠西又一口气给孩子们讲了两个民间故事,都是关于浪费不好的故事,孩子们听得很认真。翠西觉得需要更多的人来知道和关注,于是就给孩子们一个任务,让孩子们告诉家人和伙伴们,节约粮食要送从现在做起。

在跟孩子的接触过程中,翠西发现很多孩子把吃了一半的饭菜扔在桌子上,有的甚至只吃过一点。然后服务员把它们收拾了,扔进桶里,最后这些收拾起来的剩饭菜连同一些其它乱七八糟的东西就被扔掉了,农民辛辛苦苦用汗水换来的东西落得如此,实在是很大的浪费。于是翠西建议老师开展一项相互比拼的活动——看谁的盘子里没有剩饭。

这项活动后来在许多学校开展,不仅是幼儿机构,甚至在中学、大学里。它利用孩子们的荣誉心,通过孩子之间的相互监督与相互“攀比”,逐渐形成一个人人自律的风尚,很好地实现了“爱惜粮食”的主题。

其实翠西这一想法完全来自于自己的朋友杰克,杰克居住在马里兰州,是个高级白领。一次翠西去他家做客,遇见了杰克的儿子,一个面黄肌瘦的小男孩。翠西感觉很奇怪,按照杰克的收入,他的儿子不应该出现这种状况啊? 翠西表达了自己的疑问,而杰克却笑而不语。

"乞丐课"扮乞丐

"我在幼儿园里做'乞丐',"孩子神气地说,"因为我足够幸运。""是啊,他正在做'乞丐'"杰克笑着说,"这可是抽签抽出来的。"

"做乞丐?"翠西怀疑自己听错了,"孩子上的这是什么幼儿园啊?"

杰克开着车,笑着向翠西讲述了事情的原委。原来,幼儿园里正在搞一个为期 3 天的"要饭"课,旨在让孩子们学会珍惜粮食,同情穷人。整个幼儿园里,只有少数几个孩子担任慈善机构的工作人员,其他的孩子都要去扮演穷人、乞丐和流浪汉,他们在这 3 天里得到的食物非常少,而且都很粗糙,这些孩子第一次尝到了挨饿的滋味,老师还在旁边进行解说:直到现在,美国还有100 万无家可归者,而在全世界,还有 2 亿人靠乞讨为生。

"那些人很可怜,"杰克的儿子说,"我能够体会到他们的感受。"

"好儿子",杰克轻轻地拍了拍儿子的头,"这次'忆苦饭'看来没白吃。"

虽然翠西当时觉得这种忆苦思甜对孩子来说是必要的,但还是感到残酷了些:要知道,他们毕竟还是孩子,正是需要营养、长身体的时候,忆苦思甜,什么时候都可以进行,耽误了孩子长身体,却是一辈子的大事。

奇怪的饥饿疗法

然而,杰克却认为,3 天的饥饿,不会给孩子带来什么损害,而一次这样的忆苦教育,却会让孩子得益一生,同时也会对世界的整体形式,完成自己的理解。

例如,杰克的儿子还曾经参加过一个"体验饥饿"的活动。在这个活动中,大家首先进行抽签,抽到的签上面写着"15"这个数字,那么就意味着,他可以成为占世界 15%的富人,吃的饭菜非常丰盛,还有专人服务。如果上面写着"25",则意味着他是世界总人口中 25%的"温饱型",即可以吃到分量尚足的米饭、少量鱼和豆子。要是抽到"60",那么他就代表占世界人口 60%的"穷人",只能吃少许没有放油的土豆,而且还得耐心排队等候领取属于自家的那一份。参加完这个活动,杰克的儿子再也不在餐桌上挑三捡四了。而且,对自己的零食,也分外爱惜起来,能节省下来的就尽量节省下来,说是要留给那些还在挨饿的穷人。原先他可不是这样的,无论什么样的零食,几乎都是吃一半扔一半。

"这是与众不同的饥饿疗法，"杰克转着方向盘，把车倒进车库，"要让孩子明白，生活不像他想象的那样简单。"

"小孩子的世界，本来就是简单的。"翠西对杰克的说法慢慢开始赞同，"人为地复杂化，会不会带来难以解决的问题？"

过爷爷那个年代的生日

"当然不会。"杰克下了车，邀请翠西到家里做客，"今天是我儿子的生日。"

美国人对孩子的生日是非常重视的，通常会请孩子的小朋友和亲朋好友在一起聚聚，准备美味可口的蛋糕和各种餐点，可是，我今天看到的情形却完全不同。餐台上摆着一个大纸板，纸板上写着"过爷爷那个年代的生日"。餐台上的食物，显得简单而粗糙，饮料竟然也是最便宜的。

杰克的爸爸坐在餐台旁，满脸笑容地看着自己的孙子。

他很开心，孙子竟然接受他的建议，按他那个年代的做法，过一个简单而热闹的生日。节省下来的钱，自然纳入了孙子的"小金库"，不过，与他那个年代不同的是，他的孙子把"小金库"里的钱，全部都捐给了海啸中的灾民们。

在我国，《锄禾》这首诗，每一个上过学的人都读过它。然而，每次，当你把那些所谓的残羹剩饭倒进潲桶的那一刻，你是否有过那么一丝的犹豫？你是否联想过，那是劳动，是心血和汗水？！也许，我讲得不够深刻，但我希望，它是一个警示：当你去打饭时，你能量"力"而行；当你准备把饭菜倒掉时，你能想起有"粒粒皆辛苦"这么一句诗！

教会孩子珍惜粮食

宾西法尼亚大学的翠西教授提倡孩子们节约粮食，并鼓励"饥饿教育"，许多家长十分认同这个观念，但真正做起来，却也瞻前顾后，不能坚持。

网友"怡吉"最近很是纠结，因为幼儿园老师要求孩子吃饭时掉桌上的要捡起来吃掉，她感觉太不卫生。在网上吐槽后，没想到引来网友反吐槽，觉得家长太夹生。营养科专家表示，家长不必担心，掉在桌上的少量饭菜，小朋友吃掉没问题。

妈妈吐槽：幼儿园要求掉桌上的饭菜要吃掉

网友"怡吉"是 80 后妈妈，由于宝宝吃饭习惯不是很好，在家时掉桌上的都要求不能再吃。自从宝宝上了幼儿园，宝宝就经常把饭桌上的饭菜捡起来吃，多次"教育"后孩子还是记不住，一问原因，原来是幼儿园老师要求的，掉桌上的必须吃掉。

"我觉得老师教育小孩节约没什么不好，关键是不卫生啊！"这位妈妈忍不住在网上发帖吐槽：幼儿园开放日的时候，看到生活老师在吃饭前把桌子擦下而已，这样就能完全擦干净吗另外，幼儿园有时候还用消毒水擦，食物沾上消毒水不是更危险吗

该网友的帖子引来众多网友回帖，多数网友表示大多数幼儿园都有这个要求，老师会要求孩子把掉在桌上的饭菜捡起来吃掉。如一位网友就说，"我家娃幼儿园好像也是这样要求的"。还有的说，"我家娃现在也是把掉桌上的饭全部捡起来吃了。问他也是说老师让这样的。无奈！只能让他尽量不要把饭吃到外面。"

不过也有的家长表示，幼儿园要求孩子把掉在外面的饭菜放到盘子里，而不是吃掉。老师说掉在幼儿园桌上的，她们都是不给孩子吃的，因为桌子是用消毒水消毒过的，虽然消毒后也用清水擦过，但也不能给孩子吃，掉到桌子上的都放进桌子上小盘子里。

网友反驳：粒粒皆辛苦，这位妈妈太"夹生"！

没想到，网友"怡吉"的吐槽引来众多网友的反吐槽，绝大多数网友觉得这位妈妈太"夹生"，太矫情，掉在桌上的吃掉是应该的，难不成把孩子放在无菌环境中长大么

网友一：我小时候爸妈也是这么要求我的，所以也没感觉有什么了，习惯了吧，只能说总得让娃融入当前社会。

网友二：锄禾日当午，汗滴禾下土。谁知盘中餐，粒粒皆辛苦。应该从小培养小孩爱惜粮食、勤俭节约的好习惯。

网友三：我小时候，吃饭掉地下，被老爹罚捡起来吃掉，我磨磨叽叽最后还是吃了，很委屈，很不情愿，但是从此以后，不再掉饭了。

网友四：放到无菌环境中养吧，最后就是没有免疫力，免疫是在抵抗中产生的，当同样的条件面对病菌时，平时太过保护的娃一定是最容易生病的，所以粗着点养吧。

一位幼儿园老师也给大家吃放心丸，她说自己原先就是幼儿园老师，做了20年了。幼儿园的桌子是先清水，后巴斯进行消毒的，都有严格的规定。不过

她表示,掉桌上的饭粒是要求放在桌子中间的残渣盘里,不会让孩子吃掉的,这个儿保所是有规定的!

专家说法:掉桌上的吃掉没多大问题

小朋友的肠胃比较虚弱,掉在餐桌上的饭菜吃掉的话会不会不卫生呢?营养学家李群首先表示"这要看桌子擦得干不干净,如果干净的话,孩子吃了没问题。"她说,其实人的消化道并不是无菌的,少量的细菌到了胃里,胃酸也可以将之杀死。

不过前提还是要干净的桌子。她认为家里的饭桌、幼儿园的饭桌应该都是很干净的,就算是掉在桌上的,小朋友吃了也无妨。但是如果是在外面餐馆吃饭,尤其是卫生状况不太乐观的小饭馆,掉在桌上的饭菜最好不要吃。"就算是桌子擦过了,也要看擦桌子的抹布干不干净。"她表示,自己在家吃饭掉桌上的会捡起来吃,但是在餐馆则不会。

"其实老师教育孩子吃掉桌上的饭,最主要的是培养孩子节约粮食的习惯。"李群表示,如果孩子连碗里的饭菜都吃不完,还要去吃掉桌上的饭菜就失去了意义,家长们与其纠结卫生不卫生,不如去烦神孩子怎样才能不浪费更好。

其实关于这个话题的争论,网友们反驳的意见大都集中在"培养孩子爱惜粮食"的问题上,无论吃掉在桌子上的饭科不科学,有没有什么问题这些都见仁见智,但唯一要坚持的就是,要让孩子养成珍惜粮食的习惯,浪费粮食。

1.让孩子懂得粮食来之不易。浪费粮食的孩子,往往不知道食物是怎样产生出来的,他们只知道有钱就可以买到很多食物。建议父母有机会带孩子去农村看一下农民是怎样播种、锄草、施肥、浇水的,让孩子体验"粒粒皆辛苦"。

2.不给孩子浪费粮食的机会。浪费的习惯是慢慢养成的,虽然孩子没有把碗里的食物吃净,父母也把碗洗净了;当桌子上剩的菜孩子不爱吃的时候父母就会倒掉。这样就给孩子留下了浪费的机会。建议父母给孩子定量的食物,吃不完不可轻易倒掉。

3.父母不要吃孩子剩下的饭菜。有的父母见孩子吃不完的饭菜,要么倒掉,要么自己拿起来吃掉。这样做会使孩子产生依赖心理,认为剩饭也很正常。如果孩子剩了饭菜,父母可视情况或督促他们尽量吃掉,或让他们把剩饭留下来下顿再吃。这样,孩子慢慢就会养成吃多少盛多少的好习惯。

4.带孩子去吃自助餐的时候,要给孩子讲明礼仪,要求孩子吃多少取多少,或者每次少取,不够再去取,而不要让孩子养成不是自己的东西就可以随便浪费的习惯。

饥饿教育势在必行

美国的天堂动物园里,新来了一个喂河马的饲养员。老饲养员给他上的第一堂课,让他有点接受不了。听起来也确实有点离奇。老饲养员告诉他,不要喂河马过多的食物,不要怕它饿着,以免它长不大。新去的饲养员听了这话,十分纳闷。心想,世上怎么会有这种道理,为了让动物长大,而不要喂过多的食物。他没有听老饲养员的话,拼命地喂他的那只河马。在他喂养的河马前,到处都是食物。人们无不感到他的仁慈和善意。但两个月后,他终于发现,他养的这只河马,真的没有长多大。而老饲养员不怎么喂的那一只,却长得飞快。他以为是两只河马自身的素质有差别。老饲养员不说什么,跟他换着喂。不久,老饲养员的那只河马,又超过了他喂的河马。他大惑不解。老饲养员这时才一语道破天机:你喂的那只河马,是太不缺食物,反而拿食物不当回事,根本不好好吃食,自然长不大。我的这一只,总是在食物缺乏中过生活,因此,它十分懂得珍惜,是珍惜使它有所获得,有了健壮。珍惜是一种正常的生命反应,甚至是一种促进,是生活中的需要,而不是离奇的假说。

养河马的人,从日常生活中都发现了一个真理,不能"好好"喂养他们的动物。或说不管怎样,得让他们有点费劲,学会去争取,只有努力去争取而得到东西,其实才是好东西。

生活中有许多我们并不需要的东西,但就是因为我们得到它很困难,又十分费劲,还不一定能够得着,我们才去珍惜,才觉得它贵重。天下有许多事,一旦容易了,就等于过剩,人们就会抛弃它。不管它是多,还是少,它的原有价值都会被降低。

对于现在的孩子来说,他们没有体会过饥饿的滋味,在生活中他们养成了偏食、挑食、倒饭等坏习惯。如果人为的,故意让他们饿几顿,这种不好的习惯慢慢就改过来了。

中国句古语叫"若要小儿安,忍得三分饥,耐得三分寒"。这句话原先是针对肉体而言,其实于精神上亦是这样。

无独有偶,苹果前CEO乔布斯,在史丹福大学2005年的毕业礼上向学生说："Stay hungry,stay foolish." 意思是人应该经常保持在一种处于饥饿的状态，并带有一种愿意做傻事的心境。这句话很有教育意义的，可作为人生的座右铭。

饥饿是什么感觉呢？

20世纪30-40年代出生的国人都知道，在1958年前后那几年，流行的民谚是："只要喝顿饱稀饭，能上山掏老虎娃"，说这句话的这位老人，看到现在的孩子到处乱丢馒头时痛心疾首地说："你看，现在的孩子，都是吃饱了撑的，1958年的时候，谁要是能让我喝顿饱稀饭，我就能上山给他去掏老虎娃子。"

20世纪60-70年代出生的青年人都知道，那时的他们是边放牛边学习，边劳动边学习。

20世纪80年代以后出生的青年人，恐怕没有人能够真正的体会对于饥饿的记忆，感觉那离我们有点远，但可以从文学作品中找到，作家萧春雷曾说过："饥肠辘辘才是人类的真正主人，推动我们在风霜雪雨中四处觅食，推动我们创造了今天的生活方式。狼因此出林，鹰因此离窝，农人因此耕作不息。"英国讽刺小说家斯威夫特说道："为我计时的是胃，而不是钟。"饿着肚皮数着星星等待黎明和秋收的到来，这种饥的感觉，这种饿的记忆，才是人类丈量时间和生命的最初标尺。

饥饿中走过的人，对饥饿的感觉那是记忆犹新的。

可是，今天我们的孩子并没有感受到饥饿。怎样才能让现在的孩子们感受到饥饿呢？那就是吃"苦"。

中国人说，难得少年穷。人需要穷过，才知道饥饿的滋味，尝过这种滋味，才会明白为甚么乔布斯会主张要"补"饥饿之"苦"教育。

饥饿会使人心如明镜，才思敏捷，富于远见。饱食会使人的思维麻木，智力减退，懒于功修。（鲁格曼，《古兰经》中记载的古代贤哲。）

我要饿一天饱一天，当我感到饥饿的时候，我要忍耐；当饥饿解除的时候，我要感恩。（艾哈迈德，阿富汗的创建者和第一个统治者艾哈迈德）

捕鱼用的鱼鹰，只要吃饱，它就不去捕鱼了。所以我们的民俗说一个人懒就会说，你看他像个滑鹰样，只吃不干。为什么会这样呢？因为它吃饱了。所以说玩鹰人在鱼鹰下河捕鱼之前，一定要用一条小绳拴着鹰的脖子，但又不能勒死它，中间有一出气孔，捕到的小鱼能自己吃了，捕到大鱼就是玩鹰人的了。

再看一看，马戏团里的小狗，小熊，为什么能表演1+1=2,2+3=5,3-1=2，它们怎么会演算呢？这是剧团工作人员有训练"绝招"，有"秘方"。训练的"绝招"和"秘方"是什么？一个字——"饿"。

试想：如果工作人员不能把握适度的喂养方法，总是让小狗小熊吃的饱饱的，它们能乖乖听话吗？它们还会如此表演吗？

我们的孩子如何才能变的更聪明，善于思考，简单说就是两个字，有意的"冻"他，有意的"饿"他；孩子一冻他就会去运动，运动促进新陈代谢，加快血液循环，增强了体质，孩子适当的饥饿，他吃饭也香，胃口也大开，不再挑食，不再骂人，也就自然变得聪明了。

凡是一个孩子，他不知道什么是饥，什么是饿，只知道饱食终日，他怎么会聪明呢？"三分饥寒"不但激发孩子的智力，还能增强孩子的抵抗力。我们何乐而不为呢？

有一种聪明叫"饥饿"，其实，"饥饿"疗法在医学上，有时还能帮助人治病。

现如今，在很多家长的头脑中，有这样的错觉，认为只要孩子吃得好，吃得饱，身体才能健康。基于此，作为家长心疼孩子，总是强迫孩子吃饭，连哄带吓，各尽所能地让孩子多吃，君不见一日三餐，鸡、鸭、鱼肉倾情投入；君不见各种零食琳琅满目，果冻、饼干、巧克力、杏仁露、娃哈哈、营养快线、太子奶等等。可以说五花八门，应有尽有。目前，我国城市儿童，青少年已经全面进入肥胖流行期，而北京等大城市则是儿童肥胖的"重灾区"。

与此相反的是美国在这方面的教育开设了一门课，叫做"要饭课"，是小学生必修的一门课程。这种"要饭课"规定："要饭课"为期三天，其中由少数学生担任慈善机构工作人员，负责发饭，其他学生则分别扮演流浪汉，乞丐或穷人。学校想用这种饥饿滋味教育学生，同时也提醒孩子，现在全世界仍有 10 多亿人每天都在饥饿的贫困线上挣扎。

关键在于节约意识

翠西教授在总结了一系列关于爱惜粮食的教育经验之后，认为孩子是否能够做到爱惜粮食，关键在于节约意识的培养。这种节约意识不仅表现在爱惜粮食上，也体现在其他方面。

翠西在好朋友杰克家做客时，结识了杰克的儿子，一个喜欢当"乞丐"的小家伙。翠西通过观察发现，这个小家伙不仅不会浪费粮食，而且对于其他东西也十分注重节约,俨然一个"节约达人"。

比如,小家伙会用过期的台历来做便条,将用过的作业本翻过来当做草纸……用小家伙自己的话说"反正还能用,扔了太浪费,何况还有那么多孩子用不到"。

这样的孩子无疑使受欢迎的,哪个家长都希望自己的孩子如此懂事。

建议一:父母要做到勤俭节约

培养孩子勤俭节约的习惯要先从父母做起,生活在什么样的家庭孩子就会养成什么样的生活习惯,如果父母知道节俭,不浪费,孩子自然就能学会勤俭节约。如果父母根本不注意日常生活,总是在吃穿等方面与他人攀比,孩子自然也会学会攀比。

建议二:让孩子不浪费食物和学习用品

培养孩子勤俭节约的习惯就要从日常生活中的小事做起,从孩子小的时候就教起,不能等到孩子浪费的习惯已经养成再让他改,也不要认为小事情无所谓,只要不浪费大的东西就可以。俗话说"由俭入奢易,由奢入俭难"一旦养成奢侈的习惯就很难变得节俭了。

因此,在孩子小的时候就要严格要求孩子不要浪费食物,吃不完的东西留着下次吃,在外面吃饭点食物的时候要按自己的饭量来确定,不能什么都要,到后来剩下。不能浪费纸张和铅笔等学习用品。衣服,鞋子能穿就行,不要总是和别人攀比。让孩子懂得一粒米。一滴水、一度电来之不易,都是人们辛勤劳动换来的。历史上的陶侃(东晋时大官)由于受他母亲良好的教导,一生勤勉俭朴,连造木船剩下的碎块木屑都收藏好,备以后用,这一美谈流传至今。

建议三:让孩子用挣钱来懂得勤俭节约

让孩子学会节约最有效的手段就是让孩子直接参与到财富创造的过程,让孩子学会自己去挣钱,知道挣钱的辛苦和不易,孩子在生活中就不会大手大脚花钱了。比如让孩子做家务赚零花钱。

让孩子自己挣钱不是目的,而是通过这样的手段让孩子明白钱是怎么来的,并不是一张口就有的。体味到挣钱的辛苦,当然就不会随便浪费了。同时也会想到父母挣钱不容易,知道感恩父母,节约开支。

建议四:让孩子看到祖辈是怎样生活的

父母的行为可能给孩子的感触还不深,爸爸可以让孩子和祖父母,外祖父母多接触一下,让孩子从他们身上看老一辈人是怎么样生活的。

祖辈们很多都经历过穷苦年代,他们更能做到勤俭节约,爸爸让孩子和他们接触,让他们给孩子讲一些早年间他们是如何生活的故事等,使孩子对铺张浪费现象有所反省,进而做到节约。

建议五:指导孩子如何使用零花钱

首先家长给孩子零花钱要有计划,要限止数额,不要有求必应。应根据孩子年龄大小、实际用途和支配能力,定时定量给予。读一二年级的孩子,每次可少给些,时间间隔可短些,随着年龄增大,一次可给得稍多些,时间间隔也可长些,如每星期或每十天给一次。其次,家长要过问孩子把钱花在了什么地方,每次给钱时,可让孩子说说上次的零花钱用在哪里。用得不当,应予批评,甚至暂停"援助"。有些家长要孩子记账,过几天查一次账,这不失为一种好办法。另外,家长要鼓励孩子该用的地方要大大方方地用,能少用的就不要多用,能不用的尽可能不用。总之,要教育孩子既不乱花钱,也不要养成吝啬的"守财奴"性格。

建议六:给孩子准备一个旧物收藏箱

父亲可以给孩子准备个旧物收藏箱,让孩子把暂时不用的东西都放进去,这样不仅能给孩子以后带来美好回忆,还能让孩子养成节约的习惯。、

因为有了这样一个箱子,孩子可以盛放自己当前不想用的衣服,鞋帽,玩具、别人送的有纪念意义的东西等。当孩子需要买什么东西的时候,可以到箱子里找找或许能让这些东西再发挥作用。这样就会节约一笔买新东西的钱。

建议七:　最后,要培养孩子理财投资意识

"节俭和储蓄是美德"这种传统的价值观在人们生活中始终牢固不变。由于社会、学校合力引导孩子学会花钱、学会节俭,美国许多学校的学生都很会存钱。教育部和邮政储蓄银行每年都开展全国性储蓄运动, 每年的运动都有不同的主题。

而我们很多父母鼓励孩子把钱放进储蓄罐,等到一定时候,打破罐子得到一笔不少的钱财,却少了利息。我们不妨给孩子办个零存整取,或搞个贴花储蓄,这些不但有储蓄效果,还能得到一笔利息。有没有投资意识,具不具备理财本领,对跨入新世纪的人来说,是十分重要的。

养成勤俭节约的习惯,既能培养孩子合理分配财物的能力,又能锻炼孩子独立生存的能力。能够做到勤俭节约的孩子,将来一定取得更大的成功。

感恩意识要先行

翠西曾带领社区的孩子与家长们开展了一项名为"一片面包的旅行"的活动,让孩子了解农民是如何通过艰辛的劳动,把一粒粒种子变为粮食,而工人们有事如何把粮食加工成面粉最后成为面包的。孩子们认识到面包背后的劳动过程,自然会心存感恩,从而节俭。

感恩,要走在节俭教育的前面。

现如今的孩子多数是独生子女,在家的地位可谓是"位高权重"。全家一切以孩子为中心,而孩子们从小到大都是扮演被爱的角色,久而久之,很多孩子认为从家长那里得到东西是理所当然的,生活中只知道索取,不知道回报,自然不会想着去关心别人和感激他人。所以教育孩子"学会感恩"是一件十分重要的事情。

感恩是一种美德,一种情感,一种生活态度和生活方式,它来自于对生活的爱与希望。让孩子学会感恩,就是让他们懂得尊重别人,对别人的给予心存感激。因此,父母应该让孩子从知恩、懂恩开始,学会感恩、报恩。

一个穷苦学生为了付学费,挨家挨户地推销货品。到了晚上,发现自己的肚子很饿,而口袋里只剩下一个硬币。然而当一位年轻貌美的女孩子打开门时,他却失去了勇气。他没敢讨饭,却只要求一杯水喝。女孩看出来他饥饿的样子,于是给他端出一大杯鲜奶来。

他不慌不忙地将它喝下。并且问:"应付多少钱?"

而她的答复却是:"你不欠我一分钱。母亲告诉我们,不要为善事要求回报。"

于是他说:"那么我只有由衷地谢谢了!"

当他离开时,不但觉得自己的身体强壮了不少,而且信心也增强了起来,他原来已经陷入绝境,准备放弃一切的。

数年后,那个年轻女孩病情危急。当地医生都已束手无策。家人终于将她送进大都市,以便请专家来检查她罕见的病情。

他们请到了郝武德·凯礼医生来诊断。当他听说,病人是某某城的人时,他的眼中充满了奇特的光辉。他立刻穿上医生服装,走向医院大厅,进了她的病房。

医生一眼就认出了她。他立刻回到诊断室,并且下定决心要尽最大的努力来挽救她的性命。从那天起,他特殊观察她的病情,经过漫长的奋斗之后,终于让她起死回生,战胜了病魔。

最后,计价室将出院的账单送到医生手中,请他签字。医生看了账单一眼,然后在账单边缘上写了几个字,就将账单转送到她的病房里。

她不敢打开账单,因为她确定,需要她一辈子才能还清这笔医药费。

但最后她还是打开看了,而且账单边缘上的一些东西,特别引起她的注意。

她看到了这么一句话:"一杯鲜奶足以付清全部的医药费!"签署人:郝武德·凯礼医生。

她眼中泛着泪水,心中对郝武德·凯礼医生充满了感激。"感恩"是一种对恩惠心存感激的表示,是每一位不忘他人恩情的人萦绕心间的情感。学会感恩,是为了擦亮蒙尘的心灵而不致麻木,学会感恩,是为了将无以为报的点滴付出永铭于心。在生活中,如果我们每个人都不忘感恩,人与人之间的关系会变得更加和谐、更加亲切。我们自身也会因为这种感恩心理的存在变得更加愉快和健康。感恩一切,内心才会时刻充满温暖,活在感恩中,人才会幸福快乐。

人们生活在这个世界上,时时接受着各种"恩赐":父母的养育、师长的教诲、爱人的关爱、朋友的友善、大自然的慷慨赐予……然而,对于这些恩惠,有很多人似乎觉得这一切都是理所当然的,没有丝毫的感恩意识。这种现象在孩子身上尤为突出。

曾听过这样一个故事:

有一位归国的老华侨想资助一些贫困地区的学生,于是,在有关部门的帮助下,给多个有受捐助需要的学生每人寄去一本书,随书将自己的电话号码、联系地址以及邮箱等一同寄出。老华侨的家人很不理解老人的做法:为什么送一本书还要留下联系方式?在家人的不解中,老人一直焦急地等待着什么,或是守在电话旁、或是每天几次去看门口的信报箱、或是上网打开自己的邮箱。在期盼之中老人不知等候多少个日日夜夜,直到有一天,一位收到书的学生给老人寄来祝贺节日的卡片(也是唯一与老人联系的学生),老人高兴极了,于当日给这位同学汇出了第一笔可观的助学资金,同时毅然放弃了对那些没有反馈消息的学生的资助。这时家人才明白,老人是在用他特有的方式诠释

"不懂得感恩的人不值得资助"的道理。

可见,现在的孩子不懂得感恩,这已经是一个不争的事实。为人父母要特别注意,除了教孩子勤读书、有礼貌、守秩序外,也要培养孩子感恩的心。因为懂得感恩的人,才懂得爱,而在爱中成长的孩子一定健康快乐。所以要让孩子学会"感恩",对帮助过自己的人都应该怀有感激之心。

树立孩子的感恩意识

只有学会感恩,我们才能明确责任;只有学会感恩,我们才能体味真情;只有学会感恩,我们才能感受幸福,享受生活。现在许多孩子缺乏感恩意识,所以我们必须进行感恩教育,唤醒感恩情怀,让孩子学会感恩。

在生活中,很多孩子认为,接受父母给他们准备的一切是理所当然的。而不少父母也不遗余力地爱自己的孩子,甚至超出了他们的能力,但他们的付出不仅没有换来孩子的满心感激,孩子还总觉得自己不幸福。稍有不如意,就怨天尤人。为什么会出现这种情况?主要原因是家长们忽视树立孩子的感恩意识。

有句名言:"人如果没有感恩的意识,那与禽兽有什么两样呢?"感恩是中华民族的传统美德,是一种处世哲学,是一个人对自己和他人以及社会关系的正确认识;感恩也是一种责任,知恩图报,有恩必报,它不仅是一种情感,更是一种人生境界的体现。

培养孩子学会感恩,不仅仅是一种美德的要求,更是生命的一个基本要素。只有让孩子知道了感恩,他们的内心才会充实,头脑才会理智,人生才会有更多的幸福,常怀感恩之心,这个世界才会变得更加美丽。

从某种意义上来说,缺乏感恩意识的孩子,无论他的能力多么出色,是难以成为真正意义上的强者的,因为社会难以接受和认可不知道感恩的人。因此,父母要想把自己的孩子培养成一个强者,必须培养他们的感恩意识。

学会感恩从感谢父母开始

在人的一生中,对自己恩情最深的莫过于父母,是父母给予了我们生命,是父母辛勤地养育着我们,我们的成长凝结着父母的心血,所以我们要牢记父母的恩情,感恩父母。

那天,她跟妈妈又吵架了,一气之下,她转身向外跑去。

她走了很长时间,看到前面有个面摊,香喷喷热腾腾,她这才感觉到肚子饿了。可是,她摸遍了身上的口袋,连一个硬币也没有。

面摊的主人是一个看上去很和蔼的老婆婆, 看到她站在那边, 就问:"孩子,你是不是要吃面?"

"可是,可是我忘了带钱。"她有些不好意思地回答。

"没关系,我请你吃。"

很快,老婆婆端来一碗馄饨和一碟小菜。她满怀感激,刚吃了几口,眼泪忽然就掉下来,纷纷落在碗里。

"你怎么了?"老婆婆关切地问。

"我没事,我只是很感激!"她忙擦着泪水,对面摊主人说,"我们又不认识,而你就对我这么好,愿意煮馄饨给我吃。可是我自己的妈妈,我跟她吵架,她竟然把我赶出来,还叫我不要回去!"

老婆婆听了,平静地说道:"孩子,你怎么会这么想呢?你想想看,我只不过煮一碗馄饨给你吃,你就这么感激我,那你自己的妈妈煮了十多年的饭给你吃,你怎么不会感激她呢?你怎么还要跟她吵架?"

女孩愣住了。

女孩匆匆吃完馄饨,开始往家里走去。当她走到家附近时,一下就看到疲惫不堪的母亲,正在路口四处张望。这时,她的眼泪又开始掉了下来。

的确,我们常常会为一个陌生人的帮助而感激涕零,却忽略了父母给予我们细小琐碎而又无微不至的关怀。

教孩子学会感恩,首先让孩子从感谢父母开始,要让孩子知道,即使是来自父母那最简单的衣食,最质朴的关怀,也无不倾注了父母对他们的辛劳和热爱。这种爱是独一无二的。这样孩子才能珍惜自己拥有的一切,理解并爱着父母。

在日常生活中,父母应该时刻创造条件启发孩子学会用感激、感恩的心态去面对自己的付出,让孩子先从感恩父母开始,比如让孩子知道父母为自己做事后要说谢谢等,通过这种小的事情、小的情绪让孩子熟悉这种感恩的状态,并最终知道如何表示自己的感恩。

第八章 呵护孩子的"第一次"

史蒂芬教授任教于耶鲁大学,讲授教育专业。他不仅是一位渊博的学者,也是一位善于为大家排忧解难的智者。

史蒂芬提倡父母应多关爱孩子,特别是要精心呵护孩子的"第一次":第一次进步、第一次尝试、第一次发现、第一次提问以及第一次成功与失败等等。走好第一步,才能更好、更坚实地走下去。

鼓励孩子的第一次尝试

耶鲁大学(Yale University)是一所坐落于美国康涅狄格州纽黑文的私立大学,创于1701年,是美国历史上建立的第三所大学。

耶鲁大学教育专业的史蒂芬教授闻名业内,不仅因为他的专业知识,还因为他的一个特质:家长之友。史蒂芬经常帮助那些苦恼的家长们来管教他们的孩子,他分析孩子的性格,为家长们提出可行的参考意见。

有一次,史蒂芬去看望一位朋友。刚一进门,就听到朋友惊恐地对儿子麦克大叫:"麦克!小心点!不要弄伤了手!"

原来,四岁的麦克正打算帮妈妈收拾桌子,他刚拿起桌子上的一只玻璃杯,就遭到了妈妈"善意"的提醒。

"宝贝,你会把杯子摔破的,要是割到你的手指,会很疼的。"朋友一边说,一边夺下麦克手中的杯子。麦克悻悻地走出了房间。

"你这样可不好,这会伤孩子自尊心的!"史蒂芬提醒朋友。

"什么?自尊心?小孩子有什么自尊心?"朋友疑惑地问道。

"你的做法明显是不相信麦克的能力,他一定会认为你是在小看他,觉得他没有能力做好这件事情。"史蒂芬继续说道。

"哦,你也太多心了。我不是小看他,而是想要保护他,不希望他受到不必要的伤害。"朋友解释道。

"但是,麦克肯定会觉得沮丧。"

"这怎么可能呢?"朋友根本不相信史蒂芬说的话。

史蒂芬看了朋友一眼,轻轻地敲开麦克的房门。麦克正低头坐在床上,神情沮丧。

"麦克,你这是怎么了?"朋友问道。

"妈妈,我是不是很没用,一点小事都做不好。"麦克抬起头,小声说道。

朋友愣住了,她很惊奇地看了史蒂芬一眼,好像很奇怪他为什么会知道小麦克的感受。史蒂芬轻轻地拍了拍朋友的肩膀,示意她好好与孩子谈一下。

事实上,孩子在成长的道路上,必然要尝试许多事情。在不断的尝试中,他才会获得成功的欢乐与生活的体验。如果父母出于保护孩子的目的,而剥夺了孩子尝试的权利,那么,孩子就永远无法获得成功、取得进步,他就会越来越没有自信。

在孩子尝试做某件事情的时候,父母首先要用赏识的眼光欣赏孩子,然后不断鼓励孩子勇敢地迈出尝试的第一步,去获取成功的经验。

有时候,父母甚至需要引导孩子尝试新鲜事物。

一对夫妻带着儿子去游乐场玩。当男孩对秋千产生好奇,爸爸就把他抱到了秋千上。男孩刚刚坐上秋千,秋千就摇晃起来。男孩吓得大叫:"爸爸,我害怕,我会摔下去的!"

男孩的妈妈一阵紧张,赶紧上前说:"多危险呀,你赶紧抱他下来吧!"

但是,这位爸爸却没有这样做,他对男孩说:"你抓住两边的绳子,就不会掉下来的。"

"不,我害怕!"男孩缩起身子,一动也不敢动。

"那好吧,我抱你下来。但是,我可要先玩一会了!"说着,爸爸把男孩抱了下来,自己却坐上去。只见他抓住绳子,来回晃动几下,秋千就开始摇荡起来,不一会儿,就荡得很高很高。

"爸爸,你真厉害!"男孩看到爸爸荡得这么高,高兴地欢呼起来,并露出了羡慕的神情。

爸爸见儿子心动了,于是说:"要不,你再来试试?"

男孩高兴地同意了。

这一次,男孩尽管有点害怕,但是,仍然坐在坐板上不住地扭着身体,希望把秋千荡起来。他的动作十分难看,秋千也没有荡起来。

一旁的妈妈看着男孩滑稽的动作，哈哈大笑起来："宝贝，你这是在荡秋千吗？简直是身上长虱子了！"

男孩一听这话，似乎有点泄气。

这时，爸爸连忙说道："不是的，刚开始要想秋千荡起来，都要这样做的。我们的儿子做得很好，一会儿就会荡起来的。"

妈妈听出了爸爸的意思，连忙说道："哦，我想起来了，第一次荡秋千的时候就是这个样子的。"

"是吗？"男孩听到妈妈这么说，一下子就来劲了，"那我再用力荡几下！"

"是这样的，"爸爸及时鼓励道，"每个人第一次荡秋千的时候都很害怕，总是害怕会摔下来。实际上，只要你紧紧抓住绳子，是不会摔下来的。"

男孩的秋千开始荡起来了，爸爸微笑地看着他说："爸爸第一次荡秋千的时候，也是害怕得要命，一动也不敢动。你比爸爸强多了，我相信你一定能荡得很好的。"

"真的吗？我现在荡得好不好？"男孩明显很高兴，秋千已经随着他的动作摇荡了起来。小男孩的欢笑声回荡在天空中。

每个孩子在尝试做一件事情的时候，都会有恐惧的心理，害怕自己做不好。这时，如果父母出于保护孩子的目的，说："算了，多危险，不要做了。""小心点，你会伤到自己的！""你不能做这个，太危险了！"这样，孩子想要尝试一下的微弱的愿望一下子就会被父母的呵斥赶跑。

如果父母对孩子说："没事，来试试吧，但是要注意……"鼓励孩子尝试，同时教给孩子必要的防护方法和知识，就可以防止孩子出现一些不必要的伤害。

孩子在尝试的过程中，如果表现出缺乏自信，父母可以拿自己与孩子相比，尽管父母会比孩子强，但是，善意地对孩子说："孩子，你比我强多了！"这又会对父母有什么伤害呢？而实际上，对孩子来说，这会给他极大的信心。他会认为自己并不比别人差，只要再努力一些，甚至会做得更好。

当孩子表现出想尝试某件事情的时候，你应该说："真棒！许多孩子都不会做这件事呢！"

你还可以说："做得不错，爸爸第一次做的时候可没你做得好，你比爸爸强多了！"相信孩子这时能够极大地鼓起信心和勇气。

尽管孩子做得并不好，作为父母，你应该对孩子说："真行，第一次就可以做得这么好！下次一定可以做得更好！”

心理学研究证明：每个人内心深处最本质的需求就是“显示自己的重要性”。一旦自己的重要性得到别人的肯定，就有了积极向上的动力，就能发挥出自己的潜力。对孩子来说，尤其如此。孩子在成长过程中，要探索陌生的世界，要学会很多原本不会的东西，需要战胜无数的困难；而能够支持他们不断前进的，只有家长的肯定和鼓励。鼓励能增强孩子的自信，激励孩子不断尝试，勇敢面对困难和挫折，从而开创自己成功的人生。

在孩子的成长过程中，会不段的探索学习周围的世界。

在日常生活中，有些父母对孩子的教导，总是充满了不满和指责。一些家长在孩子学习新事物时，看不到孩子所付出的努力，总是心急火燎地希望孩子一学就会，还要求做得完美无缺。

六岁的女孩儿芳芳正在学习洗自己的袜子。

“天呐！你哪里是在洗袜子，根本就是在玩水嘛！”妈妈心急地把水龙头拧紧，“你知道吗？水费又涨了，还这么浪费水。”

芳芳噘起了嘴，本来以为帮妈妈洗袜子会得到表扬，现在没戏了。

“你看看你，洗什么嘛！洗了老半天，袜子还这么脏。多用一点肥皂粉，全部重新洗过。”芳芳不情愿地挤了一堆肥皂粉，弄得脸盆里都是泡沫。

“你在搞什么鬼呀！弄得全是泡泡，这样很难洗干净的。”

“我不洗了啦！”芳芳生气地大哭着，狠狠地把袜子摔回脸盆里。

六岁的芳芳第一次开始学做家务，她的本意是想帮妈妈的忙，显示自己的能力，当然也想得到妈妈的表扬。而妈妈的苛求与指责，却挫败了孩子学习做家务的积极性；同时也在传递着让孩子沮丧、受挫的信息。如此做的结果，可能使芳芳以后再也没兴趣去尝试做家务，再也不积极主动地去尝试新的事物，长此以往，甚至可能造就孩子自卑的人格。

反之，如果妈妈先肯定她主动帮妈妈做家务的良好动机，再耐心细致地教她洗袜子的方法，即使她一时做不好也积极鼓励；她从中就不仅学到了做家务的本领，也在家中得到了归属感，培养了她对家庭的责任心。以后她就会更积极主动地为家庭出力，锻炼出许多的能力，也培养了主动、积极、乐观、自信、负责、坚定等优秀的个人品质。

赞美孩子的每一次进步

　　蒂娜是一名钢琴老师,这段时间,她正在教一批新学生学钢琴。在这批孩子中,有一个叫鲁恩的小男孩,他学钢琴非常刻苦,虽然刚开始的时候入门比较慢,但后来慢慢地进入了状态,弹得越来越好,她觉得这个孩子很有潜力。

　　可是,蒂娜发现鲁恩已经两个周末没有来学琴了。她感到非常奇怪,于是她拨通了鲁明家的电话,接电话的正是鲁恩。

　　"鲁恩,这两个周末怎么没有来学琴呢?"

　　"妈妈不让我去了。"鲁恩小声地说。

　　"为什么不让你来了呢?家里有什么事吗?"

　　"没什么事,因为妈妈认为我学不好,再学下去也是耽误时间。"

　　"怎么会呢,你学得很努力,进步也很快,妈妈为什么会这么说?"

　　"我每次学完琴回家,妈妈总让我弹给她听。每次弹完,她都说弹得不好,一点进步都没有,就不让我学了。"

　　挂上电话,蒂娜为鲁恩的妈妈感到悲哀。

　　无视孩子的进步,仅仅因为孩子没有达到"最佳"或自己心目中理想的标准,就全盘抹煞孩子的成绩,这是对孩子的一种伤害。也许在无意中,会因为父母过高的期望而葬送掉一个科学家或艺术家。

　　孩子在学习或者生活中总会有一些让父母不满意的地方,譬如成绩没有别人好,做事没有别人快,脑筋没有别人聪明,但是,孩子一直都在进步,这才是最重要的。

　　史蒂芬教授认为,父母应该珍视孩子的进步。在孩子看来,只要自己取得一点点进步,父母就应该是高兴的,就应该表扬自己。可是有的父母不会站在孩子的角度看问题,总是用大人的标准要求孩子,因而孩子很多时候很难达到父母的要求。这样一来,孩子就很难看见自己的进步,就会产生自己没有用的想法,从而丧失了前进的动力。

　　因此,随时都要看到孩子的进步,尤其是在孩子表现不好或者成效不明显的时候,不要打击孩子的信心和积极性,而是应该善于发现孩子哪怕是一点点的进步,对孩子的表现给予宽容,对孩子的进步给予赏识,这将会让孩子建立或者重新建立做好事情的勇气和信心。

期末考试的成绩下来了,达达只考了第二十名,而他的同桌考了第一名。

回到家, 他问妈妈:"我是不是比别人笨?我觉得我和同桌一样听老师的话,一样认真地做作业,可是,为什么我考第二十名,而她考第一名?"

妈妈抚摸着达达的头, 温柔地说:"你已经比以前进步了, 以后会越来越好的。"

第二学期的期末考试,达达考了第十五名,而他的同桌还是第一名。达达还是想不通,又向妈妈问了同样的问题。妈妈还是说:"你比上学期又进步了,以后会越来越好的!"

达达小学毕业了, 虽然他还是没有赶上他的同桌, 但他的成绩一直在提高,已经进入前十名了。

暑假里,妈妈带达达去看大海。母子俩坐在海滩上,看那些在海边争食的海鸟。他们发现,越是体型比较小的鸟越能迅速地起飞;而那些体型比较大的鸟,如海鸥却显得非常笨拙,起飞很慢。这时,妈妈对达达说:"儿子,海鸥虽然起飞慢,但是真正能飞越大海、横穿大洋的还是它们。"

初中的时候,达达的成绩已经名列前茅了。到了高中,他成了全校著名的尖子生,最后以全校第一名的成绩考入了名牌大学。

这个故事是耐人寻味的。

发现并赏识孩子的进步,不仅影响到孩子学习和做事的效果,而且还会影响到孩子对学习和做事的态度。我们发现,孩子喜欢某一门课程,很多时候是因为放学回家后有人愿意了解他们的学习情况, 并肯定他们的进步。有的孩子说:"我喜欢音乐课,因为回家后可以唱歌给爸爸妈妈听, 他们可喜欢听了。"也有的说:"我喜欢数学课,因为回家后算数经常得到妈妈的赞扬。"如果我们对孩子的进步不听、不看、不肯定、不赞扬,孩子的学习态度肯定会受到打击。

有这样一段很精彩的话:假如你的孩子不能成长为参天大树,那就让他做一棵默默无闻的小草吧, 他一样可以给你带来春天的美丽;假如你的孩子不能成为一片汪洋, 那就让他做一朵最小的浪花吧, 他同样可以带给你跳动的喜悦;假如你的孩子不能成为一位名人,那就让他做一个平凡的人,无论是地地道道的农民,或是普普通通的工人,也无论是一名军人还是一位商人,只要他诚实、正直、善良、上进,为父母者都应感到骄傲,因为他们培养出来的孩子是一个对社会有用的人,这就足够了。

当孩子在学习和生活中取得进步，哪怕是很小的进步，作为父母，你都应该说："孩子，你比以前进步多了，继续努力，一定会越来越好的。"

当孩子做事的成效不明显时，不要打击孩子的积极性，要对他说："你每天都在进步，别着急，会好起来的！"

许多父母对孩子期望很高，却又很吝啬赞美自己的孩子。他们常常摆出一副长者的面孔责备孩子，以为这样才是教育，其实却忽视了赞美所带来的奇妙的教育效果。适宜的赞美能产生多方面的教育效果。有利于培养儿童良好的行为习惯和道德品质。儿童道德品质形成的最初阶段，是非观念模糊、自制力差。因此成人的引导、奖励与赞美至关重要。赞美儿童，能激发他正确的外在动机，产生好的行为，并能强化儿童所完成的这一行为，以后当他碰到类似事情时，便知道该怎么去做，并逐步形成良好的行为习惯和心理定势。

史蒂芬在观察过许多家庭对孩子的教育之后发现，那些对孩子的"第一次成长"表现出高兴、赞美、鼓励的家长往往更能培养出优秀的孩子。细心发现孩子的成长，呵护他的第一次发现，赞美他的进步与成就，对孩子的成长来说意义重大。那么究竟该如何赞美你的孩子呢？

小孩的成长是一个非常漫长的过程，成功要一点一点地实现，而不是一蹴而就。因此，对于孩子在跋涉的过程中出现的每一点进步，家长都应格外敏感并及时地给予赞美。

戴尔?卡耐基曾说过："当我们想改变别人的时候，为什么不用赞美代替责备呢？纵使只有一点点进步，我们也应该赞美他，只有这样才能激励他，不断地改进他。"

一、鼓励孩子点滴的进步

有一部电影开头，男孩的旁白是这样的：我叫杰瑞，今年 8 岁，我一点也不笨，我每科成绩都拿甲等，但是我的妈妈却很少称赞我，还常常骂我为什么不再拿更高一点的分数。

很多孩子都是处在这种尴尬中，无论他们做得多好，在家长那里都得不到认可，家长总是告诉他们"不断进步，不断进步，不断进步"，可是每一次孩子取得进步他们却没有给予赞美。

每一个孩子都具有天生向上的本能和把事情做好的自信。赞美孩子的每一点进步，会让孩子更充满前进的信心和勇气。

小军是班级里有名的小书法家。小时候，妈妈给小军买来字帖，但从来不强迫小军练习，小军高兴了就拿出来写两页。但只要小军一写，妈妈就会立即走过来，显示出欣赏的表情："这字是怎么写的？很好啊！你什么时候学的呀？怎么比上次提高得这么快？"不管写得好不好，小军总能得到妈妈这样的赞美。

写完后，妈妈还总要在小军写的字上画圆圈，帮助小军修改指正。她常对儿子说："只要今天比昨天强就好。"在小军感觉到每一次的进步时，就有了更加努力练习书法的劲头。

妈妈还喜欢收藏小军的作品。从小军刚开始学用毛笔写字的时候，妈妈就开始"收藏"，无论是那些写在废包装纸上，或是写在废信封上的歪歪扭扭的字，还是现在很规整的书法作品，妈妈都像"宝贝"一样收藏起来。

这更让小军有了被珍视和关注的感觉，后来慢慢地真的爱上了书法。就这样妈妈把小军拉到了书法这个门里。

赞美也是从一点一滴开始，今天孩子的考试成绩从 40 分提高到了 50 分，学会了自己缝补衣服，自己找到了一个错别字……这些看起来芝麻绿豆的小事，如果家长能够重视起来，并及时地给孩子赞美，那么明天孩子的成绩可能就是从 50 分提高到了 60 分，学会了做更多家务，错别字慢慢就消失了。"你今天把脱下的袜子自己洗干净了。"就这一句赞美，会提醒孩子记住自己洗好袜子。

其实赞美能给孩子以他所需要的价值感、信任感和自信心。成人对儿童小小的成功表示赞美，可以强化儿童获得成功的情绪体验，满足其成就欲，并能使孩子自我感觉良好，激发他继续尝试的兴趣和探索的热情，努力维持这种赞美或希望再度获此"殊荣"。

另外，赞美可以增强孩子对父母的信任感。

经常奚落或责备孩子的父母很难赢得孩子的信任。父母对孩子的言行作出正确的评价，并经常予以赞美，家庭里会产生一种新的气氛，有助于父母与孩子之间建立积极的关系，使彼此之间更接近，并产生信任感。孩子的积极性也会提高。因此在某种程度上，赞美说明了孩子生活中重要人物对他的尊重与爱护。

坚持原则。由于溺爱，有些父母无原则地对孩子的种种行为加以赞美，造成孩子是非不清、骄横跋扈的坏习惯。孩子按大人的要求去做了，并做得很好，就应该及时赞美，做了不对的事情，即使孩子哭闹，耍赖皮也千万不要迁就他、说好话。否则,赞美就会失去原有的积极意义。

及时赞美。孩子做完某件事或正在进行中,就给以适当的赞美和鼓励,效果很好。如果一时忘记了,应该设法补上去。如:孩子在老师的说服下,吃饭时终于肯吃蔬菜了,父母应立即予以赞美。

就事论事。不要直接赞美孩子整个人,而应该赞美孩子的具体行为。也不要夸大其词,这样会使孩子沾沾自喜,自以为了不起。如:孩子对七巧板十分感兴趣,常常拼出一些新颖的图案,"这孩子真聪明。"这种赞美就显然不恰当,而应当就事论事,可以这样说:"这个图案真不错。"否则,言过其实的赞美会给孩子播下虚荣的种子。

当众赞美。孩子应当得到赞美时,应当着别人的面前得到。孩子的成绩当众传播了,这就是双重的奖励。如,孩子的妈妈说:"孩子很懂礼貌。"以后孩子总是十分小心地维持这种赞美,并且养成懂礼貌的好习惯,每次将客人送到门外,都会说:"再见,请以后再来玩。"

掌握分寸。孩子经过努力做出了成绩,或者他做完了他理所应当做的事情,他都应该得到赞美。但在日常生活中,注意不要重复赞某件事情,当孩子养成良好的习惯后,就可以适当减少对孩子这一方面的赞美。赞美孩子并给予适当的奖励或是亲吻或是搂抱,都会给孩子以奇妙的力量。

"数子十过,不如赞子一长。"年轻的父母们,学会赞美你的孩子吧!

包容孩子的第一次失败

呵护孩子的第一次,不仅仅是赞美他的进步,鼓励他的尝试,也包括容忍、宽容他的第一次失败。史蒂芬认为孩子的第一次失败可能成为是一种宝贵的财富,这种失败的经历帮助孩子更好地成长。而这种财富的获得关键在于父母的态度。

在与众多的家长交谈中,史蒂芬发现大多数家长谈得最多的是孩子的不足之处:学习成绩如何的不长进,做事情如何的毛手毛脚等。

有一个孩子曾经说,她想帮妈妈做点事,于是主动去洗碗,可不小心把碗摔到了地上,结果遭妈妈一顿痛骂,还说以后家里的事不准她插手。她说自己很伤心,摔破碗自己也不是故意的啊!自己洗了袜子,妈妈也总是嫌她洗不干净,每次都重新拿去洗一次。另一个孩子说:"我妈妈每次都叮嘱我:'这次考试一定要考好,再考砸了,你就别回家吃饭!'我听后心里一直忐忑不安,谁不想考好啊?可谁又能保证每次都考好呢?她越这样说,我的压力就越重,压力越重,我越紧张,紧张了就很难正常发挥,结果还是考砸了……唉!"还有一个孩子也说:"我妈妈天天在我耳边念叨:'你一定要好好学习,成绩一定要考好,不能掉队啊!'我每次参加任何比赛,她总是要求我获奖,一定要给他们争气……弄得我每次都很紧张,老怕令他们失望。"

家长们如此要求孩子,一味地要求孩子成功,而不允许失败,这是很不现实也很不理智的做法。不是有"失败是成功之母"之说吗?犯过错或经历过失败之后的心情一般都很难受,也特别惧怕父母的责备和批评。破罐子破摔、不求上进、不想获取好成绩、不想得到荣誉的人是极少数的。孩子年少,做事情很难专一,注意力很容易分散,又缺乏耐心和吃苦精神,学习不用功,考试成绩不理想,做事患得患失等都是很正常的,关键是做大人的怎样去引导、帮助、指点、教育。父母们要鼓励孩子不断地去尝试,使他们在一次次的失败中吸取教训,积累经验,多给他们锻炼意志力和增加阅历的机会,使他们慢慢走向成功,才是上策。

当然,做父母的,望子成龙、望女成凤心切可以理解。但过分的对孩子求全责备,反而会加重孩子的负担,影响了他们的正常发挥,有害无益。所以我还是真诚地奉劝父母们:孩子有失败并不可怕,可怕的是他们失去自信心。

孩子好奇心强,常常看见大人们做什么,就吵着要做什么。男孩子看见哥哥或父亲骑自行车,就会哭着要骑自行车。虽然他的脚还踢不着踏板,却总是跃跃欲试。女孩子看见母亲洗衣,有时也哭着要洗衣。这既是孩子的一种好奇心,但同时也是孩子独立意识的表现,表现他们和大人一样也能够做。因此,在他们要求这样做时,不要随便对他们泼冷水:"你人才比车子高一点,就想骑车子,别把车子摔坏了。"或者:"人小小的,就想洗衣,反而把衣服洗脏了!"

这样泼冷水很容易伤害孩子的自尊心,妨碍他们的成长。虽然孩子确实是大小了,还不可能做这些事,但孩子有了这种独立意识,有自己尝试的意愿,作父母的就应该尽力从旁协助,给予孩子自由发挥的机会。这对孩子的成长很重要;而且当他们尝试时,没有做好,也不应苛责。因为任何事情都有一个学习和熟悉的过程。因此,对孩子给予协助和适当的鼓励是最可取的方法。这样,孩子的上进心才会愈来愈强,进一步向自己的能力挑战。

那天,学校组织一场学生才艺表演比赛。有一个小女孩,看得出表演很用心,但还是不幸被淘汰出局了。小女孩在台上哭得很伤心,尽管主持人想尽了一切鼓励的话语来安慰她,小女孩还是不停地哽咽着,然后非常不情愿地转身下台了。

在后台那个小女孩的母亲情绪很激动,一把抓住小女孩瘦弱的肩,大声地斥责,责怪女儿表演不成功,没有发挥水平,而且当着那么多人痛哭流泪,太丢人。小女孩耷拉着脑袋,眼里闪着泪花。

做父母的,往往都是望子成龙、望女成凤,处处对孩子严要求,事事要孩子成功,不许失败。这种心情可以理解。但是,孩子毕竟只是孩子,他没有生活的阅历和经验,还处在最初的摸索阶段,不可能做什么事都有一帆风顺。试问,哪个做父母的不是在磕磕绊绊中走过来的。可以说,失败是每个孩子必须面临的人生课题。

当孩子失败的时候,自己会感到沮丧、自责和后悔,如果家长再一味批评,不仅会伤害孩子的心,而且有可能引起孩子的逆反心理,产生反抗的情绪,甚至会自暴自弃。

父母不允许孩子失败,是因为我们只看到了失败带来痛苦的一面,却忽略了失败的价值和意义。当我们因为孩子没有达到要求而生气指责的时候,别忘了孩子还在成长,他有权失败。尊重孩子失败的权利,就是对孩子终将成功的信任,而这种信任,将是孩子战胜失败的勇气和动力。

当孩子为"失败"而难过时,父母不应以怜悯的态度对待孩子,或者在孩子面前唉声叹气,更甚至劈头盖脸地责骂孩子,正确的方法是让孩子明白,失败、错误没什么大不了的,人人都可能碰到,勇敢、聪明的人会从失败中吸取教训,继续努力。

1.告诉孩子,失败了没关系

学习、活动总有胜败、输赢,怎么给予孩子评定是一门艺术。因为孩子本身不具备自我评价能力,大多数是靠他人对自己的态度来进行自我认识。

当孩子为"失败"而难过时,父母不应以怜悯的态度对待孩子,或者在孩子面前唉声叹气,更甚至劈头盖脸地责骂孩子,正确的方法是让孩子明白,失败、错误没什么大不了的,人人都可能碰到,勇敢、聪明的人会从失败中吸取教训,继续努力。

允许孩子失败,也是对孩子能够成功的一种信任。

2.让他体验成功的喜悦

当孩子获得成功,体验到快乐时,大脑里会释放出"脑内吗啡",这种化学物质会驱使孩子想重复这一经验。所以,从这个角度,我们可以说"成功是成功之母"。

在做游戏、玩玩具、做手工、参加竞赛及做家务等等活动中,鼓励孩子大胆尝试,适当引导,让孩子可以通过一定努力品尝到胜利的喜悦。比如,当孩子跃跃欲试想帮妈妈洗碗时,不要嫌麻烦,或是怕他打碎碗而拒绝他,不妨为他搬个高度适中的凳子,为他戴上围裙、套袖,告诉他怎样轻拿轻放,怎样冲洗干净。当孩子洗好一只碗时,大声夸赞他干得真棒,孩子会很快乐,对自己的能力充满自信!

对小孩子来说,各种探索都是学习的机会,那么,就让我们"为孩子找一棵矮点的苹果树,让孩子踮起脚,伸手就可以摘到苹果"。一次次成功的体验会让孩子信心百倍,动力十足地向下一个更高的目标迈进。

3.兴趣永远第一

凌志军在畅销书《微软小子》里讲了个故事,朱丽叶的儿子沃伦秉性聪慧,才14岁就已完成高中学业,可以上大学了。在这种情况下,大多数中国父母都会很自豪地叙述孩子的成功,朱丽叶却并不想让儿子现在就上大学,原因是想让他更多地享受童年时光,让他做他喜欢的事情。她与作者有如下的问答:

"作为老师,你觉得'成绩、兴趣、快乐童年、道德'中什么对学生最重要?"

"兴趣永远是第一。没有兴趣就没有一切。有了兴趣,伟大的成绩便随之而来。"

"那么,作为母亲,你觉得什么对孩子最重要?"

"兴趣,还是兴趣。我希望他有一个很快乐的童年。不过,兴趣还是第一位。有兴趣才有快乐。"

这位母亲的信念与一位前苏联的教育家异曲同工。一次,这位教育家给学前班的孩子们上课。他准备了一个"发言球",一边从讲台扔出去,一边说"2+3=",哪个孩子接到球,哪个孩子就说出答案,孩子们学得很高兴。听课老师有的就不理解,说你这不是多此一举吗?直接提问不就可以了吗?要什么"发言球"?他回答说,没有"发言球",当然也可以提问,但是孩子们却没有了发言的兴趣。

"兴趣是最好的老师",这句话已成老生常谈,却仍被很多父母熟视无睹。

如果你希望孩子越来越聪明、越学越爱学,那就把激发、呵护、提高孩子对学习活动的兴趣放到每日日程上吧。

史蒂芬告诫家长们,永远不要打击孩子的自信心,尝试包容孩子的第一次失败,并鼓励他继续前进。

1.不要做孩子生命中的"巫婆"

有一个充满寓意的童话故事:有一位美丽的公主,从小就被一位巫婆关在一座高塔上面,每天只能见到巫婆。巫婆每天都对她说:"你的样子丑极了,见到你的人都会感到害怕。"公主相信了巫婆的话,怕被别人嘲笑,不敢逃走。直到有一天,一位王子经过塔下,看到了公主那如仙的美貌,惊为天人,救出了她。这位公主才对着镜子意识到自己原来如此的美丽。

事实上,很多父母都可能在无意间充当了"巫婆"的角色。

说孩子"真笨"是一些父母的口头禅,说起时甚至带着爱意。可是,孩子接受到的就是"笨"的信息。有时,望子成龙的父母有意无意地拿孩子与别人相比,"你看人家丁丁多聪明!""李阿姨的女儿都能用英语和老外对话了,她比你还小呢。"……有时,父母在朋友、外人面前表现谦虚,"我儿子不行,很笨的。""这孩子很没脑子的。"

整日被淹没在如此大量的负面暗示里,孩子怎么能不真心实意地相信自己真的很笨?

当孩子因为上述种种原因,深信自己的脑子很笨、学习能力很差的时候,他就会产生严重的自卑感和自我怀疑,他的潜意识就会产生"保护作用",拒绝新的资讯进入记忆库,来保护主人的信念是对的。结果就真的成了"学什么都学不会"的笨孩子。

2.永远也赢不了的游戏

如果我们让孩子玩一个游戏,这个游戏的难度超出孩子现有的理解能力,但我们又不向他做任何讲解,结果孩子总是不知道该怎么玩,每次尝试都失败,那么孩子的感觉会越来越糟糕,不用别人说,他也会觉得自己很笨。

若是在孩子的生活里,他很少得到"赢"的感觉,最终,他可能就会变成一个看起来笨头笨脑又畏手畏脚的孩子。

3.不要过早的知识传授

一些热衷于所谓"智力开发"的父母,积极地对幼小的孩子进行读写算训练。那些学业知识不符合幼儿的认知特点,孩子虽然也能靠鹦鹉学舌的方式死记硬背下来,但并不理解,所以往往并未能促进他们的智力发展,反而给孩子带来很大的学习压力,降低了对学习的兴趣,挫伤了自信。

最后,让我们思考国际 21 世纪委员会对"最初的教育"是否成功的判断标准:看它是否"提供了有助于终身继续学习的动力和基础"。如果是,这种教育可以说是成功的;否则就是失败的。

欣赏孩子的第一次发现

耶鲁大学的史蒂芬教授认为,及时地对孩子的新奇发现做出积极反应能够增加孩子的兴趣,提高孩子的观察能力,对孩子是一种刺激进步的动力。反之则会打击孩子的积极性,十分不可取。

一天,瑞恩从一本杂志上看到了德国数学家高斯的故事。当他看到 8 岁的高斯竟然发现了著名的数学定理时,不禁有些吃惊。这时,恰巧自己刚上二年级的儿子走过来。他喊住儿子,说:"爸爸考你一个问题好不好?""什么问题?"儿子歪着脑袋问。"1 到 100 这 100 个数相加等于多少?你算算看。"

儿子拿起纸和笔,算了起来,一边算还一边说:"这个算起来太麻烦了。"

过了很长时间,儿子终于大功告成:"我算出来了,结果是 5050!"

"嗯,不错,你算得对,不过时间太长了一点。你想不想学习一个更快的算法?"瑞恩问儿子。

"想!什么办法啊?"儿子好奇地问。

"你来看看,这样有没有什么特别?"瑞恩一边说,一边在纸上写"1+100,2+99,3+98……"

儿子拿过纸,聚精会神地看了起来。一会,他若有所思地点了点头,然后惊喜地喊道:"我知道了,从 1 加到 100 有 50 个 101!"

"对,你看这样是不是简单多了!"瑞恩对儿子说。

"是啊!这真是个好方法。"儿子说。

"其实这是德国一个 8 岁的孩子发现的,他的名字叫高斯。不过现在你也发现了,爸爸相信你以后会有更多更好的发现!"瑞恩继续说道。

"嗯,我要向他学习!"儿子坚定地对爸爸说。

当孩子主动向你展示他的新发现时,不要因为发现的幼稚而嘲笑他们,应该对孩子说:"你发现了一个大秘密!真棒!"

"小鸟用草和泥做窝！"

"小猫、小狗都喜欢晒太阳！"

"小鹅和小鸭都穿着同样的'黄衣服'，而长大了就不是了！"。

生活中，孩子们经常会兴奋地向父母报告他们的新发现。这些发现是如此珍贵，它不仅表明孩子对世界充满好奇，而且表示他们在观察和思考。但是，孩子的发现对于成年人来说，并不新奇，因此，我们往往会以自己的眼光来看待孩子的发现，认为孩子就是孩子，玩性十足，更令人痛心的是，父母往往把孩子的发现当做幼稚可笑的游戏而忽略了。其实，孩子的新奇发现是他认识世界的一种方式，而且，其中不乏很有价值的发现。

赏识孩子的发现，就要善于观察孩子，及时看到孩子的新发现。当孩子向父母报告新发现的时候，父母一定要像对待重大的发现一样满怀热情，分享孩子的快乐，同时给予积极的赏识，激励孩子发现更多的新事物、探究世界的奥秘。

"是吗？让我来看看，哇，真的是这样啊！"

"你真是细心，居然能够发现别人没有发现的东西！"

每个孩子都有一双慧眼，只要父母去赏识孩子、引导孩子、激励孩子，他们总会给我们一些令人惊喜的发现。

儿子上幼儿园了，妈妈每天都要去接他放学。回家的路上，妈妈经常会问："儿子，今天幼儿园有没有什么有趣的事情？"

这时，儿子就把今天在幼儿园发生的事情讲给妈妈听。

讲完了，妈妈会再问他："对这件事情你有什么看法呢？还有没有什么其他发现？"

于是，儿子又把对事情的意见和想法说给妈妈听，还经常会有一些新的发现。

听完孩子的话，妈妈总会夸奖孩子："真不错，观察得很仔细！""嗯，这个发现很好！"在妈妈不断地引导和赏识下，儿子逐渐养成了善于观察、善于思考的好习惯。

孩子经常会在不经意间有一些发现，而如果不加以提醒，就会很快抛诸脑后而忘记。尤其是上幼儿园或者小学的孩子，他们与社会的接触逐渐增多，可能会碰到越来越多新奇的事物和问题。所以父母应该时常提醒和询问孩子，让孩子竭力回忆并把自己的发现说出来，从而培养他们的观察和思考意识。

很多情况下，父母要善于给孩子提问题，然后通过适当指导，鼓励孩子得到最后的结论。这样不仅可以让孩子学到许多新知识，而且可以开拓他们的思维方式，培养他们的思考意识和能力。

在生活中，经常问问孩子遇到的事情和新的发现。比如"孩子，今天又有什么新发现？"啊要注意引导和激励孩子去发现，经常问孩子："这里面有个秘密，你能看出来吗？"

"妈妈，我发现牵牛花晚上都合拢了花朵，第二天再打开哦。"乐乐高兴地对妈妈说。

"这是真的吗？"妈妈淡淡地问了一句。

"今天早上我发现牵牛花开得特别漂亮，可傍晚的时候就收拢了呢。"乐乐的脸上带着得意的笑容。

"哦，知道了。今天有作业吗？快去做作业吧！"妈妈好像没有听到乐乐说的话。

听到妈妈这么说，乐乐非常失望，闷闷不乐地躲进了自己的房间。他不明白为什么自己有了这么"重大"的发现，妈妈却一点都不高兴，更没有夸奖他。

在现实生活中，父母们常常在孩子不需要关心的时候，给了孩子过分的呵护，而当孩子需要父母赞扬和鼓励的时候，却因为怕孩子骄傲而故作冷淡。

每个人都希望获得别人的认同，孩子更是如此，尤其是来自父母的肯定。孩子通过自己的努力，在学习或者比赛中取得好成绩，这是多么值得父母赏识的事情！这时候，父母应该为孩子感到高兴，应该及时给予热情的赏识和赞扬。

事实证明，及时赏识和赞扬孩子，比事后再给予赞扬所起到的作用要大得多。

某小学的校长曾经做过这样一个实验：期末考试之后，他分别在不同时间内对两个班级考试成绩差不多的两组孩子做出评价。

对第一组孩子，校长在考试成绩出来的当天就表扬了他们："成绩真不错，你们都是聪明的孩子，继续努力吧。"

对第二组孩子，校长一直等到下一个学期开始之后，才对他们说："你们上学期考试成绩不错！"

一个学期以后，第一组孩子因为受到了校长及时的赞扬和鼓励，学习成绩有了明显的提高。他们一致认为是校长的赞扬让自己对学习充满了信心，学习劲头也更足了。而第二组孩子的学习成绩却没有明显进步。虽然校长赞扬了他们,但时间已经相隔太久,所以他们根本没有察觉到这种表扬,所以他们的学习积极性也没有太大的变化。

这个实验证明,孩子是需要赏识和赞扬的,并且家长要正确把握赞扬的时机。一般来说,在孩子取得成就以后,及时给予赏识和赞扬的效果最好,这时候,最能激发出孩子的潜能,孩子最容易从父母的赞扬和鼓励中获得继续努力的动力。如果不是及时赞扬,而是在一段时间以后再赞扬,效果则会相差很多。那时候,孩子已经因为没有得到父母的肯定和赞扬而失望,即使后来再补也无济于事了。

尽管案例中的妈妈没有意识到应该及时赞扬孩子取得的成绩,但是,孩子的爸爸意识到了。

正当乐乐不理解妈妈的行为时,爸爸回来了。爸爸发现乐乐很不高兴,就问他:"怎么了孩子,有什么不开心的事情吗?"

"爸爸,我发现牵牛花早上开花,下午合拢,这是多么有趣啊,我都观察了一天了才发现,但是妈妈好像不在乎,一点都不鼓励我。"乐乐很委屈地对爸爸说。

"是吗?乐乐自己发现的啊,真厉害!和爸爸说说,你是怎么发现的呢?"爸爸很高兴地问。

"家里的牵牛花早上开了,很漂亮啊!我就好奇它什么时候会凋谢,就观察了一天,结果发现它没有凋谢,而是收拢了花瓣。"

"真是好样的,等会儿吃饭的时候一定要多吃点,这样才能让身体更强壮,以后继续观察,好吗?"

"嗯,我以后还要当植物学家。"乐乐高兴地跑到饭桌旁边,等待吃饭了。

作为父母,适时对孩子的成绩给予积极评价,告诉孩子你因他的成绩而自豪,这将是对孩子极大的鼓舞,促使孩子乘势而上,取得更优异的成绩。

因此,当孩子第一次有了发现时,父母一定要把握机会,及时由衷地赞扬孩子;同时表现出你的喜悦心情,让孩子感受到是他的良好行为表现使父母感到高兴。这是简单而又能产生显著效果的一招,只要坚持去做,必有喜人的收获。

有时候,孩子需要的不仅仅是父母一句赞扬的话,他们也需要得到父母的重视和关心。如果父母没有对孩子的成绩表示出及时的关注,会让孩子感到失望,而这种失望很可能会让他们失去继续努力的动力。

及时赞赏孩子的成绩,表现出家长对孩子的真心赏识和热切期望,这能传递给孩子一种强大的精神力量。这种力量不仅可以让孩子更加努力和自信,而且会促进孩子智能发展和身心健康,大大增强孩子对学习和生活的信心和勇气,从而激励孩子奋发向上,让孩子健康快乐地成长。

赏识孩子,不仅仅表现在毫不吝惜地把自己的赞扬送给孩子,更要在第一时间把这种赞扬和肯定传递给孩子,让孩子感觉到父母发自内心的赏识和期望,从而满怀自信地面对学习和生活。

当孩子在生活和学习中取得哪怕一点微小的成绩时,都不要置之不理,也不要等事后再赞扬孩子,而应该及时赞扬孩子所取得的进步。你可以说:"这次干得真不错,我真为你高兴,下次继续努力!"

当孩子主动向父母展示自己取得的成绩时,父母一定要及时给予孩子关注,停下手中的工作,真诚地给孩子一些赞美和鼓励:"让我来看看,嗯,了不起的发现呢!"

重视孩子的第一次提问

史蒂夫喜欢研究孩子,也喜欢跟孩子在一起。孩子是天生的学习者,他们有一种自然的力量,促使他们不断向未知领域进行探索。从身边的花花草草,到遥远的太阳和月亮,都会激发他们的疑问和想象。

"妈妈,为什么会下雪呀?"

"爸爸,你为什么会长胡子呀?"

"为什么人每天要吃饭呢?"

………

生活中,孩子总会提出千奇百怪的问题。大人们看起来很平常的事,孩子也会问个不停。这时,父母千万不要感到厌烦,孩子好问是好事,说明他有强烈的求知欲和思考意识。

尊重孩子的问题,给孩子一个认真的答复,不仅可以让孩子学到知识,而且可以密切亲子关系,让孩子更加信赖父母。

如果不能马上回答孩子的问题,应该把问题记下来,并尽快把答案告诉孩子,以此鼓励孩子的好问。千万不要因为孩子的问题太过幼稚而嘲笑或者敷衍孩子,这样会使孩子渐渐失去提问的兴趣。

史蒂芬发现,现实生活中,孩子的问题经常被家长忽视。可能是由于家长工作繁忙,也可能是认为孩子的问题太过幼稚,但不论如何,忽视孩子的提问,对孩子的兴趣培养已经特长发展是十分不利的。

两个做客的小朋友抢着看一个节目,而小主人却想看另外的节目,抢不过来就去找爸爸:"他们两个不让我看电视。"爸爸说:"他们是两个,少数要服从多数。"孩子委屈地问:"为什么?难道两个人自私就比一个人自私好吗?"爸爸忙工作,不再理会孩子。

彤彤看到一辆冒着烟的摩托车,好奇地问妈妈:"妈妈,妈妈,那辆摩托车是锅做的吗?它和锅一样冒烟呢。"她又捧着一捧草问爸爸:"爸爸,什么是草?"父亲说:"草,就是草嘛。"

默默有问不完的问题:"草为什么是绿色的,它怎么不长成花的颜色?"他会问:"为什么我是从妈妈的肚子里出来的?"早上起床,他会问:"月亮姐姐为什么不见了呢?太阳为什么那么热?太阳要是掉下来了怎么办?"父母一开始还会耐心回答,后来就让他自己去想了。

昊昊拿着一本书跑到爸爸身边问:"爸爸,这个狐狸老跟在鸡后面干啥?""问你妈去。"……过了一会,昊昊又拿着书跑过来问:"母鸡为什么没发现狐狸?"爸爸:"一边去,没看我在忙吗?"

孩子的问题中蕴含着智慧和探索

孩子们看似司空见惯或者毫无意义的问题,却容不得家长小看。这些问题对孩子的成长有着重要的意义,有些甚至切中人类发展中最本初的、重大的问题。

孩子的问题即是智慧

雅斯贝尔斯说:"我们常能从孩子的言谈中,听到触及哲学奥秘的话来。"老子也认为,最具智慧的圣人恰恰就是复归于婴孩。也有人认为孩子的问题甚至比那些哲学博士更深刻。如上文提到的,两个做客的小朋友与小主人抢看节目,孩子反问爸爸:"难道两个人自私就比一个人自私好吗?"再如,捧着一捧草的彤彤问:"爸爸,什么是草?"孩子的这些发问是否更具哲学的意味?是否比大多数家长的认识还要深刻呢?可以说,很多时候孩子的问题本身就是智慧。这些智慧需要我们家长向孩子们不断地学习,甚至不断地反问我们自己。

孩子的问题显现着积极的思维

孩子有问题恰恰说明了孩子的思维在积极地运转，他所提出的问题往往是他的发现，以及他是怎样用他的思维加工他的发现的。如上文中彤彤看到一辆冒着烟的摩托车，她就问："摩托车是不是锅做的？"在她的经验中锅会冒烟，看到摩托车冒烟，她就将自己的经验联系起来。

摩托车是锅做的吗？从孩子的问题里可以发现她敏锐的观察、活跃的思维。孩子的问题说明了他正在通过这样的方式将自己生活中的发现建立起联系。杜威说教育即经验的不断重组，而这个孩子不正是在完成自己生活经验的不断重组吗？同时，通过孩子的问题，家长还可以发现，孩子的思维水平正处在复合思维的阶段。他通过联想将各个具体成分和复合物连接起来的特征扩散了，形成了直观到具体的形象或者物品连接的复合体，它们所连接的联系的广泛多样是惊人的。这也是为什么这一时期孩子的问题特别多，同时又充满了发散性、创造性。

孩子的问题显示着孩子向未知领域的努力

幼儿期，孩子的生理和心理的发展还未成熟，其操控外界的能力相对较弱。对于他来说，这个世界上的一切都是未知的、神奇的，而孩子天生有一种力量，他是天生的学习者。孩子试图控制他周围的环境，他以无穷尽的问题，向未知领域做出不断的努力，以求得安全的欲念。

这样一种向未知领域的努力，转换到现实生活中即孩子可以从身边的花花草草、猫狗虫鱼开始，一直问到遥远的太空。正如上文默默的那些问题，正是他向未知领域的努力。他不知道自己从哪里来，就问："为什么我是从妈妈的肚子里出来的？"早上起床，他看不到月亮就问："月亮姐姐为什么不见了呢？"这些都表明他不断向未知领域进行探索。而孩子们向未知领域的努力也正是人类能够不断获取知识，不断向新的知识领域前进的重要力量。

如何对待孩子的问题

孩子的问题本身就是智慧，它也蕴藏着孩子向未知领域的努力，所以家长不能小瞧了孩子的问题。家长需要，孩子们也需要家长耐心地、认真地对待他们的提问，并给予积极的回应。

正视孩子的提问

理解了孩子为什么有那么多问题、孩子问题的重要性，以及满意的回答对于孩子成长的长远影响，就需要我们家长谨慎地、正确地面对"十万个为什么"。孩子有时可能会提出一些十分滑稽、甚至无法回答的问题，这时候一笑了之、敷衍或者粗暴制止，都会影响孩子，甚至导致其智慧停滞不前。而当家长正视孩子的问题，对他的问题给予适当的回应时，不仅能促进其认知的发展，而且能激发他对外界探索的兴趣，继而发展孩子的思维能力，养成良好的思维习惯。

给予孩子积极回应

对于能直接回应孩子的问题，如"这个狐狸老跟在鸡后面干啥？"家长可以直接回答孩子"狐狸喜欢吃鸡，跟在鸡后面是为了捉住它"。有些问题则可以引导孩子通过进一步观察，全面了解，如"母鸡为什么没发现狐狸"，家长可以引导孩子观察狐狸走路的姿势等，让孩子较全面地认识和理解事物。相反，如果家长敷衍，甚至嘲笑他的话，则会打击孩子的积极性，久而久之孩子甚至没有问题了。

提高孩子的提问水平

孩子提问的水平与其自身经验，认识的广度、深度，思维的灵活性以及学习的兴趣呈正相关。家长要利用日常生活资源，让孩子发现问题。对于有一定生活经验的孩子，可以适当地提供反问的机会，激发孩子的思考。如彤彤捧着一捧草问爸爸什么是草，家长可以回答："我觉得绿色的，矮矮的就是草，你觉得呢？"这样使孩子不仅仅停留在某一个问题上，还可以引发对事物的整体思考和认识。甚至可以结合孩子思维发展的水平，有意创设适合其思维水平的环境，给予其机会发现问题，通过进一步引导，提高孩子的提问水平。如默默问："太阳为什么那么热？太阳要是掉下来了怎么办？"这说明默默将生活中某些经验迁移到太阳身上，但他不像"摩托车是锅做的吗"问题一样，可以清晰地看出彤彤的经验的重组。这时家长可以通过进一步引导，或者反问："你为什么担心太阳会掉下来？"聚焦到默默最初的经验上，这样既能满足孩子的好奇心，又能根据孩子最初的经验，提供合适的帮助与支持。

孩子的问题是不可小觑的，家长不但不能忽视孩子提出的问题，还应该鼓励孩子提问，并在回答问题上下功夫。

4岁的果果坐在客厅地板上在玩布娃娃。忽然，她抬头对妈妈说："妈妈，我是怎么来的？"

"小孩子问这种问题做什么？"妈妈呵斥道。

果果看着生气的妈妈,不敢再问了。但是,她确实很想知道自己是从哪里来的。于是,接下来的日子里,果果遇到每一位大人,都会问同样的问题："你知道我是怎么来的吗？"

随着孩子逐渐长大,也许会问一些父母都不好回答的问题,这时候,不要回避更不要责怪孩子,而应该通过查阅资料或者咨询专家,尽量给孩子一个合理的回答。

回避问题或责怪孩子,只会让孩子更加疑惑,从而产生一些不必要的担心,甚至产生错误的联想。因此,面对孩子的新问题,父母应该通过科学渠道,认真给予回答,从而化解孩子的担心和疑惑,为孩子的心理健康创造条件。

果果的妈妈如果能够这样回答孩子,孩子肯定会感到父母的尊重与关爱。

"妈妈真高兴,我的宝贝长大了。现在让妈妈来告诉你,你是怎么来的。4年前,爸爸和妈妈非常相爱,生活得很幸福,我们希望有一个可爱的小宝贝来分享我们的快乐。于是,爸爸把他的精子跟妈妈的卵子融合在一起,就形成了一个胚胎,并在妈妈的肚子里孕育。"

"这就是我吗？"

"对极了,这个胚胎就是后来的你。你在妈妈肚子里住了十个月,十个月后,你长得很大了,在妈妈的肚子里住不下了,于是,在医生的帮助下,你就从妈妈的产道里出来了。"

"哦,原来我以前是住在妈妈的肚子里的。"

回答孩子的问题时,父母一定要耐心,只有耐心回答才可以解除困扰他们的疑惑,从而使孩子快乐的成长。

前一天晚上下了一夜的雪。早上起床,莎莎望着窗外白茫茫的一片,兴奋地大叫："妈妈,下雪了,你看多漂亮啊！"

妈妈说："嗯,很漂亮,下雪了,明年咱们的麦子又要丰收了！"

"下雪和麦子丰收有什么关系啊？"莎莎不解地问。

"你的问题真好。妈妈来告诉你:厚厚的雪就好像给小麦铺上的棉被,小麦躺在里面,又温暖又舒服,可以很安全地度过冬天。雪化了以后,还能给小麦提供充足的水分,让小麦喝得饱饱的,等春天来了,就能旺盛地生长了。"

吃完早饭,妈妈给莎莎穿上厚厚的棉服,准备去幼儿园。"为什么下雪了要穿棉衣？"莎莎边穿衣服边问妈妈。妈妈笑了："因为雪花落到地上,还要化成水,这个过程需要吸收地面的热气。这样,我们就会感到很冷,所以只有多穿衣服,防止身上的热气散发出去,我们才会感到暖和。不信,你伸手到窗外试试冷不冷。"

妈妈打开窗户,让莎莎把小手伸到窗外,莎莎冻得一哆嗦,赶紧把手缩回来。

你也许认为孩子的问题非常简单,但是对孩子来说,却是很大的困惑。尊重孩子的问题,认真对待并解释清楚,从而消除孩子的困惑,这对孩子的身心健康是有利的。

当孩子问你问题时,不要因为问题幼稚、简单而不屑回答,应该给予尊重,你可以说:"你的问题真好,问到点子上了。"

当孩子问你有关成长中需要面对、但是父母又不太好回答的问题时,不要回避和责怪孩子,而应该说:"给妈妈一点时间,我会尽快告诉你答案。"

表扬孩子也有奥秘

提到表扬孩子,大家都很熟悉,有的人可能会说,表扬有什么好讲的,不就是夸奖孩子、鼓励、肯定,赞美孩子、赏识孩子吗?表扬难道还分着正确表扬和不正确的表扬?夸奖孩子几句,就是夸错了,也不大紧,难道夸错了,还回长孩子身上吗?下面我举两个案例,大家就会明白了。

有一位妈妈说,我家女儿8岁了。在孩子很小的时候我就接触了赏识教育,所以经常表扬她。比如,把桌子擦干净,我会夸她"你好棒";作文写得好,我会夸她"你太了不起了"。总之,只要是值得表扬的我都表扬了,经常也可以看到女儿得意的神情。可是我现在渐渐发现她接受不了批评。她的字写歪了,我帮她指正,她马上不高兴了,说我不写了;她和一个同学吵架,我批评她不该脾气这么暴烈,她马上向我发脾气;她同学在我们家做作业,我夸她的同学作业写得好,她把眼睛一斜,轻蔑地说:"哼,哪有我写得好!有什么了不起的。"说着在同学的作业本上用笔狠狠地戳了一下,戳了个洞。现在我好困惑,为什么给她指出错误,批评了一下,就承受不了?难道我从小一直表扬错了吗?

还有一个妈妈说:自己的女儿溪溪,5岁了,也被夸奖包围了整整五年。可最近发现,女儿对表扬特别在意,谁要是说一句哪个小朋友真听话或对人有礼貌一类的话,溪溪就迫不及待地大声嚷嚷:我比他好!如果溪溪做了什么事,哪怕是一些微不足道的小事,取得了芝麻大点的成绩,我们没有及时表扬,或表扬得不到位,她就非常不高兴,情绪一下子从山峰跌落到谷底,以后再做类似的事情绝对提不起精神来。

通过这两个案例,我们知道了用不正确的表扬对待孩子,对孩子的负面影响也是非常大的。所以我们要学会用正确的表扬,避免用错误的表扬。

1.表扬孩子不要太多,注意要掌握适度的量。

注意要表扬还要有适当的批评,不能只表扬不批评。教育专家孙云晓说,没有惩罚的教育是不完整的教育。因此,教育不但需要表扬、赏识,同样少不了批评、惩罚。它们是教育的两翼,少了一方都不能托起孩子的成长。

2.表扬孩子要表扬孩子的行为,而不是表扬孩子本人。

一位中国人去拜访外国学者,带了点礼物送给他的小女儿。见了面,小女孩主动问好,并对友人赠送礼物表示感谢。友人见她满头金发,极其美丽可爱,随口夸道:"你真漂亮!"等小女孩走后,学者严肃地对他说:"你伤害了我的女儿,请你向她道歉。"友人大惊。学者说:"因为你的赞美是不恰当的。你可以夸她懂礼貌,那是她通过努力应得到的表扬。而容貌的美是先天的,不需要通过努力就能获得。你夸她漂亮,这就会使她错误地认为:要得到别人的赞赏,并不需要努力,而是先天决定的。这对她今后的发展是不利的。"最后学者向小女孩真诚地道了歉,并夸奖了她的礼貌。

其实,很多父母也常常会犯这位学者所犯的这种错误。如当你下班回来感觉很累,女儿过来给你捶背,这时,你夸女儿"你真是个好孩子",就不如这样表扬孩子:"女儿捶得轻重正好,妈妈现在舒服多了,有你这么孝顺的孩子,妈妈觉得很幸福。"这会让女孩明白,孝敬父母是一个人的美德,她也会为自己拥有这样的美德而自豪。

3.表扬孩子要具体。

很多父母在表扬女儿的过程中,往往会用"你真棒"一句带过,并不对孩子的具体行为做出表扬。其实,这是不正确而且是没有效的表扬方式。特别对于一些年龄尚小的孩子来说,父母更应特别强调孩子令人满意的具体行为,表扬的越具体,孩子对哪些是好行为就越清楚。

比如,两个小孩在一起玩,一个不小心摔倒了,另一个赶紧跑过去把她扶起来,帮她打净身上的土。这时,父母就应表扬得具体一些:"你今天把小朋友扶起来,你做得真好,妈妈很高兴。以后和小朋友在一起玩耍,就要像这样互相关心、互相帮助。"

这种更具体的表扬方法，既赞赏了孩子，又培养了孩子关心别人、助人为乐的良好行为。孩子以后再遇到相同的情况，也就更容易做出正确的选择。

4.表扬孩子要实事求是，不夸大，不吝啬。

小东所在的学校开运动会，小东100米短跑得了个冠军，他妈妈看着儿子拿回去的奖品小本子，高兴得合不拢嘴说，儿子你太厉害了，现在你都跑这么快，将来你一定会成为世界冠军的。这个妈妈的表扬显然是过分了，不实际，没有指引孩子继续努力的方向。有的妈妈却很吝啬自己的表扬，新新跟同伴们出去吃饭回来，买了两杯奶茶，非常好喝的奶茶，她想给妈妈一杯，自己喝一杯。到家后，妈妈说自己不吃冰箱里的，太凉不敢吃，还有埋怨孩子乱花钱的意思。其实，以前孩子并不常给妈妈买东西，这一次好的表现，应该得到妈妈的表扬的，妈妈却吝啬了自己的表扬，浪费了一次培养孩子爱心、孝心的机会。

5.表扬孩子要真诚，要发自内心。

在现实生活中，很多家长都信服赏识教育，并经常用表扬的方式教育自己的孩子，但他们试过几次后都摇着头说："我家的孩子特殊，这种方法在她身上不管用。"真的是这样吗？这些家长都是怎样表扬自己孩的呢？

一位妈妈听说"赏识教育"后，便决定改变以前的教育方式。回家后，女儿每做一件事，无论做得怎么样，她都说："女儿，太好了，你太棒了！"

整整一个晚上下来，女儿被他夸得莫名其妙。最后，这个小女孩摸摸妈妈的额头说："妈妈，你没事吧？"

表扬是讲究技巧的，如果妈妈不分场合、不分事情地一味表扬孩子，孩子往往就会被夸得莫明其妙。有时，甚至还会引起孩子的反感，她们会认为父母太"虚伪"。

此外，有些父母认为鼓励就是说好听的，或者是简单地戴高帽。而这样做，也往往会引起孩子的反感。

爸妈不在家的时候，乔乔一个人把家里收拾得干干净净、把家具摆得整整齐齐的，她想给妈妈一个惊喜。妈妈一回来，高声说："我太爱你了，你很自觉嘛！"

一听这话，乔乔觉得扫兴极了，马上说了一句："真没劲！"

孩子为什么觉得扫兴呢？因为她得到的只是诸如"自觉"这样干巴巴的表扬，她会因此认为：妈妈之所以爱我，是因为我打扫了房间，如果我没有这样做,她还会爱我吗？当孩因此而怀疑妈妈的爱,后果自然是可想而知的。

由此可见,表扬孩子应该发自内心,从孩子本身出发。只有这样,孩子才能真正看到自己的长处、不断进步,进而活出属于自己的精彩。

6.表扬孩子要丰富自己的表扬语言。

学会表扬,不能胡乱表扬。有一个妈妈面对孩子写了一篇好作文,表扬道:"儿子,你太有才了,能写出这么好的作文,将来你一定能当作家。"

这个妈妈可以说是不会表扬孩子,过于夸张的表扬把孩子表扬得迷迷糊糊,也不知道自己究竟有什么能力,也不知道自己该往那方面努力。有的爸爸面对孩子的好作文时表扬过于简单,也不能起到好的作用,他会说,嗯,写得不错,有水平。面对家长干巴巴的几句评价,孩子恐怕也感觉不到应有的快乐,更别说增强自信心,激发积极向上的动力了。

面对孩子的作文,究竟怎样评价才是正确的表扬呢？有位妈妈表扬得很好,她说道:"我发现你描写景物很详细,连这么小的地方都观察到了""你的语言蛮丰富的嘛,比我小时候强多了""你的思路很独特,想像力也挺丰富的"。这样的表扬就很到位,孩子感到快乐的同时知道了自己的优点是什么,该往那个方向努力。当然有时候,家长可能认为这个优点不是很明显,但对孩子来说,这是可贵的,今后会朝着这方面继续努力。实际上,在这里,起到了正面暗示的作用。

第九章 一个亲吻的温暖

以学风"最自由"而闻名的布朗(Brown University)大学建于1764年,是美国的老牌私立大学,也是"常春藤盟校"(Ivy league)的成员之一。她坐落在美国小州罗德岛(Rhode Island)的首府。1998年《美国新闻与世界报导》公布的全美大学排行榜上,布朗大学排名第9,也是美国东部的名牌大学之一。

傅斯教授任职于布朗大学,他的研究证明亲吻是有着真正的力量与温暖的。傅斯博士说:"拥抱与亲吻可以消除沮丧,能使体内免疫系统的效能上升;它们能为倦怠的躯体注入新能量,使你变得更年轻,更有活力。"

亲吻的力量

来自布朗大学的著名的心理学家赫洛德? 傅斯博士说:"拥抱与亲吻可以消除沮丧,能使体内免疫系统的效能上升;它们能为倦怠的躯体注入新能量,使你变得更年轻,更有活力。在家庭中,每天的拥抱与亲吻将能加强成员之间的关系,并且大大减少摩擦。"心理学研究表明,那些经常被亲吻和被拥抱的孩子的心理素质要比缺乏这些行动的孩子健康得多。

一天,安娜在家陪女儿玩。她刚满十九个月,自从她十三个月时学会走路后,就不愿意再爬了。为了让她乐意练习爬行,安娜采用了奖励的方法。"宝宝,快爬到妈妈这儿来,妈妈给你一个小维尼。"女儿听了,头都没抬一下。"宝宝,快爬过来!来,妈妈给你最爱吃的葡萄!"可女儿还是没理她。安娜心里觉得很奇怪,这吃的玩的,怎么对她都没什么吸引力啊。物质刺激不行,咱就来精神鼓励吧。

于是,安娜又对她说:"宝贝,爬过来!让妈妈亲亲你!"这次女儿听了,转过身来朝她甜甜地笑着,趴到地上,急忙向安娜爬去,还一边爬一边嚷嚷:"妈妈亲亲!妈妈亲亲!"安娜向女儿张开双臂,她更加开心了,兴奋地加快了速度,很快就爬到了安娜的身边。安娜抱起女儿亲了亲,宝贝这下可得意了,嘴里咕噜着:"宝宝听话,妈妈亲……"之类的话。

这么小的孩子就最渴望、最在意妈妈的亲吻,安娜心里一暖,把女儿抱得更紧了。为什么作为一个幼儿园老师,安娜连这个都忘了!抱着女儿,听着她在自己耳边的亲昵细语,暖意在安娜心中涌动。

涛涛是一个特殊的孩子。他的爸爸患有癌症,为了筹钱看病,涛涛的妈妈只好出国去日本打工了。涛涛只能和爷爷奶奶在一起艰难地生活。与班上的其他孩子相比,他的智力发展缓慢,言语、动手能力均达不到该年龄段孩子的平均水平。

在组织教学活动时,其他孩子都在专心听讲,惟独他钟情于窗外的景色,或者不停地摆弄手中的折纸,好像我们讲的一切与他无关似的。在活动的间隙,他又会突然活跃起来,在活动室的门口,他总是会故意地把别人推倒,有的时候还骑到别人身上。

对他,老师用过许多办法:严厉地批评过他,用小红花和小红点激励过他……好的坏的招儿都使过了,但是都毫无成效,他可是"刀枪不入",依然我行我素。

这天,老师到幼儿园上班,涛涛也来上学了。在户外体育活动时,他又故意地把前面的几个小朋友撞倒,其中一个被撞的孩子都疼得哭了,他却在一旁嬉皮笑脸。

老师看见了,赶忙叫他过来,他慌慌张张地向老师走来。他以为这下肯定会被老师狠狠地批评一顿了。可是这次,老师轻轻地摸摸他的头,问他:"涛涛,你想妈妈吗?"他的脸一下子沉了下来,接着就小声地抽泣起来,带着哭声说:"我想妈妈。"

老师把他搂到怀里,对他说:"妈妈也非常想你,她打电话来让老师代她亲亲你。"听了这话,涛涛转过头来疑惑地看着老师,轻声地问:"真的?"老师对他点点头,抱着他,亲了亲他的小脸。他美美地笑了,那笑容是那样的甜。

从那以后,老师每天都会抱抱他、亲亲他,他对老师也从拘谨变成了亲昵。渐渐地,在活动中我能找到他那闪亮的黑眼睛了;渐渐地,他不再欺负别人了……原来,对于孩子们来说,爱是最强的动力,饱含爱意的亲吻是最好的鼓励。

亲吻父母

傅斯教授表示,亲吻带来的温暖与力量是相互的,父母亲吻孩子给予孩子温暖与力量,同时父母也期望收到孩子的吻,来确认亲情的存在。

从城里回来的第二天早晨,刚睁开眼睛,爹就对娘说:"小三子亲了俺。"

娘狐疑地问:"你又梦见小三子啦?老头子,又说瞎话了吧?"

小三子是爹娘最疼爱的小儿子。小时候,小三子经常钻到爹娘怀里,搂着爹娘的脖子,小鸡啄米似的在爹娘脸上啄。爹娘下田回来,被小三子啄几口,心里甜丝丝的,浑身的疲劳也就烟消云散了。小三子长大后,再也没有亲过爹娘,话也少了很多,和爹娘有了大大的隔阂。但是,爹娘都没有忘记小三子的小嘴啄在脸上那种麻酥酥的感觉。自从小三子离开家乡,娘总做小三子亲她的梦,到底做过多少次,她自己都记不清。爹梦见这样的场面比娘少得多,所以每梦见一次,都稀罕得不得了。有时候,娘都梦见小三子好几次了,爹还一次没梦见呢,爹就编瞎话给娘听。娘每一次听了都直撇嘴。

可这一回的情形却与以往不同。爹没好气地说:"谁做梦了?谁说瞎话了?俺是说前天进城,小三子亲俺了!"

娘惊异地瞪大了眼睛,嚷道:"真的?你昨天回来的时候,咋不早说?快,快给俺说说,小三子咋就亲了你?"

爹看了娘一眼,"唉,俺们那小三子啊……"

原来,小三子大学毕业以后,没能马上找到接收单位。直到秋风吹黄了黄泥湾所有的山头,都还没有小三子就业的消息。小三子的衣、食、住、行全都成了拧在爹娘心头的沉甸甸的疙瘩。爹卖了一千斤稻谷,背着包袱,揣着钱,进城去看小三子,陪小三子住了一夜。第二天早晨,小三子送爹回去。临出门的时候,小三子突然抱住爹的脑袋,在爹的腮帮上亲了一口。爹愣了,小三子也愣了。小三子松开爹的脑袋,愣愣地看爹。看着看着,小三子的眼泪流出来了,越流越欢,像家乡门前潺潺的小溪。小三子流着泪,缓缓捧起爹的脸,在左脸上亲了亲,又在右脸上亲了亲。最后,小三子紧紧抱着爹,放声大哭起来。爹咂咂嘴,回味着:"小三子的泪滴进了俺嘴里,咸津津的。"

娘的泪水像门前的小溪汛期来临,哗地流了出来。娘哽咽着,喃喃地念叨:"小三子,俺可怜的小三子。"

不到半天时间,小三子亲他爹老脸的故事就传遍了整个村庄。人们说着说着,笑歪了嘴巴,笑痛了肚皮。自古以来,都是大人和不懂事的娃娃互相亲亲,何曾见过黄泥湾哪个人高马大的小伙子亲吻爹娘的?这个小三子,肯定是在城里呆久了,电影看多了,没羞没臊的。小三子的娘更好笑了,这事儿也值得她大喇叭似的到处宣扬吗?

秋去冬来,小三子回家过年。时光飞逝,过完春节,小三子又要离家了。临走的时候,爹娘把他送到村口。乡亲们簇拥着他的爹娘,一起为他送行。人们都想瞧瞧小三子亲吻爹娘的西洋景儿。可是,小三子挥手再见了,放开脚步走了,也没有亲亲爹娘。突然,人群里响起一个银铃般的声音:"三子兄弟,不亲亲你爹你娘再走?"

小三子停下了脚步,慢慢转过身来。

爹郑重地说:"是呢,你娘等了这么多天呢。"

小三子脸红了,笑了一下,扔掉行李,大步流星地向爹娘奔来。他弯下魁梧的身躯,半跪着,紧紧抱住衰老伛偻的娘,在娘那被艰难岁月侵蚀得如树皮般粗糙的脸颊上叭地亲了一下。围观的乡亲原先预备开怀大笑,可此时却没有一个人笑得出来了。几位大婶还摸出皱巴巴的手帕,擦拭着眼角悄然涌出的泪花。

傅斯表示,让孩子亲吻父母,不仅仅是让孩子学会与父母亲近,更多的是一种感恩教育。

从小培养孩子感恩分享,这不仅是一种礼仪,更是一种健康的心态。在家庭里父母对子女之爱不是单向的,而是双向互动的。做子女不仅接受来自父母之爱,更应懂得爱的反馈和回报。只有学会分享和感恩,将来在学校里、社会上,才能更好地与周围人相处和合作。

一、"计较"孩子的付出

孩子没有亲吻父母,没有分一口好吃的给父母,没有记住父母的一个小要求,这都是父母必须"计较"的小事。别让孩子觉得父母对他一无所求,他根本不需要为父母做什么。

可这不等于我们就也应跟孩子一样随和、大度。否则,孩子会觉得你对他一无所求,他根本不需要为你做什么。要让孩子懂得索取是要付出的,不能无条件地进行索取。

二、让孩子在对比中学会感恩

带孩子到孤儿院或伤残医院参观,还可以鼓励、组织孩子与贫困地区的孩子结对交友等,让孩子在对比中体会过去不懂、不在意因而也不会珍惜的东西,改变孩子的冷漠,从而引发他的慈悲心、惜福心和感恩心。

三、赏识孩子

孩子非常自我的另一重要原因还在于:当他偶然做了件好事时,由于操作不够熟练而做得不尽人意,或者事情太细小而只得到了句父母言不由衷的"谢谢"。如果父母在孩子做了件好事后,不管他是主动还是被动做的,不管他做得是否令人满意,都能发自肺腑地感谢他、赞扬他,那么孩子定会大受鼓舞。不管孩子为你做了什么,都要让孩子觉得"幸亏有我出手帮助,事情才会这么顺利"。父母由衷的肯定才是孩子关心他的动力。

四、养成感恩的习惯

将感恩习惯的养成教育渗透于日常生活之中。让孩子从小就浸润在感恩的环境里,真心感受。父母要从自身做起,做好示范,利用一切可以利用的契机对孩子进行教育,如妈妈帮爸爸做事时,爸爸要大声地对妈妈说:"谢谢!"妈妈接受爸爸的帮助,也要说一声:"谢谢!"爸爸送给孩子礼物时,要告诉他这件礼物是爸爸给你的,你要感谢爸爸;这本书是哥哥姐姐送你的,你要谢谢哥哥姐姐。在这种氛围中孩子耳濡目染,渐渐接受这种最基本的礼仪,也学会向父母道谢,将感恩内化于人格之中。

五、利用各种节日

充分利用各种节日作为感恩教育的载体。如:春节时要教孩子热情接受爷爷、奶奶及其他亲属送给他的礼物,并表示感谢,不管价钱多少,回到家里都要求孩子妥善保管,学会珍惜别人的情意;教师节,让孩子亲手制作贺卡送给老师,表达对老师的美好祝愿;父亲节和母亲节,给爸爸妈妈说几句感谢的话语,不一定感谢爸爸妈妈给他们帮了多大的忙,而只需表达生活中感觉很幸福的一点一滴。

六、让孩子学会给予

偶尔"示弱",让孩子为父母做些事。比如假装拿不动衣服,让孩子帮忙拿一两件;假装累了,请孩子倒杯水给爸妈喝……让孩子学会给予,懂得父母和别人的给予与帮助是一种"恩惠",而不是理所当然或者欠他的。

亲吻也要讲方式

哥伦比亚大学的傅斯教授援引这样一则新闻报道，来说明亲吻孩子也要讲究方式。

近日，英国《每日邮报》报道，英国一名父亲吻了仅两个月大的儿子后，导致孩子感染疱疹病毒，最终因多个器官衰竭而夭折。医生提醒，单纯的疱疹病毒对成人只引起唇部皮肤疱疹，但对婴儿可能是致命的。

无独有偶，近日，一则热帖让武汉妈妈坐不住了，一个可爱的小女孩，可能因善意的亲吻高烧不退，不得不住院治疗。医生说，孩子得的是"亲嘴病"。

发帖妈妈称，女儿突然莫名高烧三天，吃药打针都不管用，抽血检查发现是 EB 病毒感染，俗称"接吻病"。这名妈妈回忆，家人没有亲宝宝嘴巴的习惯，"不过幼儿园老师都很喜欢她，每次她一去，都抱着她'啪啪啪'亲三口"。

专家介绍说，这病全称叫传染性单核细胞增多症，在孩子中并不少见，科里每个月可以遇到五六例。近日一名 3 岁小男孩刚出院，长得虎头虎脑，全家人没事就喜欢"吧唧"一下。孩子同样因高烧不退就诊，起初考虑为病毒感染，但仔细体检发现他的咽喉部明显红肿，伴有颈部淋巴结肿大，再结合抽血检查，诊断为亲吻病，住院十天才痊愈。

大多的父母都有跟孩子亲嘴的习惯，但如果不注意亲吻孩子的方式，那么不仅不会给孩子带来温暖，反而会造成一定的危险。

首先，不要嘴对嘴亲吻孩子。

嘴对嘴亲吻孩子一方面容易使一些细菌在父母与孩子之间传播，许多细菌对于大人来说是可以抵御的，但对于孩子则是有致病性的；另一方面，嘴对嘴亲吻孩子会让孩子感觉到气闷，让孩子感觉不快，从而影响孩子的心情。

其次，亲吻孩子要分情况，有些情况下不适合亲吻孩子。哪些情况下别亲吻孩子？

1.有疱疹症状时：单纯疱疹病毒(HSV)感染可表现为复发性口唇疱疹、皮肤疱疹、急性疱疹性口龈炎和急性疱疹性角膜结膜炎等。特别在口唇已有疱疹的情况时，绝对不能亲吻宝宝！值得提醒的是，单纯疱疹病毒感染十分普遍，有些感染者并没有症状，是无症状排病毒者，是隐蔽的危险分子，他们亲吻宝宝的话，宝宝同样会被感染。尤其是新生儿、婴幼儿的免疫功能不健全，是易感儿,一旦感染常表现全身症状,还可能发生疱疹性脑炎,造成终身残疾甚至死亡。

2.感冒时:即使普通感冒也多是病毒感染引起的,更不要说流感了。这些病毒多寄生在鼻咽上呼吸道黏膜中,极易通过亲吻传播。父母有鼻塞、流涕、喷嚏、畏寒或发热等感冒症状时,一定不要再亲吻宝宝了,最好离孩子远点!

3.患有口腔疾病:父母若患有口腔疾病,如龋齿、牙龈炎,口腔潜藏着大量细菌和病毒微生物,与宝宝亲吻时,它们乘机潜入孩子口腔及体内,给孩子的健康带来隐患。

4.化妆之后:孕妇不要用化妆品已众所周知,因为化妆品中的添加剂、防腐剂等化学成分对胎儿有毒害作用,特别是影响神经系统的发育。那么,这些化学成分对婴幼儿有害吗?尽管婴儿比胎儿发育成熟了很多,但发育尚未完善,尤其是神经系统。所以妈妈化妆之后(尤其是抹了口红后),最好不要跟宝宝亲吻了。

5.吸烟:吸烟者的呼吸道、口腔中总有尼古丁、烟焦油、氢氰酸、一氧化碳、丙烯醛和一氧化氮等有毒物质的残留。婴幼儿对这些物质非常敏感,容易诱发哮喘等呼吸道疾病等。所以,无论妈妈还是爸爸吸烟,都不要跟孩子亲吻。

6.腹泻、肠道感染者:宝宝胃肠道生理功能和免疫系统发育还不健全,无论细菌、病毒侵犯胃肠道,最易造成感染,其中多半是轮状病毒感染。据统计,全球每年约有 1.11 亿~1.35 亿例轮状病毒腹泻,导致 65 万名婴儿死亡。在我国,每年也约有 1800 万名婴幼儿患轮状病毒感染性胃肠炎。轮状病毒可经口传播,有腹泻等症状的父母,别再亲吻宝宝。

7.其他传染性疾病:好多传染病隐蔽性很强,甚至本人都不知道自己有病,但却具有传染性。比如开放性肺结核患者,咳痰飞沫中有大量结核菌排出,可他自己不知,还跟宝宝亲吻,会有什么结果可想而知。

再有 EB 病毒,主要感染口咽部的上皮细胞和 B 淋巴细胞。调查发现,我国 3~5 岁儿童 EB 病毒抗体阳性率达 90%,原因与不良喂食习惯以及父母亲吻有密切关系。

还有幽门螺杆菌感染,有的人会有胃胀、胃痛、食欲下降、口臭、胃炎、溃疡病等病症,但也有不少人感染了幽门螺杆菌却没有症状。幽门螺杆菌可通过唾液传播。有些一两岁的婴幼儿就患有胃炎,多半是因为家长喜欢用嘴尝试食物的温度后再喂给孩子所致,亲吻宝宝也可能是传播方式之一。此外,孩子要有自己的碗筷食具,并经常消毒。

与亲吻孩子一样,还有一些父母表达爱意的方式是不一定正确的。

按摩、热敷

孩子腹痛的时候,采取按摩或者热敷的方法,让孩子减轻痛苦。

健康隐患:如果孩子肚子痛是因为得了肠虫症,按揉孩子腹部会刺激虫体,引起胆道蛔虫症,甚至穿破肠壁。肠套叠是引起孩子肚痛的常见病症,它是因为小肠异常蠕动套入了大肠,此时被套入的肠子血液供应受阻,引起疼痛。若盲目按摩,可能造成肠子套入部位加深而加重病情,时间久了会使肠子坏死。如果孩子因为急性阑尾炎而肚痛,一旦发生穿孔,采用热敷的方法就可能促使炎症化脓处破溃,形成弥漫性腹膜炎。

医师建议:孩子发生腹痛时,父母们应观察其疼痛急缓和进展情况。如果孩子腹痛不剧烈,腹痛时也没有明显的其他异常情况,可以用手轻轻抚摸其腹部。但若哭闹不停止,或是孩子腹痛时伴有发热、吐泻、大便中带血等异常情况,则应及时带孩子去医院诊治,不要随便按摩和热敷。

摇晃

当宝宝哭闹不止或睡眠不安时,将宝宝抱在怀中或放入摇篮里摇晃是年轻妈妈的首选之举。宝宝哭得越凶,妈妈摇晃得也就越猛烈。

健康隐患:人的脑部是一密闭空间,周围有脑脊髓液包住,这样,即使脑部遭受到外来的撞击,脑脊髓液也可以起到缓冲作用。适当的摇晃可以刺激脑神经的连结,使宝宝安静下来,但那是在脑脊髓液可承受的范围里。

如果长期过度摇晃,可能使宝宝(尤其是 10 个月内的小宝宝)的大脑在颅骨腔内不断晃荡,未发育成熟的脑组织会与较硬的颅骨相撞,造成脑震荡、脑水肿,甚至颅内出血等。

医生建议:不要以摇晃来哄宝宝。宝宝哭的时候只要抱着他,让他觉得安全就好了;还有市面上卖的摇摇床,也尽量不要长时间使用。

搂睡

不少妈妈常常搂着可爱的小宝宝睡觉,目的是避免宝宝在睡眠中发生意外,或是夜间醒来产生无助感。

健康隐患：如果父母感染了疾病，搂着孩子睡觉时嘴对嘴呼吸，很容易将细菌传给小孩。而且，搂着孩子睡使孩子吸入的多是被子里的污秽空气，而难以呼吸到新鲜空气，容易生病。如果妈妈睡得过熟，把孩子压到身下，或是不小心堵塞了宝宝的鼻孔，更可能造成窒息等严重后果。

医师建议：如果实在担心孩子，可以跟孩子同睡，但是要"保持距离"，切忌将孩子抱得紧紧的。可能的话，最好跟孩子分开睡，只要做好安全措施，孩子就不会跌下床或磕碰到。如果担心孩子因黑夜面害怕，不妨在床头安装一个柔和的灯，给孩子一点光线。

第十章 心理健康指数

哥伦比亚大学位于纽约市中心,于1754年成立,在2004年庆祝了建校250周年。成立初期仅一间课室,一位教授及八名学生。如今,她已经是常青藤八大名校之一,现有学生23650人。因为其占尽纽约市地利,许多莘莘学子慕名而来。

哥伦比亚大学的研究机构用具体的数例向我们表明,孩子的心理健康指数包括坚强的性格、自信自律、勇于承担以及正确的自我认知与对外界认知等方面。

为孩子的心理健康"把脉"

心理健康是人格健全与身体健康之外衡量儿童健康与否的又一个重要标准,许多教育机构与专家致力于儿童心理健康的研究,哥伦比亚大学就有一个这样的专门机构,他们总结出一些列的心理健康指数来衡量孩子是否拥有健康的心理。

这些指数包括:

一、智力。智能发育正常,智力商数在70以上(包括130以上的超常儿童)都属于此列;

二、情绪。有积极乐观的情绪,热爱学习和工作,对生活充满信心;

三、人际关系。有良好的人际关系,乐于与人交往、乐于帮助别人;

四、自我认知。不仅知道自己的优点和缺点,也了解自己的兴趣、特长,有符合实际的发展目标;

五、性格。有健全的性格,开朗、待人坦诚、勇于负责、正视困难;

六、适应性。能够正确对待现实,适应环境迅速,接受新事物、新概念快,思想和行动能与时代同步。

其实儿童时期,孩子的可塑性非常强,能否拥有健康的心理需要家长们严格把关,否则,很容易让孩子的心理健康出现问题。

2007 年伊始,马来西亚华人圈传出一则令人痛惜的消息:马来西亚华裔"神童"张世明于 1 月 6 日逝世,年仅 30 岁。

张世明,智商高达 148,1989 年以 13 岁的年龄进入美国麻省理工学院求学,创下了吉尼斯世界纪录。他 21 岁时拿到康奈尔大学博士学位。毕业后留在美国工作,但是因为年纪太轻,无法适应社会现实和工作压力,患上了精神方面的疾病。2001 年,张世明回到马来西亚。过去 5 年来,张世明心情极度沮丧,厌世,甚至试图自杀。这次在医院里面,他拒绝进食,不愿意说话和走动,连眼睛也不愿意睁开。他的死亡跟他的心理状况有直接的关系。

如果说上面的例子还比较极端的话,下面一组数字可能会让你大吃一惊:

目前,在我国 17 岁以下儿童青少年中,至少有 3000 万人受到各种情绪障碍和行为问题的困扰。对北京地区学龄前儿童的抽查显示,1993 年儿童行为问题患病率为 10.9%,2003 年则增加到 18.2%。上海的一项调查发现,有 24.39% 的孩子曾经有一闪而过的"活着不如死了好"的想法。但是,绝大多数父母对此一无所知。

我们的孩子怎么啦?

张世明的故事,以及上面一组数字,其实正是反映了目前社会的一个普遍现象,即父母在教育孩子中的误区:常常只关心孩子们的学业成绩或技能,而忽略了他们的心理健康或者是"情商"(EQ)。最新心理学研究显示,一个人的成功,只有 20% 归属于智商(IQ)的高低,而 80% 取决于情商。情商高的人,生活乐观,人生态度积极,人际关系和谐,不管做什么,成功的机会都更大。

在"郁闷"竟成为时下不少孩子的流行语的今天,我们是否思考过,这一流行语背后所暗示的心理线索?

就儿童心理健康角度而言,根据研究,以下十方面会影响儿童的心理健康,影响孩子健康人格的形成:

一、缺乏抚爱。因为父母离婚或丧失父母等原因使儿童得不到关心与照顾。

二、教育态度不一。父母双方对待儿童的态度不一致或前后态度不一致,呼冷呼热。

三、儿权至上。父母视孩子为"小皇帝",有求必应。

四、经常惩罚。为一点小事就对孩子施以身体或心理上的惩罚。

五、不良诱惑。有意无意地用不良行为或感情诱惑儿童,造成不良行为习惯或心理。

六、过分苛求。让孩子学这学那,提出不现实的过高要求。

七、角色混乱。要求儿童扮演与其年龄、性别和能力不相称的角色,如男扮女装。

八、欲求挫折。对儿童的生理欲求作出抑制性的反应。

九、弄虚作假。经常对儿童说假话,不守诺言。

十、父母操纵。强迫儿童站在父亲或母亲的一边,或企图控制儿童的情感和喜爱。

为孩子的心理健康把脉

我们的孩子心理健康吗?让我们为孩子的心理健康把把脉,了解一下我们孩子的心理健康指数。

在日常生活中维护孩子的心理健康的几条建议:

1.情感投资——让孩子天天快乐

轻松愉快的情绪能使孩子顺利地进行各种活动,父母应使孩子经常处于一种兴高采烈的状态。

幼儿情绪的发展具有易受感染性的特点,为使孩子拥有良好的情绪体验,父母要做到:

为孩子树立模仿的榜样,时时处处以自己乐观向上的情绪去感染孩子。

父母之间要建立和谐、默契的关系,以便对孩子产生潜移默化的影响,"孩子的脸是父母之间关系的晴雨表",说的就是这个道理。

要对孩子进行情感投资。美国精神病专家坎贝尔提出,要使孩子心理健康,父母要作"精神投资"。深情地注视孩子,和孩子进行温馨的身体接触,一心一意地关心孩子。

2.以礼相待——让孩子感到父母可亲可敬

家庭内部民主平等的人际关系是孩子心理健康的"维生素"。调查表明,民主协商型父母与独断专制型父母相比,前者培养出来的孩子更通情达理,受同伴欢迎,能与人友好相处,乐于助人。为了构建良好的亲子关系,父母要做的是:

尊重孩子,认识到孩子也是一个独立的人,有自己的情感和需要。放下做家长的架子,蹲下身来与孩子讲话,以减少"威严感",使孩子觉得父母和自己是平等的。

父母要礼待孩子,对孩子讲文明礼貌,不打骂孩子。无论孩子做了什么好事或有什么成绩,父母都要表示祝贺,绝不吝啬赞赏。

当父母意识到自己对孩子可能讲错了话、做错了事之后,要勇于向孩子承认错误并及时道歉,这不但不会降低自己在孩子心目中的威信,反而会使孩子感到父母更加可亲可敬。

3.循循善诱——让孩子认识自我

孩子是否能正确地认识自己、估价自己的能力,是其心理健康的一项重要指标。为了帮助孩子形成良好的自我意象,发展孩子的自尊心,提高孩子的自我意识水平,父母应使孩子认识到世界上只有一个"我"。"我"是独特的,"我"有许多优点,当然也有一些缺点,不过,经过努力,"我"能改正自己的缺点,做个好孩子。

为此,父母可采用各种形式来进行:鼓励孩子在镜子前照一照,看看自己的五官长得怎么样、身材如何;启发孩子通过不同的手段,绘出自己的形象,比如躺在地上,请父母帮忙描出身体的轮廓,然后自己进行剪贴,也可自己画自画像;引导孩子对自己的照片、作品进行分类、整理,按日期前后进行排列,或按照内容进行编排,建立一个较为完整的成长档案;把各种折纸作品收集起来装订成册,使孩子能经常翻阅、观赏,为自己的进步感到骄傲和自豪。

此外,塑造孩子良好的个性品质也十分重要。幼年期是孩子性格形成的关键时期,孩子性格特征的优劣,直接影响到各个方面的发展水平和未来的工作和生活。

在培养孩子独立性的时候,父母要寓教于日常生活之中,使孩子做到自己的事情自己做;在培养孩子克制力的时候,父母要和孩子一起制订规章制度,鼓励孩子做家庭的"稽查队长",带头遵守家规家法。

为使孩子能适应集体生活,从而得到较好的生存和发展,父母还必须培养孩子与人合作的意识,训练孩子的合作行为,增加孩子的合作能力。要使孩子意识到与人合作的价值,可通过游戏来进行。

孩子成长的道路不可能是一帆风顺的,父母应注意培养孩子战胜失败、消除恐惧的技能,磨炼孩子的意志,提高孩子的抗挫能力。例如孩子怕黑,不敢独自一人睡觉,父母可在3岁孩子的卧室放一盏调光台灯,而对4岁的孩子,父母则可关灯,让孩子边听录音磁带里的故事边进入梦乡。研究表明,最初的成功对幼儿以后的学习有着极大的影响,因此,父母要创造条件让孩子体验成功的喜悦,这有利于培养孩子的毅力。

孩子的心理健康跟家长的关注度有很大关系,经常受到父母关注的孩子则有利于养成开朗自信的个性。

看看下面的15个问题,再对照一下自己的宝贝,然后回答两个答案:"是"或"否"。

1.孩子能否轻易被逗笑?

2.孩子是否经常耍脾气?

3.孩子能否安定地躺下睡觉?

4.孩子是否总把家人激怒?

5.孩子是否挑食?

6.孩子的饭量是否稳定?

7.孩子吃饭时是否经常耍脾气?

8.孩子有没有要好的小朋友?

9.孩子是否经常失去自制力?

10.孩子是否总是需要看管?

11.孩子是否能够做到夜间不尿床?

12.孩子是否有吮手指的习惯?

13.孩子是否经常抽噎、啜泣?

14.孩子能否安静地独自呆一会儿?

15.孩子是否有恐惧心理?

看看你的宝宝得了几分?

题号1、3、6、8、11、14选"是"记1分;

题号2、4、5、7、9、10、12、13、15选"否"记1分。

对号入座,看看你的宝宝心理健康程度?

A.得分在11分以上,说明你的宝宝心理很健康,但也不能因此而放松对他的要求,从小培养良好习惯,可激发孩子在生活和学习中更大的潜力。

B.得分在6~10分,说明你的宝宝心理健康中等,存在一定的隐忧。研究表明,最初的成功对幼儿以后的学习有着极大的影响,因此,父母要创造条件让孩子体验成功的喜悦,这有利于培养孩子的毅力及健康的心理状态。

C.得分在 5 分以下,说明你的宝宝心理健康指标较低,这可能是由于多方面的原因造成的。作为父母,让孩子的身体和心理健康成长,责无旁贷。你可以针对宝贝相应的弱点慢慢地有耐心地寻求解决的方法,例如:为宝贝树立模仿的榜样,时时处处以自己乐观向上的情绪去感染孩子;多带孩子去参加集体活动,培养孩子与人合作的意识,增加孩子的合作能力。如果必要时你也可以去寻求心理专家的帮助。

让孩子学会坚强

哥伦比亚大学心理学家的研究证明,那些成绩卓著的智力优秀者,并非只在智商一项上出类拔萃,而且与其健康的心理有着密切的关系。其中最重要的是具有"坚强的性格"。

美国盲聋女作家、教育家海伦·凯勒一岁半时因病丧失了视觉和听力,这对于一般人来说是不可想象、不可忍受的痛苦。然而海伦并没有向命运屈服。在老师的教育、帮助下,她凭坚强的毅力战胜了病残,学会了讲话,用手指"听话"并掌握了 5 种文字。24 岁时,她以优异的成绩毕业于著名的哈佛大学拉德克利夫女子学院。以后她把毕生的精力投入到为世界盲人、聋人谋利益的事业中,曾受到许多国家政府、人民的赞誉和嘉奖。1959 年,联合国曾发起"海伦·凯勒"运动。她写的自传作品《我生活的故事》,成为英语文学的经典作品,被翻译成多种文字广泛发行。

坚强成就人生""生命的价值"。敢于正视人生的疾苦和磨难,是海伦成功的根本。正是如此,她才成了全世界残疾人的精神代表,成了残疾人的骄傲。

坚强性格是成就事业不可缺少的条件,有坚强性格的人也往往是生活中的强者。那么,怎样从小培养孩子的这种性格呢?

一、注意培养孩子独立克服困难的习惯

家长的包办代替,是孩子形成软弱性格的重要原因之一。要培养孩子成为强者,父母首先要鼓励孩子做力所能及的事情。

家长应该首先了解自己的孩子现在能做什么和不能做什么,凡是孩子自己能做的,如单独活动,同陌生人谈话,与别的小朋友来往,自己完成作业等,即使有一定困难,也要让孩子自己去做。因为只有孩子经常完成具有一定难度的事情,他才能体现克服困难而成功的喜悦,从而增强自信心,变得坚强起来。

二、相信和尊重孩子,委派孩子在家庭中担负一定责任

比如,家长可以委托孩子负责监督家庭的卫生工作,对家庭成员的卫生状况进行检查和提出要求,这样可以培养锻炼孩子的自我要求能力和坚持力。心理学的研究也证实,让孩子担任一定的角色,可以使孩子的性格向这个角色靠拢。例如,日本心理学家长岛真夫等人曾做过一个实验:从小学年级的一个班级中挑出一名在班中的地位较低的学生,任命他们为班级委员。一个学期后,发现他们在班级中的地位显著上升,并且这些孩子在自尊心、安定感、活动能力、协调性、责任心等方面都有明显的改善。这个例子说明,孩子性格的形成受家长和社会期望的影响很大。所以,在日常生活中,家长应当把自己的子女当做坚强的孩子来教育和培养。

三、加强对孩子独立性的教育

独立性强的人有明确的目标,并用这个目标来支配和调节自己的行动,不指望别人的帮助,不受别人的暗示,能够主动地做事,有想把事情做好的热情。对孩子来说,需要发展两种独立性:一种是日常生活中的独立性,如自己的事情自己做等;另一种是精神活动方面的独立性,如人际交往的积极性、自信心、创造性等。许多孩子都具有第一种独立性。但是从培养坚强的性格来说,孩子更需要有第二种独立性。因此,家长培养孩子的坚强性格,除了要培养孩子独立生活的能力和习惯外,还应当给孩子设置力所能及的目标,为发展孩子精神方面的独立性创造条件。

四、保持和增进孩子的身体健康

这是培养孩子坚强性格的重要基础。一个身体虚弱的孩子对自己的身体没有信心,心情不好,必然怕这怕那,对人、对事积极不起来,性格就很难坚强起来。相反,孩子的身体素质好,有信心,有勇气,就容易培养起坚强的性格。

五、发展孩子的良好品德和智力

这也是培养孩子坚强性格的重要基础。良好的品德受人喜爱、尊重,知识和智慧使人有信心。人的各种心理品质是相互影响的,培养孩子各种积极的、良好的心理品质,都能有效地促进孩子的性格变得坚强起来。

六、给孩子一些适当的劣性刺激

困难:父母应该常给孩子制造一些经过努力可以克服的困难。

饥饿：父母可以适当让孩子尝尝饥饿的滋味，让孩子学会控制自己的偏好。

吃苦：父母不妨有意识地让孩子我参加一些野营活动，让孩子吃点苦头。

批评：孩子做了不应该做的事情，就要接受批评、惩罚，有时还要严厉一些。对于孩子犯的较大的错误，父母应该给予适当的惩罚。

忽视：父母在生活中不要处处把孩子作为重心，有时候可以适当忽视孩子，让孩子学会调整心态，从而帮助孩子在与人交往中保持良好的心态。

七、让孩子接触同伴，锻炼自己。

心理学家指出，孩子的性格在游戏和日常生活中表现得最为明显，这也是纠正不良性格的最佳途径。爱模仿是孩子的一大特点，父母要让性格软弱的孩子经常和胆大勇敢的小伙伴在一起，跟着做出一些平时不敢做的事，耳濡目染，慢慢地得到锻炼。

八、尊重孩子，不当众揭孩子的短。

相对来说，性格软弱的孩子比较内向，感情较脆弱，父母尤其要注意保护孩子的自尊心。如果当众揭孩子的短，会损伤孩子的尊严，无形中的不良刺激可强化孩子的弱点。

九、让孩子大胆地说话。

要做到这一点，功夫还是在父母身上。首先，父母应该戒急戒躁，不能当面打骂、责备，逼迫孩子说话；其次，可以邀请一些同龄小孩和性格软弱者一起参与集体活动，这时父母在一旁引导或干脆回避，让他们有一个自由的无拘束的语言空间。如果条件允许，父母还可以经常带孩子到一些视野、空间开阔的地带，鼓励孩子放声宣泄。

家长的包办代替是孩子形成软弱性格的重要原因之一。一些家长对孩子百依百顺，不让孩子做任何事情。这等于剥夺了孩子自我表现的机会，导致了孩子独立生活能力的萎缩。

我们如此强调坚强性格对孩子成长的必要性，并非毫无根据。许多具体事例都证明，当一个复杂的问题摆在人们面前时，需要人们明确而及时地作出决定。如果是个性格坚强的人，往往能够冷静地分析问题，设法排除各种不利因素，做到当机立断。性格软弱的人就不同了，他们往往犹豫不决，以致坐失良机。由此可见，培养坚强性格对孩子的成长是多么重要。

自信的才是健康的

在哥伦比亚大学研究机构的报告中,自信,是孩子心理健康的又一重要指数。

现在不少父母存在一个共同的苦恼,就是孩子缺乏自信心,幼儿阶段是形成自信的重要时期。自信心是孩子成才与成功的前提条件,很难想象一个缺乏自信的人能够真正做成什么事情。一个缺乏自信、充满自卑的孩子,即使脑子很聪明,反应灵敏,但在学习中稍遇困难和挫折就会发生问题。

自信心可使孩子不怕困难,积极尝试,奋力进取,取得更多的知识和经验,争取更好的成绩。鼓励、赞扬对增强孩子的自信心是很有益的。

培养孩子的自信心,可以从以下几个方面入手:

第一,赏识孩子的点滴进步,多说"你真棒"。

比如让4岁的孩子自己穿衣服,不要说:"你现在自己穿上衣服,下午就给你买雪糕。"而只需说:"我想你已经长大了,能够自己穿上它了。"在这样的提示下,他努力穿好了,就会感到自己确实已长大了,就会在此后每天的努力中巩固这种感觉,从而自信心大增。

成人的评价对孩子产生自信心理至关重要。幼儿时期,成人对孩子信任、尊重,承认,经常对他说"你真棒",孩子就会看到自己的长处,肯定自己的进步,认为自己真的很棒。反之,经常受到成人的否定、轻视、怀疑,经常听到"你真笨、你不行、你不会"的评价,孩子也会否定自己,对自己的能力产生怀疑,从而产生自卑感。因此,成人必须注意自己对孩子的评价,多为孩子的长处而骄傲,不为孩子的短处而遗憾。要以正面鼓励为主,要善于发现孩子身上的闪光点,不盲目的拿自己的孩子同别的孩子比较,而是多拿孩子的过去与现在比较,让孩子知道自己长大了,进步了,从而产生相应的自信心理。尤其是特别要给予发展慢的孩子以更多的关怀和鼓励,让孩子懂得人人都有长处,使这些孩子逐渐树立对自己的正确评价。

第二,创造机会,在实践中培养孩子自信心。

那种事事依赖、处处顾惜的孩子总是期待照顾,怀疑自己的能力,缺乏自信。父母可以营造较宽松的心理环境,允许孩子自己尝试和犯错;注意"君子动口不动手"似的指导,多提建设性的意见,少为孩子做不必要的帮助,每天给孩子简单的任务让他独立完成。成就感是孩子树立自信心的源泉，当孩子自己独立完成一项任务的时候，他的自信心也会得到增强。当然，也不能过分放纵，让孩子一切自行其是。家长必须懂得，儿童自己能做什么，不仅取决于他们的成熟程度，而且也取决于生活中的各种事物对他们的适宜程度。因此，父母从日常生活入手，适宜地提出他们力所能及或稍克服困难就获得成功的要求，给予独立锻炼的机会，才能让孩子体验成功的快乐，建立真正的自信心。

可以给他一些他一定能完成的任务，比如摆碗、盛饭、给爷爷拿眼镜、到信箱拿报纸等，他做到了就表扬。有时也帮他做一些比较困难的事，如洗手绢、擦皮鞋、整理玩具上架等，会做了更要大为表扬，树立她的自信心。早上起床和晚上睡觉要让他自己穿脱衣服，锻炼独立性。需知自信心和独立性要从一点一滴做起，不是抽象的。因此家长应该正确认识到孩子的缺点和优点，正确把握，创设良好的机会和条件让孩子去尝试和发现，发展孩子的各种能力，并在孩子取得成绩时，及时表扬，充分肯定进步，才能让孩子体验到成功的喜悦，产生积极愉快的情绪体验。

第三，用鼓励的方法培养孩子的自信心

鼓励是培养孩子最重要的一个方面，每一个孩子都需要不断鼓励，就好像植物需要阳光雨露一样。没有鼓励孩子不能健康成长。但我们往往轻视对孩子的鼓励，往往忘记鼓励。许多人错误地认为孩子需要的就是教育，不断地教育，而教育更多的就是灌输和训导。

当孩子试着做一件事而没有成功时，我们应避免用语言、用行动向他证明他的失败。我们应该把事和人分开，做一件事失败了并不意味这个孩子无能，只不过他还没有掌握技巧而已。一旦技巧掌握，他就能把事情做好。如果我们采取指责的态度，孩子的自信心就会受到伤害，这个时候就不像掌握技巧那样简单了。孩子可能永远做不成这件事情。对成人而言，我们自己首先不能泄气或失去信心。

想要鼓励孩子，最重要的两条是：第一，不要讽刺他，使他受到不同程度的打击；第二，不要过分地赞扬他，以免产生骄傲情绪。我们对孩子的教育过程中，必须时刻顾及到这一点：不要使孩子失去对自己的信心。同时，我们应该知道，如何鼓励孩子的自信心。

第四，让孩子从成功的喜悦中获得自信心

　　培养孩子自信心的条件是让孩子不断地获得成功的体验，而过多的失败体验，往往使幼儿对自己的能力产生怀疑。因此，老师、家长应根据孩子发展特点和个体差异，提出适合其水平的任务和要求，确立一个适当的目标，使其经过努力能完成。他们也需要通过顺利地学会一件事来获得自信，另外，对于缺乏自信心的孩子，要格外关心。如对胆小怯懦的孩子，要有意识地让他们在家里或班级上担任一定的工作，在完成任务的过程中培养大胆自信。创造民主、和谐的家庭气氛像人类赖以生存的阳光、空气那样，无时无刻不在影响着孩子的身心健康和智力发展。

　　再胆小的孩子，偶尔也会有大胆的举动，也会做得很好，也许在常人看来这微不足道，但做父母的必须努力捕捉这些稍纵即逝的闪光点，给予必要的甚至夸张的表扬和鼓励。同时，要发展地看待孩子，肯定孩子的点滴进步，尤其肯定孩子的"第一次"尝试。而不是当孩子兴冲冲地说："我学会××了"，而家长却说"你得意什么，离好孩子的标准还差远了"。这样会伤害孩子的自尊心，挫伤孩子的自信心。而父母及时的一句"太棒了"，将会对增强孩子的自信心产生很好的效果。

　　此外，我们还可心帮助孩子，发扬优点，以己之长，克己之短的方法来培养、提高孩子的自信心、上进心。

　　第五、不给孩子设置过高的标杆

　　"望子成龙，望女成凤"是所有家长的心愿，然而过高的期望会给孩子带来巨大的压力。一旦达不到要求，孩子的自信心就会受挫。家长要明白每个孩子都有不同的长处和劣势，不可能要求孩子什么都会，不要给孩子设置过高的标杆。孩子进步是需要一个过程的，切不可急于求成，要多份关心和耐心。家长对孩子充满信心，相信他们慢慢来一定能行的，孩子才能对自己有信心。

　　第六、为孩子提供做决定的机会

　　做决定是一种权力，也是一种责任。别看孩子年龄小，他和我们成人一样，也是一个独立的人，也有做决定的权利。

　　"生命的价值在于选择。"但做父母的常常忘记这一点，他们不让孩子去做选择，总是忍不住要替孩子选择。于是，孩子只能按照父母的决定去做。但是这种方式对孩子有长远的影响。一方面，孩子获得的资源越来越多，但另一方面，孩子的生命激情却会越来越低。他们感受到这一点，于是想对父母说"不"。

怎么办？其实，一方面家里一定要有规则，另一方面要让孩子自己来做决定、想对策、做计划。如，孩子早上如果不愿意穿妈妈拿的衣服，妈妈可以拿两套衣服给孩子选，穿这套还是穿那套；散步走什么路线，跟孩子共同商量好；傍晚是看书还是到小朋友家去玩耍；星期天去东湖公园还是儿童公园，让孩子自己去做决定。在买玩具、图书或食品前先谈好条件、制定购买计划，然后让孩子自己选择。

有研究表明，总是由父母做决定的孩子，长大后常常缺乏判断力和选择的能力，而且缺乏责任感，甚至不知道如何对自己负责。因此建议父母多给孩子一点做决定的机会，让孩子学会如何做决定。

一个经常为自己的人生做决定的孩子，他是富有生命力的。尽管因为缺乏经验，他会遇到一点挫折，但那些挫折会成为难得的体验，最终和成就感一起，让他感觉到自己的生命是丰富多彩的，是有价值的。

总之，父母对孩子来说都是最亲近、最信任的人，所以成人要起到典范作用，加强自身修养，遇事要持积极态度，让孩子在潜移默化中受到感染，逐步树立起自信的观念，去克服人生道路上的种种艰难险阻和迎接各种挑战。

培养孩子承担责任的勇气

同样，敢于承担责任，有责任心，不逃避，也是一个心理健康的孩子应有的品质。父母应当锻炼孩子承担责任的勇气与能力。

如今，在孩子的教育问题上，不少家长都感到很头疼。出于对孩子的疼爱，有些父母，尤其是爷爷奶奶、外公外婆，往往会一味怕承担责任，而忽略孩子所犯的错误，甚至纵容孩子。但在现实中，家长往往做不到这样，有时宁愿选择自己替孩子承担责任。

一家人到餐馆吃饭，八岁的儿子不小心碰掉了一个瓷碗，碗碎成了几块。父亲和母亲马上放下餐具，捧着孩子的小手查看是否受伤。父亲抱怨道："怎么能这么不小心啊？"母亲这是连连温声安慰。父亲赔了碗钱，一家人就离开了饭馆。

这是典型的承担责任，代子受过。父母要让孩子主动去向饭馆老板道歉，咨询要赔多少钱，如果孩子没有能力赔偿，可以向父母借，以后从给孩子的零花钱中扣除，如此一来，孩子承担了属于自己的责任。

很多家长以为这样做是爱孩子,是为孩子好。殊不知,这样做是在坑害孩子。承担责任是完美人格的重要部分,是一个人激发内在力量的黄金宝藏,特别值得拥有、发展和保护。不少家长随意把孩子弥足珍贵的东西丢弃了,亲手把孩子赖以立身的美好品质毁坏了,对孩子来说,这是多么大的损失啊!

让子女长大后成为一个正直、有所担当的人,家长的责任重大。作为父母,应该让孩子知道什么是对的,什么是错的,什么可以做,什么不可以做。尤其是孩子犯了大错时,父母要勇于承担自己做父母的责任,为孩子做出很好的榜样,让他们明白做错事就要承担责任,要知错就改。

家长越位,替孩子承担责任,对孩子造成的负面影响是多方面的。

首先,父母事无巨细替孩子承担责任,等于鼓励孩子滋长惰性,纵容孩子增长依赖思想。这样做,等于告诉孩子,"有爸妈在,什么事你都不用操心。"久而久之,孩子的责任心消失殆尽,他再也不愿对任何人、任何事负责任了。如此一来,孩子会成为推卸责任的高手,无论出现什么问题,造成什么后果,孩子都会心安理得把责任推给父母,推给别人。他会理直气壮找理由、找借口为自己开脱。

其次,父母事无巨细替孩子承担责任,孩子会形成寄生虫思维逻辑。孩子认为,爸妈应该伺候我,我的一切别人应该给我安排好,我的困难应该由他们解决。这类孩子不会替别人着想,心中只有自己。他认为周围的人都应该围着自己转,都应该适应自己。别人一旦对他照顾不周,他会感到心理不平衡,甚至会认为别人冒犯了他,侵犯了他的利益。

一个缺乏责任心,不敢承担的孩子,做什么事都消极被动,等待、拖延是他的行事作风。没有父母、老师、领导的监督和督促,他无法完成任何事情。一个缺乏责任心的人,进入社会后,不仅事情做不好,还会对别人的催促产生反感,觉得自己受到限制,受到压制,认为别人专门找自己茬,有意和自己过不去。这样的人,学习、工作没有效率,还对别人耿耿于怀,所以很难取得领导信任和同事尊重,事业上不会有多大成就,裁员却往往少不了他。

自由和责任是对等的。不负责任的人,为了逃避负责任带来的约束,却心甘情愿把自己的自由拱手交给了别人,把自己的命运交给了别人。逃避责任就是逃避自由,不负责任的人,也没有自由而言。不是吗?一个处处依附别人、靠别人来管理的人,哪来的自由?一个失去了自由的人,还有什么幸福和快乐可言?

责任意识既然如此重要,那么,怎样才能培养一个孩子的责任心呢?

第一,告诉孩子行为的后果。

给孩子选择的权利和自由,就意味着让孩子承担责任和后果义务。父母替孩子选择,孩子往往是被动接受,也多了几分对立情绪,会理所当然地认为,既然这是父母的决定,是父母强加给自己的事情,出了问题就应该由父母负责。如果让孩子自己选择,情况就大不一样了。这是孩子自己的选择,是孩子心甘情愿干的事情,孩子会为自己的选择而努力,也会为自己的选择承担责任。

比如孩子要买一件品牌服饰,妈妈认为超过了自家的消费水平,可以给孩子一个选择:"我知道你喜欢这件衣服,但它价格也不便宜。妈妈认为隔壁店里那件衣服很不错,价格却实惠得多。如果你选择这件,必须等一段时间,一来要等爸爸发了工资,二来要减少你的零花钱,大家节省点才能买。如果你选择隔壁店里那件,现在就可以买。"

如果孩子为此事闹情绪,父母可以心平气和告诉孩子:"我知道你很生气,妈妈理解你现在的心情,但闹情绪解决不了任何问题,妈妈绝不会花钱来鼓励你这种行为。你现在有两种选择,要么有话好好说,咱们商量着办;要么继续闹下去,什么衣服也买不成。"

一部分家长从小没有培养孩子责任心,孩子年龄偏大了,这时让孩子选择,让孩子承担责任,做起来会比较困难,孩子会感到不自在。面对孩子的不配合、甚至反抗,只要家长有坚强的意志,充分的耐心,坚持原则,毫不动摇,经过一段磨合,孩子知道父母不会轻易放弃原则,孩子也会逐渐做出正确选择。

第二,让孩子勇于承担后果。

从小培养孩子责任心,是每位家长的责任。从孩子懂事起,就应该让他明白,所有人都应为自己的选择负起责任,对自己的行为承担后果。

比如解决孩子早上赖床问题。爸妈可以给孩子弄个闹钟,让他自己起床。没有闹钟,爸妈只叫他一次。孩子起晚了,让他承受所有的不便。没有洗漱,头发凌乱,衣冠不整,自惭形秽;没吃早饭,饿肚子,上课心发慌;进教室晚了,老师罚站等,这些行为后果都应该让孩子承担。经过这样的经历后,孩子会这样想:多睡一会儿,给自己带来这么多不便;晚起一会儿,竟然要付出如此大的代价。经过这么一次深刻体验,大多数孩子都会提前醒来,再也不会懒床了。

如果家长心疼孩子,怕孩子饿肚子,把早餐送到学校,怕孩子在学校受委屈,找老师解释,替孩子开脱,把责任揽到自己身上,孩子没有承担行为后果,他自然就不会接受教训,赖床的毛病恐怕今生今世很难改掉了。人都有惰性和依赖性,如果有人事事替自己负责任,谁也不愿负责任;如果有人凡事替自己承担后果,也没有那个人愿意承担后果,何况一个孩子呢?

第三,让孩子在困境中历练。

父母要给孩子有益的帮助,但不要替孩子生活。最重要的是不随时随地从困境中解救孩子、开脱孩子。智慧的做法是放手让孩子体验生活,体验行为后果。在日常生活、学习中,孩子身处困境、感到痛苦的时候,正是磨炼自己的极好机会。家长心疼孩子,替孩子做了,孩子很快得到解救、得到开脱,孩子当时会感激家长,但损失最大的还是孩子。因为孩子失去了提高自制力、培养责任心、历练意志、自我成长的宝贵机会,这样的机会失去得多了,孩子很多不良品质也养成了。

家长朋友要明白这样一个道理,生活是位伟大的老师,任何人都要经过生活的历练,你的孩子也不例外。历练是造就成功者的最高学府,在这所学府毕业的人无一不是生活的强者。要约束好自己,克服"心疼"孩子、替孩子解脱的冲动,这样才是真正爱孩子,对孩子负责任。实践证明,一个缺乏约束力的孩子背后必然站着缺乏约束力的家长。

第四,安慰孩子的情绪。

让孩子承担责任,意味着让孩子承受痛苦。孩子以前轻飘飘惯了,现在让他承担责任,承担后果,必然要经历一个痛苦阶段。家长朋友要有充分的思想准备,帮助孩子渡过这个阵痛期。

在学会承担责任的过程中,孩子难免表现出一些负面情绪。比如,沮丧,烦恼,痛苦,愤怒等等。这些情绪都是正常的、健康的,都是孩子必须经历的。父母要平静地接受孩子的现状,接受孩子的所有情绪,认可孩子的感受,给孩子充分的理解。聪明的父母不但会引导孩子勇于承担责任,也允许孩子宣泄负面情绪。这样做,才是对孩子有益的帮助,孩子才能尽快从负面情绪中走出来,继续面对生活和学习的挑战。

最忌讳的、最要命的是,有些家长既想让孩子承担责任,还不能接受孩子的负面情绪,受不了孩子负面情绪的宣泄,恨不得马上让孩子破涕为笑。这类家长容易受孩子情绪支配,孩子难过,他比孩子更难过;孩子烦躁,他比孩子更烦躁；孩子愤怒，他比孩子更愤怒。父母首先乱了方寸，因而失去了局面控制权，其结果往往是一团糟，甚至不可收拾。

培养孩子责任心的第一课堂，非家庭莫属；培养孩子责任心的第一老师，也非父母莫属。如果你想让孩子成长为一个有责任、有担当、能自律的人，就务必从一点一滴的小事开始培养孩子的责任意识，目标要清，态度要明，方法要科学。一旦孩子的责任心形成了，孩子的诸多教育难题就会迎刃而解，孩子的成长将会步入一条良性发展的轨道。

正确的财富观很重要

在哥伦比亚大学的研究资料中，正确的金钱观、财富观对孩子心理健康的影响变得越来越重要。无论是东西方社会，金钱是孩子们必须接触到的，而且他们一生都在于金钱打交道。形成正确的财富观对他们的心理健康影响深远。

发生在河北大学撞死学生的案件相信大家都知道，那李刚的儿子一句"我爸是李刚"红遍了整个网络。李刚之子（他自己的名字李启铭，但是他的那句话太经典了"我爸是李刚"，以至于他的名字已经无人关心了）的那句话"我爸是李刚"成为了他最为幼稚的明证。李刚这个名字全国不知有何止成千上万个，而一个区区警察局副局长能够祖护撞死人的儿子吗？如此嚣张的叫嚷"你有本事去告，我爸是李刚"这样的话都能说的出口，这句话似乎只在古装剧中的王公贵族的纨绔子弟公主格格口中有出处。但是这么一个副局长的儿子能说这样的话是把他的老爸当成了古代的皇帝呢，还是自己的家庭让他有了这种自己就是天王老子的儿子的错觉？

他这样口出狂言可能跟醉酒有很大关系，但是通过心理学角度讲，如果没有觉得自己是天王老子的潜意识，这句话是不可能说出口的。换句话说，如果这个孩子是从农村长大的，从小吃苦看别人脸色行事，从来都是小心翼翼，如履薄冰。那么即使是有喝多的时候，有赚了钱买车的时候，有冲动出车祸的时候，但是他会这么嚣张吗？他会理都不理去见女朋友而致受伤者于不顾吗？不会。这个孩子的这一句话就能显示出他的家庭教育，就能显示父亲抑或是母亲的平时教育。给他错觉，让他昏了头。他的这句话显示了他自己的幼稚，更是毁掉了他父亲的前程及其整个家庭的幸福。但是反过头来一想，谁的过错呢？"子不教,父之过"这句古语似乎在这个事件中得到了进一步的诠释。

在有钱和有权的家庭尤其注意,由于家庭的优越,是不是让自己的孩子也拥有了优越感,即所谓的富二代和权二代。孩子有了这样的想法终究会栽跟头。而原因就是家长没能给孩子树立好心理定位。人都有炫耀的本性,即有了成就总想得到别人的认可。中国人的衣锦还乡就是这种心理。这与美国的著名心理学家马斯洛先生提出的同马斯洛需求层次理论中的尊重是同一个道理。人在解决了温饱安全社会需要后,希望得到别人对自己的身份地位的尊重和认可。所以说,人富裕和有权时希望得到尊重和认可,这是人的本性,无可厚非。但是,这点千万不能传染给孩子。这会导致孩子的依赖心理。减弱孩子的成就欲望,助长孩子的享受欲望。所以,有钱和有权的家庭尤其注意,家里即使没有危机,人为制造一些危机和苦难给孩子以锻炼也是必要的。

"官二代"、"富二代"的家庭教育失败,有共性原因,也有突出的个性原因。

从共性原因看,当今的家庭教育都很淡漠,且有将家庭关系变异为分数关系、成绩关系的趋势,父母普遍关注孩子的成绩,却不关注孩子的身心成长。而在父母对孩子的教育中,不管是富裕人家,还是一般家庭,基本的价值观念是一致的,即普遍崇尚"权势"与"财富",把父母的权势、家庭的财富,无形中转变为孩子的社会地位。这种"权势观"和"财富观",会对孩子的成长产生深远的影响。

在美国,家庭对孩子的"权势观"和"财富观"教育却完全相反,不管是富裕家庭还是贫困人家,基本的态度是,父母的权势与财富不是自己的权势和财富,每个人是平等的,没有特权,只有靠自己努力获得的财富,才是属于自己的财富。

从个性原因看,"富一代"和"官一代"显然不希望"富不过三代"、"强不过三代",他们希望孩子成才,但他们的家庭教育却问题多多。

其一,父母由于事业、交际,与孩子一起生活的时间少,因此有"补偿"心理,通过满足孩子的物质需要,来表达对孩子的关注,也由此反复刺激孩子的物质欲望;

其二,父母在孩子面前并不约束自己的言行,且为了表明自己的"能干",总爱表露用钱和权可以搞定一切,把生意场和官场上的规则带进家庭;

其三,父母身边的人对孩子百般呵护,要啥有啥,即便父母告诉他不要张扬,但孩子却认为自己生活在一个为所欲为的"王国"。新闻中的这位"管二代"肇事后,不停车反而继续去校内宿舍楼接女友,返回途中被学生和保安拦下,却高喊"我爸是李刚!"其实很符合其平常生活表现。

对于孩子的教育,我们社会普遍重视学校教育,但支撑学校教育的,还有社会教育与家庭教育。孩子健全的人格和身心发展,家庭教育起基础性作用。有一些"官一代"、"富一代",总把教育责任交给学校,认为只要花钱给孩子上个好学校就可以了,今后大不了送孩子出国。到头来,就是孩子出国,也极有可能是"垃圾留学",回国后照样啃老,照样给自己找麻烦。反观国外的富翁与官员,对孩子的家庭教育尤为重视,因为对于孩子的培养,作为监护人,有责任将其培养为合格的社会人。

推而广之,不仅是"官二代"、"富二代",对于普通家庭的孩子,父母也要杜绝过分溺爱,做好"权势观"与"财富观"的教育,只有这样,孩子才有一个透明、干净的天空,才有一个健康、成功的未来。

高超的社交技巧

人类是群居动物,无论独生子女如何娇宠,最终都无法避免走出家门,与社会上的其他人打交道。所以父母都希望孩子拥有良好的社交能力,却往往难以如愿。哥伦比亚大学的专家认为,家长应该更多了解孩子的社交心理,才能实现帮助孩子的目的。

约翰妈妈这几天很焦虑,他突然发现,和别的同龄小朋友相比,6岁的约翰似乎完全不懂社交礼仪:不肯跟邻居阿姨打招呼,拒绝叫人、问好,让自己在朋友和同事面前很没面子;他认生、害羞,甚至怯懦、自私、没有礼貌……这样下去,约翰以后可怎么办呢?

如何面对孩子之间的斗争?

Anna的儿子4岁多,特别喜欢和小朋友一起玩,每天吃完晚饭,Anna就带儿子到小区花园去找小朋友。在游戏时,小朋友之间会有一些碰撞、拉扯,也会跌倒摔跤,儿子的膝盖和手肘伤痕累累,但他毫不在乎,我要看他的伤口也不让我看,还说"会好的",爬起来继续嬉戏打闹。但当他把别的孩子撞到或打倒时,其他的孩子(特别是女孩子)就会大哭,然后家长就会跑过来理论是非。在我看来,其实儿子并不是打人,不过别人总是误解他,这样下去也不行啊。

要让孩子懂得分享吗?

瑞琪怎么越大越小气呢?谈起女儿,文琴有点苦恼:想当初,瑞琪从未满周岁开始直到快两岁,都那么大方那么好说话。手里不管有什么玩具,只要妈妈要求给其他小朋友玩一会儿,她都毫无怨言地让妈妈拿走。拿着吃的,只要别人逗她"给我吃一口",她都会把小胖手伸到你嘴边。

在邻里中,瑞琪得了一个"慷慨大方"的美名,让我很是自豪。可最近,瑞琪越来越让我下不来台呢,该怎么办才能让她懂得分享呢?

专家解析:引导孩子,从了解开始

孩子的良好社交表现究竟怎样才能实现呢?专家认为,引导孩子,应该从了解孩子的社交世界开始。

1.打架未必全是坏事

如何看待孩子们之间的打打闹闹呢? 来自哥伦比亚大学的儿童发展心理学家发现,在儿童社会交往,也就是玩耍的过程当中,无论是哪个国家、哪种文化,进攻性行为都在所难免。攻击性行为在社交游玩当中浮现,越是能打架的孩子,越具备社交能力,也越精明强干。事实上,能够显示一些进攻性或许是儿童社交发展的必经之路。

据专家介绍,儿童交往当中,大约10%的游戏行为是并不那么温柔的,两个或者多个孩子经常纠结在一起,身体冲撞、扭打摔跤。在这种游玩当中,孩子们体验自己的力量,发现自身的强度和限度,增强自信心,并且发展友谊。一个什么东西都不摸、什么人都不碰的孩子,会变得没有感情,冷漠畏缩,无法和他人交流。

此外,男孩子和女孩子在感情表达方面差别很大,男孩对于自己喜欢的人肢体动作要多些,而且有时候出手也会比较重,这就会引起有些家长的误会,总以为这个孩子在欺负小朋友、要打人,实际上他是一心一意在和小朋友玩耍。

2.不要强求孩子礼貌

孩子不喜欢和家长的朋友其实是正常的表现。因为对于一个小小的孩子来说,高大的陌生成年人很容易形成身体和精神方面的威胁。这时候孩子本能地要以沉默来保护自己。

专家认为,到了陌生的地方、看见生人就有戒备心,是人类生存本能的表现,孩子必须具备自我保护意识,才能防患于未然。如果孩子对陌生地方或者陌生人的反应跟对熟悉的地方和熟悉的人的反应毫无差别的话,那我们才真是需要担心呢。

3.分享观念养成不易

对于一个两三岁的学步儿来说,自私是一个正常现象,甚至是通向?分享的必经之路。

事实上,这一年龄阶段的孩子正在建构自我意识,建立所有权的概念:我、我的、我的东西,他们并不明白为什么要跟别人分享。而且因为幼儿尚未掌握?借与还的概念,觉得东西一旦离开手边,就意味着丢失。

专家认为,家长应当尽力保护孩子?所有权的建立和发展,孩子只有确认了什么是我的、什么属于自己之后,才能逐渐意识到什么是他人的,把自己跟其他人的物品分开。分享意识的建立是一个漫长的过程,需要在反复的社交活动中逐渐体会到分享的快乐。

家长不应该为此批评孩子,更不要给孩子贴上小气、自私的标签,而应该理解、接纳孩子不希望分享私人物品是正常的,耐心等待孩子按部就班的成长。

社交能力如何引导?

专家认为,家长可以从以下几个步骤来引导孩子逐渐建立社交能力:

第一步:接纳孩子的社交困境

哥伦比亚大学的专家认为,很多时候,成年人往往误解了孩子的世界。儿童的社交能力并非意味着他必须彬彬有礼、见谁叫谁、谦让合作、没有冲突,儿童社交能力的发展也不是一蹴而就,我们教给他,他就会了,一劳永逸了。社交能力是在不断的体验和练习中逐渐开发的。无论成人还是儿童,社交能力的基本功就是认可他人存在、体会他人情绪、接纳他人行为,这些都需要我们积累大量的经验才能练就。

第二步:接纳孩子之间的社交冲突

一个孩子的社交能力是跟环境息息相关的,也就是他与生具有这个本能,可是这本能可不可以发展出一个比较好的一个新的技能,是非常需要后天环境的提供。每个孩子都有自己独特的性格,每个孩子也有属于他自己的社交圈子和交往方式。孩子的交往潜力很大,就看您怎么培养!

在日常生活中,细心的父母可以找到很多方法培养孩子的社交能力:

让孩子学习与陌生人说话

有的父母怕孩子单独外出会闯祸,而吓唬孩子,孩子变得胆小,怕见生人;有的父母怕孩子外出受到别人的欺侮,怕吃亏、学坏,认为还是关在家中好;有的怕孩子与人接触传染疾病,情愿将孩子闭门独处。

事实是,只有与不安全的陌生人交往才是不安全的。所以父母应该创设外出活动和与人交往的条件,放手鼓励孩子和周围的小朋友玩耍,让孩子在和陌生的小朋友的交往中自然地提高交往能力。譬如:和经常左邻右舍打个招呼,问个好;和熟悉的、性情温和的、年龄稍大几岁的小朋友一起游戏;再慢慢过渡到走亲访友,去公园和同伴嬉戏,利用乘车、散步的机会和陌生人接触等。

引导孩子购物

3至7岁的孩子完全可以在父母的引导下购物。例如让他买自己喜欢的小玩具、小卡片、文具、零食等。孩子在与售货员交流的时候,也学习了与人沟通的技巧。如果孩子一开始有困难的话,妈妈可以在一边鼓励,教孩子说"请售货员阿姨拿一下那个玩具狗"、"请问要付多少钱"、"谢谢"等话,渐渐地让孩子自己能开口说。

鼓励孩子邀请小朋友到家里来玩

现代父母常有一个误区,就是想时刻保持一个整齐完好的家。所以,父母们不太愿意让自己的孩子邀请左邻右舍的小朋友来家玩,最多也是在小区里简单交往。如果父母鼓励孩子邀请小朋友到家里来玩,孩子们就会有更多的时间在一起,也会有更多的机会学习处理游戏过程中可能发生的纠纷。

鼓励自己的孩子到小朋友家去做客

孩子的交往也如同成人的交往,既可以请进来,也可以走出去,两者同样重要。为了避免自己的孩子给别人添麻烦,您可以让孩子带些小礼物去小朋友家,这样既周到、也礼貌,还能让孩子学会分享。

给孩子充分的自由

如果您细心观察,可以发现:有些孩子喜欢和比自己小一点的孩子玩,有些孩子喜欢和比自己大一些的孩子玩。

有的父母担心自己的孩子如果和比他大一些的孩子玩会吃亏,就限制自己的孩子和大孩子玩。但事实更可能是:孩子与比自己大些的孩子玩要能学习小哥哥小姐姐的交往方式;与比自己小一些的孩子交往又可能学会了照料别人。

所以,请您充分尊重孩子,赋予孩子自由选择小朋友的权利,您只需在必要的情况下帮助做些参考。

带孩子到处走走

旅游能扩展孩子的交往范围,增加他的交往对象。同时,多走多看也会增加孩子对于异域文化或风俗的了解。

教孩子使用礼貌用语

培养文明礼貌的行为习惯,使孩子形成谦虚有礼的行为方式更好地适应社会交往。教给孩子与人交往的礼貌用语,如与人打招呼、接电话的用语,如何回答别人的问题、向他人问路、请教等等。

当孩子在熟人或者陌生人面前能够很好地使用礼貌用语的时候,通常会得到对方的良好反馈,这对增强孩子交往的信心大有益处。当孩子得到别人的赞扬和鼓励的时候,他也会更乐于交往,这在无形中增加了孩子主动交往的机会,孩子的交往能力也会得到相应的提高。

修正交往中的不当行为

和大人们一样,孩子在交往过程中也可能出现不当行为,如欺负小朋友或者过分吝啬等。这些交往中的不当行为都可能使孩子在小朋友中不受欢迎。这时,父母的任务就是要帮助孩子认识自己行为的不当之处,帮助他改进行为,重新获得持久的友情。

尊重孩子的交往个性

尽管良好的交往能力对孩子的成功和快乐都非常有益,但请您不要过分干涉孩子交往的方式。实际上,每个人都有自己的个性,交往能力的提高也不只是朋友数量上的增加。您应该知道,即使是个人独处,也可以成为一种很好的生活方式。如果您的孩子愿意用他自己的方式与人交往,您就应该尊重他。

哥伦比亚大学列出了一份孩子在各个年龄段应掌握的社交技巧,供家长借鉴:

2—3岁:

1.学会了说"谢谢""再见""晚安"等问候语。

2.能与爸爸、妈妈等亲人表示亲近。

3.能对包括爷爷、奶奶、外公、外婆在内的老人表示礼貌。

4.至少拥有一个友谊已维持了3个月以上的朋友。

5.能主动欢迎来访问的小朋友。

6.能以微笑跟客人说话。

3-4岁:

1.至少拥有一个好朋友,而且友谊已保持了6个月以上。

2.撑握了"爸爸""妈妈""爷爷""奶奶"等至少10种不同的称呼。

3.能够根据来访的不认识的客人的年龄、衣着、装饰因素做出诸如叔叔、公公、阿姨、哥哥、姐姐等准确称呼(正确率应在80%以上)。

4.能对包括幼儿园老师、邻居在内的成年人表示尊敬。

5.愿意把自家的食品或玩具给小朋友分享。

6.能用温和的口吻说话。

4-5岁:

1.能自在地和异常性小朋友接触,甚至还乐于跟大人交朋友。

2.当小朋友有困难时主动提供帮助。

3.如果做错了事情,会主动认错或向对方说"对不起"。

4.如果双亲生病,能主动表示关切。

5 当大人不在家时,能恰当地接听打给大人的电话。

6.学会了与人商量的初步技巧。

5-6岁:

1.已经拥有至少一个可以交心的知己,并注意向小伙伴的长处学习。

2.当别人做了对不起自己的事时,能宽容地原谅对方。

3.对小伙伴的成绩表示祝贺,并由衷地感到高兴。

4.能分担别人的不幸或痛苦。

5.对乞丐、流浪者等地位低下的人也能表示应有的尊重。

6.学会了"察言观色",即开始理解他人传达的诸如表情、语调、手势、眼光等到非语言信息。

有意思的是，尽管以上均是"测试题"，但专家们并不要求家长专门给自己的孩子打分，更没有规定及格、不及格的标准。这就是说，即便你的孩子只符合其年龄阶段的 6 条标准中的 1 条或 2 条，甚至 1 条也"不沾边"，你仍然不必为之忧心忡忡，甚至为难孩子。原因很简单：孩子的可塑性是很强的，即使孩子的社交能力目前还很差劲，但只要家长、教授予以正确引导，其社交能力和社交水平都会"自然而然"地与日俱增的。

自律才能健康

学者们在研究过程中发现很多家长在抱怨，孩子在家一个样，在学校又一个样，离开学校的规矩，他们变得不受控制与不受管束。哥伦比亚大学的学者们认为，自律，也应当成为孩子心理健康的一项标准。

当你正在为你的孩子从你的怀抱中挣脱，一天天长大，准备松一口气，认为可以不用再围着他团团转时，您可能会发现他越来越不听话了。

世界是复杂多变的，但社会需要统一的秩序，人类需要一种共同的道德标准和行为规范来约束自身。生命是丰富多彩的，但个体行为要置身于公共准则之下，人需要追求自身的完美，于是，自律，成为通向自我完善的阶梯。关于这一点，相信没什么可争议的余地，那么就让我们去认识自律并身体力行去培养孩子。

一、灌输给儿童正确的价值文化

自律，其我约束的能力。有所为，有所不为。只有自律，才能在将来控制更多的资源，更多的人。缺少自律的人，很容易受到各种各样主客观原因的干扰，很难在某一方面做出杰出的成绩，很难实现自己的目标。

自律包括：常省察自己，善于自我控制，坚持道德准则，不违背自己做人的原则等内容。

家长要有意识地和孩子多谈各种规则、游戏规则、交通规则。最初是从孩子日常生活中不可避免的各种准则出发。告诉孩子要遵纪守法。

孩子大些了，要给孩子讲人生，讲社会，讲国家大事。让孩子有爱国心，学会道德准则，德准则，懂得法律法规。具体地，比方说不能随地吐痰，不要私拆他人信件，不能闯红灯等。

二、教给孩子自律的方法

孩子光有自律的认识,不能有效指导行为是不能发挥作用的。他有很多学生是想管好自己,可不知道怎么管。所以,我们要教给学生自律的方法。

罗伊·加恩指出,自律的方式,一般来说有两种:一是去做应该做而不愿或不想做的事情;一是不做不能做、不应做而自己想做的事情。比如,上课时很想说话,放学时很想玩,很想看电视,不想做作业等等。年龄小的孩子,他们不会控制自己,只是迫于家长的压力才去做自己不愿意做的事或者不做自己很想做的事。我们可以教给他们运用以下方法:

(一)自我命令

给自己下命令,指导自己的行动。比如学校经常会要求孩子念一首儿歌:"头正身直脚放平,两膝并拢坐如钟。"起立的时候,让孩子念:"头正身直手放下,脚跟并拢站如松。"写字时,让孩子念:"写字时,坐端正,胸离桌子一拳远,眼离本子一尺远,手离笔尖一寸远。"要求他们这样说的,就要这样做。其实,念这么几句话,用不了几秒钟,目的是让孩子用自己的语言给自己下命令,要求自己按说的去做。久而久之,孩子就能形成良好的坐、立、写的良好的姿势。

平时,也要学着给自己下命令,例如听到闹钟响,立刻对自己说:"马上坐起来,一定要准时上课,不许迟到,不要损坏班的荣誉。"

(二)自我记录

记录能够让孩子自己看出自己的行为变化,可以制一张表,将自己每天做作业,看电视,上课不认真,发言的次数等行为记录下来。看看自己的改变状况。天天比较,一周统计一次,看看是否有进步,哪些方面需要改进。

(三)自我奖惩

根据记录情况按每周或每月做一次小结,如有进步,可奖励自己参加一次渴望已久的活动,或为自己买一份小礼物;退步了,则惩罚自己周末也不准看电视等。

(四)榜样示范

榜样法对孩子是很有效的,他们喜欢模仿,也有进步的愿望。父母一定要做到以身作则,孩子特别喜欢模仿家长。另外,让他们在自己的"朋友圈"里找一位自己学习的榜样,每天学习、对照,逐步向榜样靠近。

三、运用"五常法",使孩子形成自律行为

自律是在行动中形成的,也只能在行动中体现,除此之外,再没有别的途径。

变成一个自律的人就会变成一个自律的人吗?靠读几本关于自律的书就能成为一个自律的人吗?只是不停地自我检讨就能成为一个自律的人吗?答案都是否定的。自律的养成是一个长期的过程,不是一朝一夕的事情。所以,我们可以运用"五常法",巩固孩子的自律行为。

"五常法"是日本人推崇的一种品质管理技术,其中包括:常组织、常整顿、常清洁规范及常自律五项。当运用到孩子身上时,则可从小培养他们良好的生活习惯及自理能力,再发展到行为自律。

1.常组织

经常组织孩子整理自己的学习用品、生活用品、玩具等,让孩子们自己的事情自己做,不用的东西及时拿掉。

好处:训练小孩子的判断能力,常常检查自己的物品是否完整、有用,养成良好的习惯。

2.常整顿

首先决定按照物品的用处,并将其分类,以致能在短时间内取得或放好用品,提高效率。

好处:做个富有责任感的小孩子,晓得将物品分类,用完放回原处。

3.常清洁

小孩子要保持个人清洁,也有责任去负责保持自己卧室的清洁。使其树立"我不会使东西变脏",而且"我会马上清理东西"的观念。

好处:每天清洁身体及衣服,保持健康卫生的生活习惯。

4.常规范

经常与孩子沟通,提供规范化的管理和环境,让孩子清楚地知道什么是应该做的,什么是不应该做的。减少错误并且提高办事效率。

好处:建立小孩子的自信心,乐意与人沟通,能自订或与家长合作制订生活标准,遇到事情知道如何解决、怎样寻求帮助。

5.常自律

持续地、自律地执行上述"四常",养成遵守规章制度的习惯。当父母和老师了解到小孩子的长处与短处,再按情况做出适当的奖赏,让小孩子从他律,以成人的赞赏作为标准、纪律,发展成为自律。

好处：做个自尊感强的孩子，懂得自我管理生活。

在实施"五常法"的过程中，家长必须首先了解五常法，并以身作则。必须在教导上有共识。如果小孩子做错事，父母必须要有共同处事的原则。其实小孩子不知道自己正在运用"五常法"，但当他们发现自己的行为会获得成人赞赏时，他们自然地会继续做，而且可以不断增强信心。当然，若小孩子做错就需要罚。我们必须按小孩子的能力去制定标准，而非按成人的要求，过高过低都不宜。

四、培养孩子自律的技巧

孩子喜欢吃巧克力，有的父母会把它藏起来，尽量不要孩子发现。可是一旦被孩子拿到，可能就会吃个没完了我们不如换一个方法。把10块巧克力一次给孩子。然后告诉孩子多吃的坏处，和孩子商量好一天只能吃两块。孩子答应了，就要求他按规定去做。开始时，孩子可能不能遵守，家长不要斥责。要继续鼓励，做对了就表扬。时间长了，孩子就会有所进步。

延迟满足，即不要总是在第一时间满足孩子的愿望，避免孩子的欲望膨胀。比如孩子在商店看见了一个玩具娃娃，很喜欢。提出要爸爸妈妈买给他。父母不一定当时就答应。不妨也向孩子提出要求，如果孩子每天都能按时起床，过生日的时候就把这个娃娃送给孩子。

类似的做法不仅使孩子懂得了有付出才能有收获，还让孩子学会了节制。

每到过年或是生日，孩子又要大一岁了。问问孩子，过去的一年有什么收获，有什么进步?有哪里做得不好？新的一年有什么新的打算？从而培养孩子反思的习惯。

我们都知道，人最难战胜的敌人就是自己，包括自己的惰性，自己的缺点，自己的不良习惯。如果我们的学生都学会自律，就会变得更优秀起来！这正如巴尔塔萨·格拉西安所说："首先控制我们自己，然后才能控制别人。"

心理健康测试题

常青藤盟校经常会通过组织有关青少年心理健康测试题，提高家长与孩子们的心理健康水平。

测试卷一：

下列30项中，如果是"常常"或"几乎是"，就写"A"；如果是"偶尔"或"

点儿"就写"B";如果是"完全没有",就写"C"。因为是你自己的事情,所以请你坦率地写记号:

1.上床后,无论如何也睡不着,即使睡着,也不能熟睡,只是做梦。

2.心情焦躁不安,做事没有效率。情绪也在不断的变化,精力不集中,健忘–符合其中一项。

3.懒得做任何事,也没有干的精神。虽然很着急,认为这样不行,但却仍然游手好闲,虚度光阴。

4.与人见面感到麻烦。

5.对诸如"口中积着唾液","自己身体有怪味"或"有口臭"等这种事情很在意。

6.有种想法浮现在脑海难以忘记,无论如何也难以排除。

7.没有道理的失败,严重失败,不道德或粗暴的事情,犯罪——有做了其中的事的感觉。

8.担心是否锁着门或着了火,躺在床上后,又起来确认。或刚一出门就返回之类的事情。

9.脸红,或与人见面时,害怕给对方有不愉快的印象的倾向。

10.一紧张就出汗或血一下子涌上脑,身体莫名其妙的开始颤动。

11.高处,宽敞场所,上锁的狭窄房间,电梯,隧道,地道,拥护的人群——害怕其中的一项的倾向。

12.害怕特定的动物,交通工具,尖物及白色墙壁等稍微奇怪的东西的倾向。

13.感受到被谁监视,被窥探或被人暗地里说坏话。

14.有别人想加害自己,企图陷害自己的感受。

15.不触摸什么或不做卜算之类的东西,就不能外出,不能从事工作,不能上台阶,走路不隔一基石迈步,就不舒服。以及此类的东西。

16.伏案工作或学习时,数纸的页数,铅笔的支数,对其他事情也是如此,不计算就不行。

17.从早晨到上班,或从回家到就寝,有不按程序办事就不行的倾向。

18.一天必须洗几遍手,公用电话的话筒不擦就不能使用,或对不洁物体极端在意。

19.在鸦雀无声的集合或重要会议中,被想叫喊的冲动所驱使,或其他害怕种冲动的倾向。

20.站在经常有人自杀的着名场所,悬崖边,大厦顶,路边,有摇摇晃晃跳下去的感受。

21.面临担心的事情和困难的场面,就有呕吐,泻肚,胃疼,头痛,心脏病发作,发疼及发热的症状。

22.白天,突然被不可抗拒的睡眠所袭扰,无论如何抵抗还是睡着了。

23.恰如报社记者不能整理文章,广播员广播出现错误一样,认为自己的学习和朋友方面出现棘手的征象。

24.对心脏声音和呼吸作用非常介意,或为此难以成眠。

25.突然感受到心脏停止跳动,呼吸困难,要晕倒或类似的事情。

26."灾难临头"或"受到不幸"等畏惧虚构的事情的倾向。

27.非常担心是否患癌症、脑中风、心脏病、种种传染病及其他疾病的倾向。

28.悲观的看待事情,无精打采,情绪忧郁,心情不好。

29.认为自已不行,或给周围添麻烦,虽然想活着,但又无可奈何。

30.除以上例举的症状外,被断定"自己一定是神经症"的时候。

自我诊断的方法:A 是 2 分,B 是 1 分,C 是 0 分,请算出合计分。

大体评价如下:

0-5 分,请放心,你的心理非常健康,神经强韧。能顺利的适应现实。

6-13 分。如果你还在城市,并从事脑力劳动或费神的工作,大致还属于健康的范围,但是你必须改正"神经症与自已完全无关"的想法,你也有患神经症的可能性。

14-25 分,你在精神方面有些疲劳,应该减少工作量。或通过休假或休闲的方式改变情绪。应该采取适当的治疗方法。

26-30 分,是警告,有可能患了神经症。所以建议你去看医生。

测试卷二:

1.你很害怕黑暗,经常不敢一个人睡觉。

A:是　　B:不是

2.一听到尖叫声,你就害怕。

A:是　　B:不是

3.你一定要开着灯才能睡觉。

A：是　B：不是

4.放学回家晚了你就老觉得后面有人跟着你。

A：是　B：不是

5.你是否很害怕到高的地方去？

A：是　B：不是

6.你是否害怕很多东西？

A：是　B：不是

7.你是否经常做恶梦？

A：是　B：不是

8.你胆子特小，连老鼠也害怕。

A：是　B：不是

9.你妈妈不在家，你就会叫奶奶或爷爷或其他人陪你。

A：是　B：不是

10.你乘车穿过隧道或路过高桥是，是否害怕？

A：是　B：不是

11.唱歌比赛没得奖，你认为是自己的错。

A：是　B：不是

12.考试没考好，你认为是自己没复习好。

A：是　B：不是

13.你在乒乓球、羽毛球、篮球、足球、拔河、广播操等体育比赛时，是否一出错就特别留神？

A：是　B：不是

14.做一些难题你就总是要请教老师或学习好的同学。

A：是　B：不是

15.你和好朋友吵架后自己后悔吗？

A：是　B：不是

16.你和好朋友吵架后认为是自己的错吗？

A：是　B：不是

17.你在排球、篮球、足球、拔河、广播操等体育比赛输了时，心里是否一直认为是自己不好？

A：是　B：不是

18.老师批评的总是对的。

A：是　　B：不是

19.你回答问题是时，同学笑你，你会觉得自己的答案错了吗？

A：是　　B：不是

20.你学习成绩不好时，你是否总觉得是自己不用功的缘故？

A：是　　B：不是

21.你夜里睡觉时，是否总想着明天的功课？

A：是　　B：不是

22.老师向全班提问时，你是否觉得是在提问自己而感到不安？

A：是　　B：不是

23.你是否一听说"要考试"心里就紧张？

A：是　　B：不是

24.你考试成绩不好时，心里是否感到不快？

A：是　　B：不是

25.你学习成绩不好时，是否总是提心吊胆的？

A：是　　B：不是

26.当你考试时，想不起来原先掌握的知识时，是否感觉到焦虑？

A：是　　B：不是

27.你考试后，在没有知道成绩之前，是否总是放心不下？

A：是　　B：不是

28.你害怕考试，老担心考不好。

A：是　　B：不是

29.你希望每次考试都能得前 3 名。

A：是　　B：不是

30.你在没有完成任务之前，是否总担心完不成任务？

A：是　　B：不是

31.你回答问题时老怕出错丢人。

A：是　　B：不是

32.老师说的话不一定全对。

A：是　　B：不是

33.你是否认为自己比别人更看重学习？

A：是　　B：不是

34.考试前你总害怕考坏。

A：是　　B：不是

35.考试考坏了,你担心家长批评你吗?

A：是　　B：不是

36.你手心是否经常出汗?

A：是　　B：不是

37.你害羞时是否脸红?

A：是　　B：不是

38.你经常感觉肚子疼。

A：是　　B：不是

39.你不喜欢上学路上碰到老师。

A：是　　B：不是

40.你没有参加运动,心脏是否经常感觉咚咚地跳?

A：是　　B：不是

41.你是否很容易疲劳?

A：是　　B：不是

42.你很讨厌看病吃药。

A：是　　B：不是

43.你总是不能很快入睡。

A：是　　B：不是

44.你老是觉得自己身体有病。

A：是　　B：不是

45.你经常照镜子,觉得自己比别人丑。

A：是　　B：不是

46.你是否经常觉得肠胃不好?

A：是　　B：不是

47.你是否经常咬指甲?

A：是　　B：不是

48.你是否舔手指头?

A：是　　B：不是

49.你好像觉得自己病了,似乎喘不过气来。

A:是　　B:不是

50.考试时,你老上厕所。

A:是　　B:不是

51.你受到批评时心情是否不愉快?

A:是　　B:不是

52.你受到老师批评时,心里是否总是不安?

A:是　　B:不是

53.同学经常在一起说悄悄话,他们可能在说你。

A:是　　B:不是

54.老师批评你,你一连几天都不开心。

A:是　　B:不是

55.唱歌比赛你的名次在某某之后,下次你一定不跟他(她)比了。

A:是　　B:不是

56.你讨厌背后说别人坏话的人。

A:是　　B:不是

57.上课时被老师点名回答问题时你就脸红。

A:是　　B:不是

58.你不喜欢当班干部。

A:是　　B:不是

59.你上课不敢做小动作,怕被老师看见。

A:是　　B:不是

60.你在写作业时,不喜欢有人在旁边看。

A:是　　B:不是

61.你心理是否总想为班级做点好事?

A:是　　B:不是

62.你学习的时候,思想是否经常开小差?

A:是　　B:不是

63.你把东西借给别人时,是否担心别人会把东西弄坏?

A:是　　B:不是

64.碰到不顺利的事情时,你是否很烦躁?

A：是　　B：不是

65.你是否非常担心家里有人生病或死去？

A：是　　B：不是

66.你是否在梦里见到过死去的人？

A：是　　B：不是

67.你对收音机或汽车的声音特别的敏感。

A：是　　B：不是

68.你是否心理总觉得好象有什么事情没有做好？

A：是　　B：不是

69.你是否担心会有什么意外得事情要发生？

A：是　　B：不是

70.你在决定要做什么事情时，是否总是犹豫不决？

A：是　　B：不是

71.别人认为好看的故事你不认为就一定好看。

A：是　　B：不是

72.你不喜欢去别人家玩。

A：是　　B：不是

73.你不太喜欢说话，别人也不太了解你。

A：是　　B：不是

74.你喜欢一个人自己玩。

A：是　　B：不是

75.你不喜欢交友。

A：是　　B：不是

76.和不认识的人在一起你感到不自在。

A：是　　B：不是

77.你不喜欢参加班里的集体活动。

A：是　　B：不是

78.你没有几个朋友。

A：是　　B：不是

79.你不喜欢跟别人说话。

A：是　　B：不是

80.在人多的地方,你是否觉得害怕?

A:是　B:不是

81.你经常不开心。

A:是　B:不是

82.考试成绩不好没什么。

A:是　B:不是

83.你是否经常会突然想哭?

A:是　B:不是

84.你说过一些谎话。

A:是　B:不是

85.作业多死了,你有时真想去月球。

A:是　B:不是

86.你一次都没有上学迟到。

A:是　B:不是

87.你一不开心便向父母大哭。

A:是　B:不是

88.你能为同学守住秘密。

A:是　B:不是

89.你想一个人出去旅游一次。

A:是　B:不是

90.别人帮了你,你总会说:谢谢。

A:是　B:不是

91.你发现一位同学说你坏话了,你以后就不理他(她)了。

A:是　B:不是

92.你是一个很听话的孩子。

A:是　B:不是

93.你骂过人。

A:是　B:不是

94.你经常哭。

A:是　B:不是

95.你想要什么玩具就一定能有什么玩具。

A:是　　B:不是

96.对于你不喜欢的课程,若老师提前下课,你是否感到特别高兴

A:是　　B:不是

97.你是否经常觉得想从高的地方跳下来。

A:是　　B:不是

98.你是否无论对谁都很亲热?

A:是　　B:不是

99.你是否会经常急躁得坐立不安?

A:是　　B:不是

100.对不认识的人,你是否会都喜欢?

A:是　　B:不是